ماہر اقبالیات پروفیسر آفاق احمد

(تحقیق و تنقید)

ڈاکٹر محمد عبد الماجد

Maher-e-Iqbaliyat Professor Aafaq Ahmed
by: Mohammed Abdul Majid
Edition: August '2023
Publisher & Printer:
Taemeer Publications LLC (Michigan, USA / Hyderabad, India)

ISBN 978-93-5872-147-8

کتاب	:	**ماہر اقبالیات پروفیسر آفاق احمد**
مصنف	:	**ڈاکٹر محمد عبدالماجد**
صنف	:	تحقیق و تنقید
ناشر	:	تعمیر پبلی کیشنز (حیدرآباد، انڈیا)
سالِ اشاعت	:	۲۰۲۳ء
تعداد	:	(پرنٹ آن ڈیمانڈ)
صفحات	:	۲۹۶
کمپوزنگ	:	عقیل گرافکس
سرورق	:	تعمیر ویب ڈیزائن

فہرست ابواب

☆ پیش لفظ ڈاکٹر محمد اسلم فاروقی
☆ باب اول: پروفیسر آفاق احمد حالات زندگی، شخصیت، علمی وادبی کارنامے
☆ باب دوم: پروفیسر آفاق احمد بہ حیثیت محقق ونقاد
☆ باب سوم: پروفیسر آفاق احمد بہ حیثیت مرتب
☆ باب چہارم: پروفیسر آفاق احمد بہ حیثیت افسانہ نگار
☆ باب پنجم: پروفیسر آفاق احمد بہ حیثیت شاعر
☆ باب ششم: پروفیسر آفاق احمد بہ حیثیت ماہر اقبالیات
☆ باب ہفتم: پروفیسر آفاق احمد مشاہیر کی نظر میں
☆ اختتامیہ
☆ کتابیات

انتساب

میرے والدین محترم اور مشفق اساتذہ کے نام

جن کے فیض تربیت نے مجھے

زندگی کا ادب سکھایا اور علم کے زیور سے

آراستہ ہو کر دوسروں کو علم فراہم کرنے کا موقع دیا۔

پیش لفظ

ڈاکٹر محمد عبدالماجد علاقہ کورٹلہ کریم نگر سے تعلق رکھنے والے ایک ہونہار نوجوان ہیں جنہوں نے یونیورسٹی آف حیدرآباد سے پروفیسر محمد انورالدین کے زیر نگرانی اردو میں ڈاکٹریٹ کی ڈگری حاصل کی۔ وہ سائنس کے لیکچرر ہیں۔اور علاقہ کریم نگر اوراس کے مواضعات میں تعلیم کی شمع کو عام کرر ہے ہیں۔ڈاکٹر محمد عبدالماجد کے والد محمد عبدالواجد صاحب جونیر کالج کے پرنسپل رہے ہیں۔اس طرح انہیں گھر سے علمی ماحول ملا۔ڈاکٹر محمد عبدالماجد کواردوادب سے بے انتہا لگاؤ ہے۔تحقیق کے فن کے تقاضوں کو بروئے کار لا کر انہوں نے بھوپال سفر کیا اور وہاں ماہر اقبالیات پروفیسر آفاق احمد مرحوم کے بارے میں اہم معلومات حاصل کرتے ہوئے یہ تحقیقی کتاب لکھی ہے۔اس کے علاوہ ڈاکٹر محمد عبدالماجد اردو میں تحقیقی وتنقیدی مضامین لکھتے ہیں۔ان کے مضامین موخر اردو رسائل میں شائع ہوکر داد تحسین حاصل کرر ہے ہیں۔ادب سے ذوق کے پیش نظر وہ ''ماہر اقبالیات پروفیسر آفاق احمد'' کے عنوان سے ایک تحقیقی تنقیدی تصنیف کے ساتھ پیش ہور ہے ہیں۔اس تصنیف میں انہوں نے پروفیسر آفاق احمد کی شخصیت اوران کے کارناموں پر مشتمل مختلف جہات کا تحقیقی تنقیدی انداز میں جائزہ لیا ہے۔پروفیسر آفاق احمد کی ہمہ جہت خدمات پر مشتمل یہ تحقیقی کتاب اردو تحقیق میں ایک اہم اضافہ ہے۔اور اقبالیات کے موضوع پر ہندوستان میں اہم اضافہ تصور کی جائے گی۔ فاضل مصنف کوان کی تازہ تصنیف کی اشاعت پر پیشگی مبارکباد پیش ہے۔اور امید کی جاتی ہے کہ ڈاکٹر عبدالماجد کی پہلی تحقیقی وتنقیدی تصنیف کی ادبی حلقوں میں خوب پذیرائی ہوگی۔

ڈاکٹر محمد اسلم فاروقی

بسم اللہ الرحمٰن الرحیم

☆ باب اول

پروفیسر آفاق احمد حالات زندگی، شخصیت اور کارنامے

سرزمین بھوپال نوابوں کی سرزمین ہے۔ جہاں اردو زبان کے کئی تہذیبی نقوش ہیں۔ آزادی کے بعد بھوپال میں اردو زبان و ادب کو فروغ دینے اور اقبالیات کو عام کرنے میں جس شخصیت نے اپنا نام روشن کیا وہ پروفیسر آفاق احمد ہیں۔ جو ایک نامور محقق، نقاد، افسانہ نگار، شاعر، ادیب، صحافی، ماہر اقبالیات، اردو کی اہم کتابوں کے مرتب اور اردو طلبا کے ہر دلعزیز استاد گذرے ہیں۔

آبا و اجداد: پروفیسر آفاق احمد کے آباء و اجداد پیشہ سپہ گری سے وابستہ تھے۔ ان کے والد ریاستی فوج میں کیپٹن تھے۔ ان کے ننھیال کا تعلق عالموں کے گھرانے سے تھا ان کے سگڑ نانا عباس غالب کے شاگرد تھے اور بہادر شاہ ظفر نے انہیں ''ابوالفضل دوراں'' کا خطاب دیا تھا۔ [1]

والدین: پروفیسر آفاق احمد کے والد کا نام اعجاز احمد خان اور والدہ کا نام زبیدہ خاتون تھا۔ اعجاز احمد خان پٹھان تھے جب کہ ان کی والدہ سید تھیں۔ آفاق احمد خان کے گھرانے میں لوگوں کی عمریں طویل رہیں۔ ان کے والد ترکی منتقل ہو گئے تھے اور باقی زندگی وہیں مقیم رہے۔ ان کا انتقال ۸۸ سال کی عمر میں ہوا۔

پیدائش، تعلیم و تربیت، ملازمت: آفاق احمد ۳۰۔ جولائی ۱۹۳۲ء کو بھوپال میں پیدا ہوئے۔ ان کی ساری تعلیم اور ملازمت بھوپال میں ہی ہوئی۔ مقامی اسکول میں ابتدائی تعلیم کے حصول کے بعد انہوں نے حمیدیہ کالج بھوپال سے ایم اے کیا۔ ان کے اساتذہ میں صفیہ اختر، گیان

چند جین، ڈاکٹر ابومحمد سحر، ڈاکٹر سلیم حامد رضوی وغیرہ شامل ہیں۔ سرکاری ملازمت میں آنے سے قبل انہوں نے مقامی اخباروں کے علاوہ قومی آواز، ملاپ، خلافت اور بھوپال میں نامہ نگاری کے فرائض بھی انجام دیئے۔ آفاق احمد کو ایم اے کے فوراً بعد محکمہ اعلیٰ تعلیم حکومت مدھیہ پردیش نے اسی کالج میں انہیں ۱۹۵۹ء میں لیکچرر بنا دیا۔ ایم کے بعد جب انہیں ملازمت مل گئی تو انہیں پی ایچ ڈی کرنے کا موقع نہیں ملا۔ خود انہیں بھی پی ایچ ڈی کرنے کا خیال کیوں نہیں آیا ایک انٹرویو میں اس سوال کے جواب میں کہنے لگے کہ ''دراصل مجھے اپنا گریباں سینے کا خیال بہت دیر میں آیا''۔ ۱۹۷۲ء میں وہ پروفیسر ہوئے اور ۱۹۹۲ء میں وظیفہ پر سبکدوش ہوئے۔ پروفیسری کے بعد ان کی خدمات ایم ایل بی گرلز کالج بھوپال یونیورسٹی میں رہیں۔ اپنی ملازمت کی سرگرمیوں کے بارے میں وہ کہتے ہیں:

> ''والد مرحوم چاہتے تھے کہ فوج میں چلا جاؤں۔ تقسیم ہوئی تو انہوں نے چاہا کہ ڈاکٹر بن جاؤں۔ ہم وہ نہ بن سکے تو وکیل بنانا چاہا۔ مگر میں اردو میں ایم اے کر لیا۔ پھر درس و تدریس سے وابستہ ہوگیا۔ زمانہ طالب علمی میں ہاکی اور باسکٹ بال میں یونیورسٹی کی نمائندگی کی۔ ہاکی اور باسکٹ بال کی یونیورسٹی کمیٹی کا پچیس سال رکن رہا۔ ساتھ ہی ساتھ لڑکیوں کی ٹیموں کو کوچ کرتا رہا۔ ۲

شادی: پروفیسر آفاق احمد کی شادی ۱۹۶۰ء میں بلقیس جہاں سے ہوئی۔ وہ خود ان کی ہم خیال تھیں اور پڑھی لکھی خاتون ہیں۔ انہوں نے انگریزی ادب میں ایم اے اور اردو ادب میں ایم اے پی ایچ ڈی کیا۔ وہ محکمہ اعلیٰ تعلیم میں پروفیسر رہیں۔ اپنے شوہر کے ساتھ انہوں نے اچھے دن گذارے۔ ایک شخصی انٹرویو میں انہوں نے کہا کہ آفاق صاحب کی عادت ہے کہ وہ میرا اچھا خیال رکھتے تھے۔ کبھی غصہ نہیں کرتے۔ بھول جانے کی عادت تھی لیکن کسی بات پر کبھی برا بھلا نہیں کہا۔ پیسوں کے بارے میں کبھی حساب نہیں پوچھا۔

اولاد: آفاق صاحب کی دولڑکیاں ہیں۔ بڑی صاحبزادی فائزہ خان اور چھوٹی صاحبزادی صوفیہ خان۔ بڑے داماد احمد حسین الیکٹریکل انجینیر ہیں جب کہ چھوٹے داماد آصف خان کناڈا میں مقیم ہیں۔ بڑی لڑکی کا بیٹا عاصم اور بیٹی سارہ ہے جب کہ چھوٹی لڑکی کا بیٹا محمد خواجہ بشیر اور بیٹی عالیہ ہیں۔آفاق صاحب بچوں سے بہت محبت کرتے تھےاوران سے شفقت سے پیش آتے تھے۔انہوں نے اپنی اہلیہ کے ساتھ مل کر بچوں کی اچھی تعلیم وتربیت کی اورانہیں زندگی کی راہوں پر جم کر چلنا سکھایا۔

شخصیت

سراپا: آفاق صاحب کے چہرہ پر متانت کے ساتھ معصومیت کا امتزاج ‘ذہین مسکراتی آنکھیں‘ کشادہ سینہ‘متناسب قد‘قرینے سے ترشے ہوئے بال‘ آفاق صاحب کوئی لحیم شحیم آدمی نہیں تھے۔گورارنگ کتابی روشن چہرہ‘ کھلی پیشانی کے ساتھ وہ متوسط قدرکھنے والے مناسب جسامت کے انسان تھے۔سرپرکھچڑی بال جوآخری عمرمیں پورے سفید ہوچکے ہوں تھے۔کبھی بشرٹ اور پینٹ تو کبھی کبھی کھادی کی شیروانی اور تنگ مہری کے پائجامے میں ملبوس‘خوش رو‘خوش باش اورخوش پوشاک پروفیسرآفاق احمد‘بھوپال کے ادبی وتعلیمی حلقوں کی ہردلعزیزشخصیت تھے۔کاریااسکوٹرسوار راہ چلتے جب بھی سلام یا جواب کے لئے ہاتھ اٹھاتے ہیں توان کامخصوص انداز ہوتا ہے۔جس میں چہرہ کی ہلکی سی مسکراہٹ بھی شامل ہوتی ہے۔وہ متفرق رنگ کے کپڑوں اور جوتوں کے ہمیشہ شوقین تھے۔ انہوں نے اپنی پوری زندگی بہت شاندارطریقے سے گذاری ہے۔

ان کی شخصیت کاایک رخ یہ بھی رہا کہ ان کے تعلق سے اگرانجانے میں بھی کسی سے کوئی غلطی سرزد ہوجاتی ہےتو فوراً آپے سے باہر ہوجاتے تھے۔اور جب تک اپنا غصہ وہ نکال نہیں لیتے تب تک چین سے نہیں بیٹھتے تھے۔لیکن چونکہ دل کے صاف تھے اس لئے بہت جلد رنج و ملال کو جھٹک کر گلے مل لیتے تھے۔یہ خصلت بھی ایک شریف اورمرنجان مرنج انسان کی علامت ہے۔وثوق اوراعتماد کے ساتھ کہا جاسکتا ہے کہ آفاق صاحب شریف الطبع ملنساراورمرنجان مرنج انسانوں کے

زمرے میں ہی آتے تھے۔

غذائی عادات ومشاغل: آفاق صاحب کو لذیذ کھانے پسند تھے۔انہیں پھلوں میں آم بہت پسند تھا اور اسے شوق سے کھاتے تھے۔آفاق صاحب کو گلاب کے پھول بہت پسند تھے۔ان کے گھر میں سو سے ذائد گلاب کی اقسام ہیں۔لوگ انہیں دیکھنے ان کے گھر آیا کرتے ہیں۔پھولوں سے دلچسپی کے بارے میں انہوں نے بتایا کہ وہ دن بھر تازہ دم رہنے کے لئے پھولوں کے پاس جایا کرتے ہیں۔

تدریسی علمی وادبی خدمات

پروفیسر آفاق احمد کی حیات جہد مسلسل کی داستان ہے۔ بہ حیثیت استاد انہوں نے گرانجویشن اور پوسٹ گرانجویشن طلبا کو تیس سال تک پڑھایا۔ وہ اپنے طلبا میں بے حد مقبول تھے۔اور دوران تحقیق ان کی ہر طرح مدد کیا کرتے تھے۔یہی وجہ ہے کہ وہ خود ڈاکٹریٹ نہیں کر سکے لیکن ان کے زیر نگرانی ۳۰ تیس طلبا نے پی ایچ ڈی کی تکمیل کی۔کئی طلبا نے ایم اے کے مقالے لکھے۔اور کچھ طلبا ان کے زیر نگرانی تحقیق کر رہے تھے۔بہ حیثیت استاد دوران ملازمت کالج میں صبح سے شام تک مصروف کار رہا کرتے تھے۔ان کے قریبی واقف کاروں میں حسین مسعود، جلیل میاں اور اکرام اشعر تھے۔

پروفیسر آفاق احمد نے بھوپال کے حمیدیہ کالج میں درس وتدریس کا ایک طویل عرصہ تک فریضہ انجام دیا۔اپنی پروفیسری کے زمانے میں انہوں نے کالج کے شعبہ اردو کو ایک انتہائی فعال شعبہ بنا دیا تھا۔شعبہ کے تحت کئی سیمنار کامیابی سے منعقد کئے۔ بہ حیثیت استاد بھی وہ کامیاب رہے۔ان کی یہ ہمیشہ کوشش رہی کہ ان کے پاس علم وادب کا جو خزانہ تھا انہیں وہ اپنے طلبا کے سینوں میں منتقل کر دیں۔ پروفیسر عبدالقوی دسنوی اور پروفیسر ابومحمد سحر کے بعد وہ استاد الاساتذہ کا درجہ حاصل کر چکے تھے۔

ادبی خدمات

پروفیسر آفاق احمد کی ادبی خدمات بے شمار ہیں۔ وہ خود ایک اچھے محقق، نقاد، ادیب، شاعر، صحافی اور مقرر تھے۔ انہوں نے اردو ادب کے فروغ میں نمایاں کردار ادا کیا۔ ''مجلس اقبال'' کے عنوان سے بھوپال میں علامہ اقبال ادبی مرکز کے قیام اور اس کے تحت منعقد ہونے والے سمیناروں میں پڑھے جانے والے مقالوں کو کتابی صورت میں شائع کیا۔ ان کے تحقیقی و تنقیدی مضامین کا مجموعہ ''امانت قلب ونظر'' کے عنوان سے شائع ہو کر مقبول ہوا۔ انہوں نے ''پرشور خاموشی'' کے عنوان سے افسانوں کا مجموعہ شائع کیا۔ ''مجلس اقبال'' سیریز کے تحت کتابوں کو مرتب کیا۔ اور دیگر شعرا اور ادیبوں کی کتابوں کو مرتب کر کے شائع کیا۔ مدھیہ پردیش اردو اکیڈمی کے خبر نامہ کی اشاعت عمل میں لائی۔ ان کی تصانیف اور مرتبہ تصانیف کی تفصیل اس طرح ہے۔

تصانیف اور مرتبہ کتابیں

۱) آفاق احمد پروفیسر ہاتھ اور پودے مرتبہ حلقہ ارباب ادب کا خبر نامہ
بھوپال ۱۹۵۲ء

۲) آفاق احمد پروفیسر خون جگر مرتبہ ڈرامہ
بھوپال ۱۹۵۵ء

۳) آفاق احمد پروفیسر پریوں کی ملکہ (بچوں کی کہانیاں)
بھوپال ۱۹۶۰ء

۴) آفاق احمد پروفیسر مثنوی سحر البیان مرتبہ مع پیش لفظ
بھوپال ۱۹۶۱ء

۵) آفاق احمد پروفیسر عورت ذات (ملا رموزی کے غیر مطبوعہ مضامین مرتبہ) بھوپال ۱۹۶۲ء

۶) آفاق احمد پروفیسر کاروان غزل مرتبہ شعری دیوان باسط بھوپالی
بھوپال ۱۹۶۲ء

۷) آفاق احمد پروفیسر ایک کرن خاموشی (کہانیوں کا ترجمہ)

بھوپال ۱۹۶۵ء

۸) آفاق احمد پروفیسر بیابہ مجلس اقبال جلد اول مرتبہ (اقبالیات پر مضامین) بھوپال

۱۹۷۴

۹) آفاق احمد پروفیسر اقبال آئینہ خانے میں۔مرتبہ (اقبال پر مضامین کا مجموعہ

) بھوپال ۱۹۷۸ء

۱۰) آفاق احمد پروفیسر نگارشات مرتبہ حکیم سید قمرالحسن کے مضامین

بھوپال ۱۹۸۶ء

۱۱) آفاق احمد پروفیسر پرشور خاموشی (افسانوی مجموعہ)

بھوپال ۱۹۹۱ء

۱۲) آفاق احمد پروفیسر مجلس اقبال جلد سوم مرتبہ

بھوپال ۱۹۹۲ء

۱۳) آفاق احمد پروفیسر مجلس اقبال جلد چہارم مرتبہ

بھوپال ۱۹۹۴ء

۱۴) آفاق احمد پروفیسر پریم چند شناسی مرتبہ پریم چند سمینار کے مضامین

بھوپال ۱۹۹۴ء

۱۵) آفاق احمد پروفیسر مدھیہ پردیش میں اردو زبان و ادب مرتبہ

بھوپال ۱۹۹۶ء

۱۶) آفاق احمد پروفیسر کلام رزمی مرتبہ سید رزمی کا مجموعہ کلام

بھوپال ۱۹۹۶ء

۱۷) آفاق احمد پروفیسر مجلس ممنون مرتبہ ممنون حسن خان کی یادگاری کتاب

بھوپال ۱۹۹۸ء

۱۸) آفاق احمد پروفیسر مجلس اقبال جلد ششم مرتبہ

بھوپال ۱۹۹۸ء

۱۹) آفاق احمد پروفیسر مجلس اقبال جلد ہفتم مرتبہ

بھوپال ۱۹۹۹ء

۲۰) آفاق احمد پروفیسر پروفیسر مجلس اقبال جلد ہشتم مرتبہ

بھوپال ۲۰۰۱ء

۲۱) آفاق احمد پروفیسر پروفیسر مجلس اقبال جلد نہم مرتبہ

بھوپال ۲۰۰۲ء

۲۲) آفاق احمد پروفیسر مجلس اقبال جلد دہم مرتبہ

بھوپال ۲۰۰۳ء

۲۳) آفاق احمد پروفیسر خبرنامہ مدھیہ پردیش اردو اکیڈمی بھوپال

اپریل ۱۹۹۴

۲۴) آفاق احمد پروفیسر خبرنامہ مدھیہ پردیش اردو اکیڈمی

بھوپال دسمبر ۱۹۹۴

۲۵) آفاق احمد پروفیسر خبرنامہ مدھیہ پردیش اردو اکیڈمی

بھوپال اپریل ۱۹۹۶

۲۶) آفاق احمد پروفیسر داستان سفر جلد اول خبرنامہ اقبالیات پروگرام

بھوپال ۲۰۰۰

۲۷) آفاق احمد پروفیسر داستان سفر جلد دوم خبرنامہ اقبالیات پروگرام

بھوپال ۲۰۰۲

۲۸) آفاق احمد پروفیسر داستان سفر جلد اول خبر نامہ اقبالیات پروگرام

بھوپال ۲۰۰۴

۲۹) آفاق احمد پروفیسر امانت قلب ونظر تحقیقی وتنقیدی مضامین کا

مجموعہ بھوپال ۲۰۰۴

۳۰) آفاق احمد پروفیسر بال بھارتی مدیر نصابی کتاب

۳۱) آفاق احمد پروفیسر بی اے کی کتابوں کے مدیر

۳۲) آفاق احمد پروفیسر کہانیوں کے ترجمے ہندی انگریزی پنجابی اور سندھی

میں ہوئے۔

۳۳) آفاق احمد پروفیسر غزلیں، نظمیں اردو ادبی رسائل میں شائع ہوئیں۔

سمیناروں اور کانفرنسوں میں شرکت

پروفیسر آفاق احمد ایک اچھے محقق اور دانشورانہ خیالات رکھنے والے اسکالر تھے۔ انہیں ملک اور بیرون ملک سمیناروں، کانفرنسوں اور ادبی اجلاسوں میں شرکت کرنے مقالے پڑھنے اور خطاب کرنے کا موقع ملا۔ ذیل میں ان کی مختلف کانفرنسوں میں شرکت کی تفصیلات پیش کی جارہی ہیں۔

بین الاقوامی سمینار	حیدرآباد	۱۹۸۶
مزاح نگاروں کی عالمی کانفرنس	حیدرآباد	۱۹۸۵
صدارت مولانا آزاد سمینار	اتر پردیش اردو اکیڈیمی	۱۹۸۹
صدارت مولانا آزاد سمینار	کرناٹک اردو اکیڈیمی	۱۹۸۹
مقالہ مولانا آزاد سمینار	ادے پور یونیورسٹی	۱۹۹۲
جوش قومی سمینار صدارت ومقالہ	دہلی	۱۹۹۳

اردو ہندی مختصر افسانہ سمینار کلکتہ ۱۹۹۴

عبدالحق اور شبلی بین الاقوامی سمینار دہلی ۱۹۹۴

کلیدی خطبہ غالب کی ۱۹۹ یوم پیدائش تقریب غالب اکیڈیمی دہلی ۱۹۹۷

خطبہ بہ عنوان اردو کی تازہ بستیاں شعبہ اردو یونیورسٹی آف حیدرآباد ۱۹۹۲

خطبہ ریفریشر کورس عثمانیہ یونیورسٹی حیدرآباد ۱۹۸۹

خطبہ ریفریشر کورس جموں یونیورسٹی کشمیر ۱۹۹۱

صدارت ریفریشر کورس کا اختتامی اجلاس جامعہ ملیہ نئی دہلی ۱۹۹۵

۲۰ سے زائد قومی و بین الاقوامی سمیناروں میں مقالہ کی پیشکشی

ڈائرکٹر اردو تحقیقی سمینار یو جی سی بھوپال ۹۱-۹۲

ڈائرکٹر سمینار عصر حاضر میں قدروں کا بحران اور اردو ادب بھوپال ۱۹۸۹

قومی خواندگی مشن نئی دہلی کی قومی کانفرنس کے ڈائرکٹر بھوپال ۱۹۹۶

کوآرڈینیٹر قومی سمینار گاندھی جی اور اردو بھوپال ۱۹۹۵

ورکشاپ

اسکولوں میں بہ حیثیت زبان دوم اردو اور ہندی کی تدریس این سی ای آر ٹی حیدرآباد

۱۹۸۹

پرائمری جماعتوں کی کتابوں کی جانچ این سی ای آر ٹی

حیدرآبا ۷۸-۸۰

اردو قواعد کی تیاری تین روزہ ورکشاپ کے ڈائرکٹر این سی ای آر ٹی بھوپال

۱۹۹۷

بیرون ملک اسفار

پروفیسر آفاق احمد نے بیرون ملک بھی کئی اسفار کئے۔ ان کے زیادہ تر سفر برطانیہ، کناڈا

اور پاکستان کے ہوئے۔ ذیل میں ان کے بیرون ملک سفر کی تفصیلات درج ہیں۔

مہمان خصوصی	بزم خیام اور بھوپال یوتھ کونسل	کراچی	۱۹۸۸
مہمان خصوصی	انجمن اردو	ٹورنٹو کناڈا	۹۰-۹۱-۹۴-۹۵
برصغیر کے باہر اردو بین الاقوامی کانفرنس		بریڈفورڈ برطانیہ	۱۹۹۱
مہمان خصوصی	یوم آزادی کا گولڈن جوبلی مشاعرہ	نیوکاسل برطانیہ	۱۹۹۷
غالب صدی مشاعرہ	حلقہ ارباب ذوق	مانچسٹر برطانیہ	۱۹۹۷
توسیعی خطبہ	غالب کی خدمات	بریڈفورڈ برطانیہ	۱۹۹۸
توسیعی خطبہ	غالب شناسی میں بھوپال کا حصہ	ٹورنٹو کناڈا	۱۹۹۸
آزادی کی پچاسویں سالگرہ مشاعرہ		ٹورنٹو کناڈا	۱۹۹۷
مندوب	پیپلز فورم فار پیس اینڈ ڈیماکریسی	پشاور پاکستان	۱۹۹۸

دیگر سماجی، تہذیبی، تعلیمی وادبی سرگرمیاں

پروفیسر آفاق احمد کو اردو کے استاد اور نامور ادبی شخصیت ہونے کے ناطے مختلف انجمنوں کی رکنیت، صدارت اور معتمدی بھی دی گئی تھی۔ وہ اپنی ذات میں ایک انجمن تھے۔ پروفیسر آفاق صاحب بھوپال کے اقبال مرکز کے کافی عرصے تک صدرنشین رہے۔ اس دوران انہوں نے اپنی انتظامی خوبیوں کا اظہار کیا۔ اور اقبال کے فکر وفن پر توسیعی خطبات اور سمیناروں کا اہتمام کرتے رہے۔ اردو اکیڈیمی سے وابستگی کے دوران بھی انہوں نے اردو شعرا کے مجموعہ کلام اور اردو کی اہم کتابوں کی اشاعت کے لئے کام کیا۔

مختلف اداروں سے ان کی وابستگی کی تفصیلات ذیل میں درج ہیں۔

صدر کل ہند یونیورسٹی اردو ٹیچرس اسوسی ایشن دہلی	۸۹ تا ۹۵
صدر مدھیہ پردیش لیکھ سنگھ	
صدر مدھیہ پردیش انجمن ترقی اردو	

رکن مجلس عاملہ برکت اللہ یونیورسٹی بھوپال۹۴ تا ۹۷

رکن انتخابی کمیٹی۔اقبال سمان   ۱۹۹۸

نائب صدر کل ہند جنوادی لیکھ سنگھ

جنرل سکریٹری ہندوپاک فورم برائے امن وجمہوریت

رکن مرکزی عاملہ انجمن ترقی اردو دہلی

جنرل سکریٹری کل ہند اردو کانفرنس حیدرآباد

رکن مدھیہ پردیش گرنتھ اکیڈیمی

رکن بھوپال یونیورسٹی کورٹ

رکن بورڈ آف اسٹڈیز۔ساگر یونیورسٹی۔ریوا یونیورسٹی۔خودمختار کالج جبل پور۔ایم ایل بی گرلز کالج بھوپال

جنرل سکریٹری حلقہ ارباب ادب بھوپال

بانی رکن کل ہند علامہ اقبال ادبی مرکز بھوپال

صحافتی خدمات

پروفیسر آفاق احمد نے ابتدائی ایام میں صحافت کے پیشے کو عارضی طور پر اپنایا تھا۔اور مختلف اخبارات کے لئے نامہ نگاری کے فرائض انجام دیتے رہے۔ان کی نامہ نگاری کی خدمات اس طرح ہیں۔

نامہ نگار: روزنامہ ملاپ دہلی۔قومی آواز لکھنو۔خلافت بمبئی۔

کالم نویس: روزنامہ افکار بھوپال۔روزنامہ ندیم بھوپال۔

مدیر: تخلص بھوپالی نمبر۔شگوفہ حیدرآباد

مدیر: گہوارہ ادب اسکول میگزین ۱۹۴۹

رکن مشاورتی کمیٹی: المنال میگزین ٹورنٹو کناڈا

مدیر: حمیدیہ کالج میگزین بھوپال

کھیل کود کی سرگرمیاں:

پروفیسر آفاق احمد ہاکی کے ایک اچھے کھلاڑی اور کوچ رہ چکے ہیں۔ زمانہ طالب علمی میں وہ اچھے اتھلیٹ بھی تھے۔ وہ اس لحاظ سے منفرد ہیں کہ ادب ہی نہیں کھیل کے میدان میں بھی انہوں نے اپنے مادر علمی کا نام روشن کیا ہے۔ وہ حمیدیہ کالج ہاکی ٹیم کے کپتان رہے۔ اپنے دور میں بھوپال کے واحد کھلاڑی تھے جو یونیورسٹی میں سلیکٹ کئے گئے۔ اور سری لنکا کی ٹیم کے خلاف بھوپال یوتھ کی قیادت کی۔ اور ان کی شخصیت کے اسی پہلو سے متاثر ہوکر پروفیسر زبیر صدیقی نے ایک محفل میں غالباً وائیس چانسلر نے مخاطب ہوکر کہا تھا کہ عام طور پر جو طلباء کھیل میں تیز ہوتے ہیں حصول علم میں ان کی وہ تیزی وطراری باقی نہیں رہتی۔ لیکن آفاق صاحب ہمارے کالج کے ایسے ہونہار طالب علم رہے ہیں جنہوں نے کھیل کے میدان میں ہی کارہائے نمایاں انجام نہیں دئے۔ تعلیم میں بھی گولڈ میڈل حاصل کرکے خوب نام کمایا ہے۔ وی سی نے جب تحسین آمیز نظروں سے آفاق صاحب کو دیکھا تو انہوں نے فوراً ہی شرما کر نظریں جھکا لیں۔ جیسے ان کی تعریف نہیں کمزوری بیان کی گئی ہو۔ پروفیسر آفاق احمد کی کھیل کے میدان میں سرگرمیاں اس طرح ہیں۔

کپتان بھوپال ہاکی ٹیم بمقابلہ سری لنکا ۱۹۵۸

ہاکی اور فٹبال میں وکرم یونیورسٹی بھوپال کی نمائندگی ۵۷۔۵۸

صدر نشین سلیکشن کمیٹی برکت اللہ یونیورسٹی ہاکی باسکٹ بال مین اینڈ ویمن ۲۷تا۹۲

رکن اسٹانڈگ کمیٹی اسپورٹس برکت اللہ یونیورسٹی

اول پوزیشن لانگ جمپ آل بھوپا اسکول چمپین شپ ۱۹۵۰

نمائندگی حمیدیہ کالج بھوپال لانگ جمپ۔ ہائی جمپ۔ ۱۰۰ میٹر ریس آگرہ یونیورسٹی سلور جوبلی اسپورٹس ۱۹۵۳

حمیدیہ کالج ہاکی ٹیم کے کپتان ۵۷۔۵۸

سلیکشن کمیٹی ممبر انڈین یونیورسٹی ہاکی ٹیم مین ویسٹ زون ۷۸۔۸۱

ایوراڈزاوراعزازات

پروفیسر آفاق احمد کوان کی بے شمار علمی وادبی خدمات کے عوض مختلف اعزازات سے نوازا گیا۔جس کی تفصیلات اس طرح ہیں۔

بھوپال میونسپل کارپوریشن ایوارڈ برائے فروغ اقبالیات ۱۹۸۶

لیکچر قران اور ماحول پر گائتری ودیا پیٹھ کا ایوارڈ

اردوزبان وادب کی خدمات کے لئے گورنر مدھیہ پردیش کی جانب سے تہنیت ۱۹۹۴

روزنامہ فرض کے لئے سندھی خدمات ایوارڈ منجانب وزیراعلیٰ مدھیہ پردیش ۱۹۹۷

کل ہند بین جامعاتی مباحث میں اول انعام ۱۹۵۲

لکھنو یونیورسٹی کی جانب سے منعقدہ بین جامعاتی تحریری مقابلہ بہ عنوان پریم چند پر انعام اول ۱۹۵۴

انعام اول کل مدھیہ پردیش مباحثہ ۱۹۵۸

ریڈیواورٹی وی نشریات

بی بی سی پر انٹرویو نشر ۱۹۹۰

بھوپال دوردرشن کے پروگراموں میں شرکت

آل انڈیا ریڈیو بھوپال سے ادبی موضوعات پر لیکچر کی نشریات

رکن مشاورتی کمیٹی آل انڈیا ریڈیو بھوپال

انتقال: پروفیسر آفاق احمد کا مختصر علالت کے بعد ۸۴ سال کی عمر میں ۳۰ مارچ ۲۰۱۶ء کو انتقال ہوگیا۔انہیں جہانگیر آباد قبرستان میں سپرد لحد کیا گیا۔تدفین کے وقت شعرا ادیبوں، اساتذہ، طلبا اور زندگی کے مختلف شعبہ جات کی اہم شخصیات موجود تھیں۔ان کے انتقال پر دہلی میں قومی کونسل برائے فروغ اردو زبان نے ایک تعزیتی نشست رکھی جس میں ان کی خدمات کو خراج عقیدت پیش کیا گیا۔قومی کونسل کے تعزیتی اجلاس کی رپورٹ میں کہا گیا کہ

''اردو کے معروف ادیب، ناقد اور محقق پروفیسر آفاق احمد کے انتقال پر قومی اردو کونسل کے ڈائرکٹر پروفیسر ارتضیٰ کریم نے اپنے دکھ کا اظہار کرتے ہوئے کہا کہ پروفیسر آفاق احمد وضع دار، مخلص اور ملنسار شخص تھے۔ بھوپال ہی نہیں بلکہ پوری اردو دنیا میں وہ اپنے علمی قد و قامت کی وجہ سے جانے پہچانے جاتے تھے۔ تحقیق و تنقید، خاص طور پر اقبال شناسی کے باب میں ان کا کام قابل قدر ہے۔ ان کی کتابیں اقبال آئینہ خانے میں اور مجلس اقبال سیریز بہت اہمیت کی حامل ہیں۔ ان کی کتابوں میں پریم چند شناسی، مدھیہ پردیش میں اردو زبان و ادب، مجلس ممنون، نگارشات (حکیم قمرالحسن کی تحریروں کا مجموعہ)، اور ملا رموزی کی غیر مطبوعہ تحریروں کا انتخاب اہم ہیں۔

پروفیسر ارتضیٰ کریم نے کہا کہ ان کی شخصیت بڑی متنوع تھی۔ انھوں نے افسانے بھی لکھے، غزلیں اور نظمیں بھی کہیں۔ ان کے افسانوں کے ترجمے انگریزی، ہندی، سندھی اور پنجابی میں بھی ہوئے ہیں۔ تدریس کے علاوہ ان کے اندر بے پناہ تنظیمی صلاحیت تھی۔ مدھیہ پردیش اردو اکادمی، آل انڈیا علامہ اقبال ادبی مرکز بھوپال اور گورنمنٹ سندھی ساہتیہ اکادمی کے سکریٹری کی حیثیت سے بھی اپنے فرائض بخوبی انجام دیے۔ انھیں ملکی اور غیر ملکی اعزازات سے بھی نوازا گیا ہے۔ ان کی شخصیت بڑی متحرک اور فعال تھی۔ وہ ادبی اور ثقافتی

سرگرمیوں میں دلجمعی سے حصہ لیتے تھے۔ان کی ذات ایک
انجمن تھی۔قومی اردو کونسل کے ڈائرکٹر نے کہا کہ پروفیسر آفاق
احمد کی رحلت سے اردو دنیا ایک مرنجاں مرنج اور باغ و بہار
شخصیت سے محروم ہوگئی۔
قومی اردو کونسل کی اس تعزیتی میٹنگ میں وائس چیئرمین پدم
شری مظفر حسین، پرنسپل پبلی کیشن آفیسر ڈاکٹر شمس اقبال، انجم
عثمانی، ایم جے خالد، اسسٹنٹ ڈائرکٹر (اکیڈمک) ڈاکٹر شمع
کوثر یزدانی، ریسرچ آفیسر شاہنواز خرم، ڈاکٹر عبدالرشید اعظمی
کے علاوہ کونسل کے دیگر افراد بھی موجود تھے۔[۳]

پروفیسر آفاق احمد کے سانحہ ارتحال پر ان کے ایک شاگرد مسلم سلیم نے انہیں یوں منظوم خراج عقیدت پیش کیا۔

وہ ٹوٹا آج جو آفاق کا روشن ستارہ تھا
وجود اس کا خلوص بیکراں کا استعارہ تھا
مبرا ذات تھی جس کی گروہوں کی سیاست سے
ادب کے بحر کا مسلم وہ اکایسا کنارہ تھا [۴]

حواشی

۱۔ پروفیسر آفاق احمد۔شخصی انٹرویو۔مقالہ نگار۔جنوری ۲۰۱۶۔بھوپال

۲۔ آفاق احمد انٹرویو۔افتخار جلیل شوق۔مشمولہ انتساب۔پروفیسر آفاق احمد نمبر۔۲۰۱۲ء ص۔۳۸

۳۔ رابطہ عامہ سیل۔قومی کونسل برائے فروغ اردو زبان۔نئی دہلی

۴۔ مسلم سلیم۔بذریعے انٹرنیٹ

☆ باب دوم

پروفیسر آفاق احمد بہ حیثیت محقق ونقاد

پروفیسر آفاق احمد نے باضابطہ کوئی تحقیقی یا تنقیدی کتاب نہیں لکھی لیکن ان کے لکھے ہوئے تحقیقی وتنقیدی مضامین ادب کی دنیا میں انہیں ایک اچھے محقق اور نقاد کے طور پر پیش کرتے ہیں۔ اردو شعرا اور ادیبوں کی کتابوں اور مجلس اقبال کی مختلف جلدوں میں لکھے گئے ان کے تعارفی مضامین اور ان کے مضامین کے مجموعے ''امانت قلب ونظر'' سے ان کے تحقیقی وتنقیدی شعور کا اندازہ ہوتا ہے۔ ''امانت قلب ونظر'' کے تنقیدی جائزے سے قبل آیئے دیکھیں کہ تحقیق اور تنقید کی تعریف کیا ہے۔

تحقیق کی تعریف:- تحقیق کے معنی حقائق کی کھوج، تفتیش، دریافت، چھان بین اور تلاش کے ہیں۔ تحقیق عربی زبان کے لفظ ''حق'' سے مشتق ہے جس کے معنیٰ حق کو ثابت کرنا یا حق کی طرف پھیرنے کے ہیں۔ حق کے معنیٰ سچائی کے ہیں اور اس طرح تحقیق سچ یا حقیقت کی دریافت کا عمل ہے۔ اُردو کے مختلف نقادوں اور ماہرینِ فن نے تحقیق کی مختلف تعریفیں کی ہیں۔ ڈاکٹر سید عبداللہ لکھتے ہیں:

> ''تحقیق کے لغوی معنیٰ کسی شئے کی حقیقت کا اثبات ہے۔ اصطلاحاً یہ ایک ایسے طرزِ مطالعہ کا نام ہے جس میں موجود مواد کے صحیح یا غلط کو بعض مسلمات کی روشنی میں پرکھا جاتا ہے۔[1]

تحقیق کے بارے میں قاضی عبدالودود کی رائے ہے:

> ''تحقیق کسی امر کو اس کی اصلی شکل میں دیکھنے کی

کوشش ہے۔ ۲؎

پروفیسر گیان چند جین تحقیق کے بارے میں لکھتے ہیں:

''ریسرچ ایک حقیقت پنہاں یا حقیقت مبہم کو افشاء
کرنے کا باضابطہ عمل ہے اور اسی تعریف سے تحقیق کا مقصد بھی
صاف ہو جاتا ہے۔ نامعلوم یا کم معلوم کو جاننا' یعنی جو حقائق
ہماری نظروں کے سامنے نہیں ہیں انھیں کھوجنا جو سامنے تو ہیں
لیکن دھندلے ہیں۔ ان کی دھند دور کر کے انھیں آئینہ کر دینا''

۳؎

تحقیق کی مختلف تعریفوں اور توضیحات کے مطالعہ سے پتہ چلتا ہے کہ تحقیق حرکت و عمل و زندگی کی علامت ہے۔ اگر تحقیق رک جائے تو زندگی بھی رک جاتی ہے۔ اُردو میں ادبی تحقیق کے ضمن میں مصنفین اور ان تحقیقات کی بازیافت ادبی تحریکات' صحت متن کی تحقیق و تدوین' لسانی حقیقتوں کی کھوج' جس میں قدیم زبان' محاورات' عروض و رسم الخط وغیرہ شامل ہیں جیسے اُمور پر بحث کی جاتی ہے اور بعد تحقیق ادب کے سرمائے میں اضافہ کی کوشش کی جاتی ہے۔ تحقیق میں کسی موضوع کے انتخاب کے بعد قائم کردہ مفروضات سے حقائق تک پہنچنے کی کوشش کی جاتی ہے۔ تحقیق کبھی بھی حتمی اور فیصلہ کن نہیں ہوتی۔ ایک تحقیق مزید تحقیق کی راہیں کھولتی ہیں۔ تحقیق کا فن صبر آزما فن ہے۔ اس کے لیے جگر کاری کی ضرورت پڑتی ہے۔

تنقید کی تعریف :-

لفظ تنقید ''نقد'' سے مشتق ہے۔ جس کے معنیٰ جانچنا' پرکھنا یا کھوج کے ہیں۔ اصطلاح ادب میں کسی فن پارے یا تخلیق کے محاسن و معائب بیان کرتے ہوئے ادب میں اس کے مقام کا تعین کرنا تنقید کہلاتا ہے۔ ہر زمانے میں تنقید کی مختلف تعریفیں پیش کی گئی ہیں۔ کسی نے ادب کا مقصد مسرت و حظ پہنچانا بتایا اور تنقید کا کام تخلیق میں مسرت کے پہلوؤں کو تلاش کرنا بتایا۔ کسی نے

ادب کو تفسیرِ حیات سے تعبیر کیا اور زندگی کے تغیر و تبدل کے زیرِ اثر ادب میں رونما ہونے والے مسائل اور تبدیلیوں کو دیکھنا تنقید کے لیے لازم قرار دیا۔ تنقید چوں کہ مغرب کی دین ہے۔ اس لیے تنقید کی تعریف میں مغربی افکار بھی پیش نظر رہے۔ امریکہ کی مشہور ڈکشنری Vebesters New International کے دوسرے ایڈیشن میں تنقید کی تعریف کسی فنی یا ادبی تخلیق کو علمیت اور قابلیت کے ساتھ پرکھنے کے فن کو تنقید قرار دیا گیا۔ Winchester کے بموجب ''تنقید کسی ادبی تخلیق کی داشورانہ ستائش کا نام ہے''۔ جس میں اس کی قدر و قیمت کا منصفانہ طور پر متعین جاتا ہے Shumaker کے بموجب تنقید ادب میں کسی بھی نوعیت کے دانشورانہ مباحث کا نام ہے''۔ تنقید کی ان تعریفوں کے علاوہ جہاں تک تخلیق اور تنقید کا سوال ہے کسی ادب پارے کی تخلیق کے ساتھ ہی تنقیدی عمل بھی شروع ہو جاتا ہے کیوں کہ بیش تر تخلیقات خوب سے خوب تر کی تلاش کے بعد ہی وجود میں آتی ہیں۔ اسی خیال کو پیش کرتے ہوئے ڈاکٹر شارب ردولوی لکھتے ہیں:

> ''آج زندگی ہر وقت رواں دواں ہے۔ اس میں ہر لمحہ ایک نئے نظریے اور نئی فکر کا اضافہ ہوتا رہتا ہے۔ اس کے امکانات اب محدود نہیں۔ اس لیے ناقص اور بہتر کی تمیز کے لیے تنقید ضروری ہے۔ تنقیدی شعور کے بغیر نہ تو اعلیٰ ادب کی تخلیق ہوسکتی ہے اور نہ فنی تخلیق کی قدروں کا تعین ممکن ہے۔ اس لیے اعلیٰ ادب کی پرکھ کے لیے تنقید لازمی ہے''۔ [۲]

جس طرح ہر زمانے میں ادبی قدریں بدلتی رہتی ہیں۔ اسی طرح ادب کی پرکھ کے تنقیدی اُصولوں میں بھی تبدیلی آتی رہی۔ لیکن تنقید مجموعی طور پر آفاقی اور ادب کے لیے ضروری ہے۔ کیوں کہ یہ انسان کے ذہن و فکر کو روشنی عطا کرتی ہے اور ادبی راہوں کو ہموار اور منزل کو متعین کرتی ہے۔ اُردو میں تنقید کے ابتدائی نقوش تذکروں میں ملتے ہیں۔ حالؔی نے اپنے ''مقدمہ شعر و شاعری'' کے ذریعہ جدید اُردو تنقید کی بنا ڈالی۔ رفتہ رفتہ تنقید کی دبستان وجود میں آئے اور رومانی تنقید جمالیاتی تنقید، سائنٹفک تنقید،

تاثراتی تنقید، نفسیاتی تنقید اور تقابلی تنقید جیسے دبستان اُردو تنقید کے دامن کو وسیع کرتے رہے۔

تنقید کے ابتدائی نظریے تعریف، تشریح اور تجزیے کی شکل میں ہیں۔ سائنٹفک تنقید ادیب اور فن کار کے تمام پہلوؤں پر بحث کرتی ہے اور اس کے ذریعے تخلیق میں زمانے کے سماجی حالات اور خیالات کا عکس تلاش کیا جاسکتا ہے۔ جمالیاتی تنقید میں کسی بھی ادبی تخلیق کے مطالعے یا جائزے سے ذہن پر پڑنے والے تاثر کو اہمیت دی جاتی ہے اور تخلیق میں حظ، مسرت اور حسن کے پہلو تلاش کئے جاتے ہیں۔ نفسیاتی تنقید میں فرد پر زور دیا جاتا ہے اور تخلیق کار کی نفسیاتی الجھنوں اور تشنگیوں کو تلاش کیا جاتا ہے۔ اس تنقید کا نظریہ یہ ہے کہ انسان کی دبی ہوئی خواہشات ادب اور آرٹ کی شکل میں رونما ہوئی ہیں۔ تاثراتی تنقید میں کسی بھی ادبی تخلیق کے مطالعے یا جائزے سے ذہن پر پڑنے والے تاثر کا جائزہ لیا جاتا ہے۔ مارکسی تنقید میں ادب کا تعلق زندگی سے دیکھا جاتا ہے کہ اعلیٰ ادب وہی ہے جو اپنے عہد کی سچی تصویر پیش کرتا ہے اور انسانی مقاصد کی ترجمانی کرتا ہے۔

تنقید کے ان دبستانوں کے علاوہ تنقید کا تعلق تحقیق اور تخلیق سے بھی جوڑا گیا ہے اور کہا گیا کہ تحقیق کے بغیر تنقید ممکن نہیں اور تنقید کے لیے تخلیق کی ضرورت ہے اور اچھی تخلیق کے لیے اچھے تنقیدی شعور کی بھی ضرورت ہوتی ہے۔

امانت قلب ونظر کا تنقیدی جائزہ

پروفیسر آفاق احمد کے تحقیقی وتنقیدی مضامین کا مجموعہ ''امانت قلب ونظر'' کے نام سے مدھیہ پردیش اردو اکادیمی بھوپال کے زیر اہتمام ۲۰۰۴ء میں شائع ہوا۔ اس مجموعے میں ان کے تحریر کردہ ۱۵ تحقیقی وتنقیدی مضامین شامل ہیں۔ جن کے عنوانات اس طرح ہیں۔

۱) میر تقی میر اپنے زمانے کی سب سے معتبر آواز

۲) بھوپال میں علامہ اقبال کا قیام اور وہاں تخلیق کی ہوئی نظمیں

۳) غالب کے نو دریافت خطوط

۴) مہدی افادی اپنے خطوط کے آئینے میں

۵) شبلی نعمانی اور مہدی افادی

۶) سرسید کی کہانی۔ کچھ ان کی کچھ حالی کی کچھ میری زبانی

۷) مولانا آزاد کی خوش گفتاری

۸) وہ مزار کیا ہوا جہاں ولی کا مسکن تھا

۹) پریم چند اور بازار حسن

۱۰) شفیق الرحمٰن بہ حیثیت استاد

۱۱) مثنوی صدق البیان

۱۲) طنز ومزاح کی دنیا کے دو تاجدار

۱۳) سردار جعفری کی یادوں کا اجالا

۱۴) ظہیر بھائی

۱۵) بھوپال کی صحافت کی آبرو۔ حکیم سید قمر الحسن

پروفیسر آفاق احمد نے اپنی اس کتاب کو اپنے اساتذہ ڈاکٹر گیان چند جین۔ ڈاکٹر سلیم حامد رضوی۔ ڈاکٹر ابو محمد سحر کے نام کیا ہے۔

پروفیسر آفاق احمد کے تحقیقی وتنقیدی مضامین پر مشتمل مجموعہ ''امانت قلب ونظر'' میں حرف چند کے نام سے عزیز قریشی صدر نشین مدھیہ پردیش اردو اکادیمی نے تعارفی کلمات لکھے۔ اور پروفیسر آفاق احمد کے علمی وادبی کارناموں اور بھوپال میں انجام دی گئی سرگرمیوں کو تفصیل سے بیان کیا۔ پروفیسر آفاق احمد کے بارے میں وہ لکھتے ہیں:

> ''پروفیسر آفاق احمد انتہائی ذہین خوش شکل اور ہنر مند شخصیات میں سے ہیں۔ جن کی ہنر مندی اور خوبصورتی کے قصے لڑکپن سے ہی زبان زد عام ہیں۔ اور اسکول کے زمانے سے ہی ان کا شمار مستند ادیبوں کی فہرست میں ہونے لگا تھا۔ ان

کی شخصیت کی طرح ہی قدرت نے ان کے قلم میں جادو بھرا ہے۔ اور کھیل کے میدان میں بھی انہیں خاصی شہرت حاصل ہوگئی تھی۔ ممکن ہے میرا خیال غلط ہو لیکن حکیم قمرالحسن صاحب مرحوم اور جناب اختر سعید خاں کے بعد اگر مجھے کسی کی نثر نگاری نے بھوپال میں متاثر کیا ہے تو وہ پروفیسر آفاق احمد کا طرز تحریر ہے جس میں کلاسیکی انداز تحریر بھی ہے اور ترقی پسندانہ فکر اور جنبش قلم بھی۔ یہ وقت اور تاریخ کا دلچسپ موڑ ہے کہ زمانہ طالب علمی سے پروفیسر کے عہدے سے پنشن پانے تک ان کے کالج کے ساتھی انہیں رجعت پسند اور بورژوا ذہنیت کا Symbol سمجھتے تھے۔ مگر وہ آج مدھیہ پردیش جن وادی لیکھک سنگھ کے صدر نشین ہیں اور مارکسی نظریہ کے علمبردار بھی ہے۔

دیباچہ کے عنوان سے پروفیسر آفاق احمد نے اس کتاب میں شامل مضامین پر اظہار خیال کیا ہے۔ چنانچہ وہ لکھتے ہیں:

> ''بعض مضامین کے ساتھ میری بڑی خوش گوار یادیں وابستہ ہیں۔ خاص طور سے وہ پرانے مضامین جو اس زمانے کی یادگار ہیں جب کہ غالب جوان تھا۔ تعلیم، ادب، سیاست، جلسے، جلوس، گیمس سمجھ میں نہیں آتا کہ سب کے لئے وقت کہاں سے مل جاتا تھا اسی کے ساتھ تھوڑا بہت عشق کا کاروبار۔ لیکن سب کام ساتھ ساتھ چلتے رہے۔ زیر نظر مجموعہ میں جو مضامین شامل ہیں ان میں سے کچھ

سمیناروں کے لئے لکھے گئے چند ریڈیو والوں نے لکھائے ہیں اور باقی دل کے کہنے پر یا اس موضوع پر ضرور کچھ لکھا جانا چاہئے کہ پیش نظر۔ مثلاً میر تقی میر والا مضمون غالب اکیڈیمی کے ٹورانٹو (کنیڈا) کے میر تقی میر عالمی سمینار کے لئے' مولانا آزاد والا اودے پور یونیورسٹی کے قومی سمینار کے لئے' بھوپال کے دو مزاح نگار اردو اکادیمی دہلی کے طنز و مزاح پر قومی سمینار کے لئے وغیرہ۔ مہدی افادی والے مضامین ریڈیو کے لئے۔غالب کے نودریافت خطوط غالب صدی کے دوران۔۔۔اس مجموعہ میں یک رنگی کے بجائے مختلف رنگ نظر آئیں گے۔ تحقیق بھی ہے تنقید بھی ہے تبصرہ بھی ہے اور انشائیہ والی بے خودی اور سرشاری بھی۔اسلوب موضوع سے ہم آہنگ ہے ۔اس لئے یکسانیت کا سوال ہی پیدا نہیں ہوتا۔ مجھے احساس ہے کہ شخصی مضامین میں جذباتیت کا رنگ غالب ہے۔ اگر کوئی کسی کو ٹوٹ کر چاہے اور پھر اس کے بارے میں بات کرے یا کچھ لکھے تو یہ کیوں کہ ممکن ہے کہ جذباتیت سے اپنے ذہن و قلم کو سرسبز نہ کرے'' [6]

امانت قلب و نظر میں شامل پہلے مضمون کا عنوان ''میر تقی میر اپنے زمانے کی سب سے معتبر آواز'' ہے۔ جیسا کہ پروفیسر آفاق احمد نے اپنی دیباچے میں لکھا کہ یہ مضمون انہوں نے کنیڈا کے میر تقی میر عالمی سمینار کے لئے لکھا تھا۔ مضمون میں انہوں نے میر کے زمانے کے حالات بیان کرتے ہوئے ان کے منتخب اشعار کے حوالے سے اپنے تحقیقی و تنقیدی خیالات کا اظہار کیا ہے۔ میر کے اس مشہور شعر

شحاں کہ کحل جواہر تھی خاک پا جن کی　　انہیں کی آنکھ میں پھرتی سلائیاں دیکھیں

اس شعر کی تفصیلات بیان کرتے ہوئے پروفیسر آفاق احمد لکھتے ہیں:

"عام طور پر اس شعر کے بارے میں باور کیا جاتا ہے کہ یہ شعر احمد شاہ کو نابینا کرنے سے متعلق ہے۔ عماد الملک نے ۲ جون ۱۷۵۴ء کو بادشاہ احمد شاہ کو تخت سے اتار کر اس کو اندھا کر دیا تھا۔ خود میر تقی میرؔ نے اس واقعہ کے بارے میں ذکر میر میں لکھا۔ "بادشاہ حواس باختہ ہو کر باغ کی طرف نکل گیا۔ کچھ دیر بعد غدار ساتھیوں نے اسے دھوکہ دے کر پکڑ لیا اور اس کی آنکھوں میں سلائی پھیر کا بہادر شاہ کے پوتے کو عالمگیر ثانی کے نام سے تخت پر بٹھا دیا"۔ خواجہ احمد فاروقی "میر حیات اور شاعری" میں جمیل جالبی اپنی تاریخ اردو ادب میں کلب علی خاں فائق اپنے مرتبہ کلیات میر میں اس شعر کو احمد شاہ کو نابینا کئے جانے کے بارے میں متفق ہیں۔ جب کہ شمس الرحمن فاروقی ان سے اتفاق نہیں کرتے اور دلیل دیتے ہیں کہ یہ واقعہ جون ۱۷۵۴ء کا ہے۔ جب کہ یہ شعر میرؔ کے دیوان اول میں ہے جو ۱۷۵۱-۱۷۵۲ء میں مرتب ہو چکا تھا۔ وہ لکھتے ہیں: اگر یہ غزل میر نے بعد میں کہہ کر دیوان میں شامل نہیں کی تو اسے ایک طرح کا کشف کہنا چاہئے کہ میرؔ نے ایسا شعر کہہ دیا جو بعد میں ہو بہو حقیقت بن گیا"۔ اس سلسلے میں میرا ذاتی خیال ہے کہ کیوں کہ اس دور میں بہ طور سزا بادشاہوں ۔رئیسوں اور دشمنوں کی آنکھوں میں سلائیاں پھیر کر نابینا کرنا

ایک عام سی بات تھی۔ اس لئے ممکن ہے ایسے ہی کسی واقعہ کو ذہن میں رکھ کر میرؔ نے یہ شعر لکھا ہو اور فاروقی صاحب کا پہلا خیال صحیح ہے کہ میرؔ نے یہ غزل بعد میں کہہ کر دیوان اول میں شامل کر دی ہو'' ۷

پروفیسر آفاق احمد کے انداز بیان سے اندازہ ہوتا ہے کہ انہوں نے اپنے موضوع کی حتی المقدور تحقیق کی۔ مختلف نقادوں اور محققین کی آراء کو پیش کیا اور ایک اعتدال پسند تنقیدی رائے قائم کی۔ میرؔ کے زمانے کے حالات کو پیش کرتے میرؔ کے اشعار پر تبصرہ کرتے ہوئے مضمون کے آخر میں پروفیسر آفاق احمد شاعرانہ انداز میں میرؔ کو یوں خراج عقیدت پیش کرتے ہیں:

''سچ تو یہ ہے کہ ریختہ کو رتبہ اعلیٰ میں پہنچا کر زمینوں کو آسمانوں کا ہم سر کرنے والا میرؔ تمنائے دل کے لئے جان دینے کا سلیقہ جاننے والا میرؔ۔ جس کے دیوان کا ہر صفحہ اشعار شور انگیز کا پہلو بہ پہلو زندگی جینے کا ڈھنگ آتا تھا۔ جو ہار کر بھی ہار نہ ماننے کا حوصلہ رکھتا تھا۔ اور جس نے تمام عمر ناکامیوں سے کام لینے کا باوصف اپنے سلیقے سے محبت کو نباہ کر بتا دیا۔ وہ اپنے اور اپنے بعد آنے والے تمام ادوار کی سب سے معتبر آواز ہے اور اس دعوے میں حق بجانب۔

مت سہل ہمیں جانو پھرتا ہے فلک برسوں
تب خاک کے پردے سے انساں نکلتے ہیں ۸

امانت قلب ونظر میں شامل دوسرے مضمون کا عنوان ''بھوپال میں علامہ اقبال کا قیام اور وہاں تخلیق کی ہوئی نظمیں'' ہے۔ یہ ایک معلوماتی مضمون ہے۔ جس میں پروفیسر آفاق احمد نے اقبال کے بھوپال میں قیام کی تفصیلات بیان کرنے کے علاوہ وہاں کہی گئی اقبال کی نظموں کے حوالے سے

معلومات پیش کی ہیں۔ پروفیسر آفاق احمد نے لکھا کہ اقبال کی بھوپال میں قیام کی کل مدت تقریباً چار ماہ ہے اور وہ ۹ مئی ۱۹۳۱ء سے لے کر ۱۸ اپریل ۱۹۳۶ء تک چار مرتبہ بھوپال میں مقیم رہے۔ اور یہ کہ اقبال نے بھوپال میں قیام کے دوران ۱۴ نظمیں کہی ہیں۔ ۱۳ نظموں پر ریاض منزل اور شیش محل کا حوالہ ہے جب کہ ایک نظم ابی سینا پر ۱۸ اگست ۱۹۳۵ء کی تاریخ درج ہے لیکن مقام کا حوالہ نہیں ہے۔

بھوپال میں کہی گئی اقبال کی نظموں کے حوالے سے پروفیسر آفاق احمد لکھتے ہیں:

> ''ایک اور بات بھی قابل غور ہے کہ بھوپال جسے شہر غزل بھی کہا جاتا ہے۔ اور جس وقت اقبال نے یہاں قیام کیا تو یہاں کی شاعری میں غزل کا جادو سر چڑھ کر بول رہا تھا۔ لیکن اقبال نے کوئی غزل نہیں کہی بلکہ اپنے خیالات کو اشعار کا جامہ پہنانے کے لئے نظم کا انتخاب کیا۔ ''اسلام اور مسلمان'' کے عنوان کے تحت سے سب سے زیادہ نظمیں ہیں یعنی ۶۔ جب کہ تعلیم و تربیت اور ادبیات اور فنون لطیفہ کے تحت دو نظمیں اور باقی چار نظمیں سیاسیات مشرق و مغرب کے ذیل میں ہیں۔ اور یہ چاروں شیش محل کے پہلے قیام کے دوران نظم کی گئی ہیں۔ تعلیم و تربیت اور ادبیات و فنون لطیفہ کے تحت بھوپال میں کہی گئی جو نظمیں شامل ہیں۔ ان میں ریاض منزل کی رومانی فضا کی اثر انگیزی صاف نظر آتی ہے۔ مقصود میں اسپنوز کا فلسفہ حیات اور افلاطون کے فلسفہ موت کو ایک میں بیان کرتے ہوئے پھر ایک شعر میں شاعر و مفکر اقبال نے خود اپنا نظریہ خودی پیش کیا ہے۔۔۔ بھوپال نے علامہ اقبال سے اپنے تعلق پر ہمیشہ ناز کیا ہے۔ اور جب بھی علامہ اقبال بھوپال تشریف لائے ان کے

قدم لینے کو عین سعادت سمجھا۔ اور انہیں اپنی پلکوں پر جگہ دی۔
بلکہ ان سے جو محبت و ارادت تھی اس کا مظاہرہ قابل رشک
انداز میں کیا۔ آزادی وطن کے بعد جب تنگ نظری اور سیاسی
مصلحتوں کی بنیاد پر اقبال کی عظمت کو کم کرنے کی کوشش کی گئی
تب بھی اقبال اپنے بھوپالی قدردانوں اور ارادت مندوں کے
دلوں پر راج کرتے رہے۔۔۔ اقبال کی بھوپال میں کہی ہوئی
نظموں اور ان کے شیش محل اور ریاض منزل کے حوالے نے
علامہ اقبال اور بھوپال کے رشتے کو تاریخ ادب کا لازوال حصہ
بنادیا ہے۔ میرے علم میں آیا ہے کہ اب اقبال مرکز بہ یک
وقت دیوناگری اور اردو میں اقبال کی بھوپال میں تخلق کردہ
نظموں کی اشاعت کا اہتمام کر رہا ہے۔ اس طرح اقبالیات
میں ایک نیا باب رقم کیا جا رہا ہے"۔ 9

پروفیسر آفاق احمد نے اس مضمون میں تشریحی انداز میں اقبال کی بھوپال میں کہی گئی نظموں کا جائزہ پیش کیا اور اہل بھوپال کی جانب سے اقبال کی پذیرائی کا تذکرہ کیا۔

امانت قلب ونظر میں شامل پروفیسر آفاق احمد کا تحریر کردہ تیسرا مضمون" غالب کے نو دریافت خطوط" ہے۔ یہ ایک تحقیقی مضمون ہے جس میں پروفیسر آفاق احمد نے ان کی جانب سے بھوپال میں دریافت کردہ غالب کے دو نادر خطوط کی تحقیق کی تفصیلات پیش کی ہیں۔ خطوط کے ملنے کی تفصیلات سے قبل انہوں نے غالب کے کلام کے اس مخطوطہ کا ذکر کیا جو نسخہ بھوپال کے نام سے مشہور ہوا۔ یہ نسخہ خود غالب کے قلم سے لکھا ہوا تھا۔ اور اس نے نسخہ حمیدیہ کی اولیت کو ختم کر دیا تھا۔ اس تفصیل کے بعد پروفیسر آفاق احمد نے انہیں دریافت ہونے والے غالب کے خطوط کی بازیافت کی تفصیلات پیش کی ہیں۔ اس ضمن میں وہ لکھتے ہیں:

''میں اسے اپنی خوش قسمتی سمجھتا ہوں کہ اس دریافت کی سعادت مجھے حاصل ہوئی۔ دراصل جب نسخہ بھوپال اول یہاں دریافت ہوا تو مجھے خیال آیا کہ کیوں نہ اپنے ننھیال میں پرانے کاغذات اور کتابوں کے ذخیروں کو کھنگالا جائے ممکن ہے اس تلاش سے کوئی در بے بہا ہاتھ لگ جائے۔ اس وقت میرے سامنے جناب نادم سیتاپوری کی ایک تحریر بھی تھی جس میں انہوں نے انکشاف کیا تھا کہ ابوالفضل دوراں مرزا محمد عباس رفعت شیروانی کے نام کم از کم دو تین درجن خطوط غیر مطبوعہ رفعت کی وفات ۱۳۱۶ھ تک اس خاندان میں موجود تھے۔ اس کے علاوہ نادم سیتاپوری نے میرے مرحوم نانا سید علی نقی صاحب کا یہ بیان بھی نقل کیا تھا کہ دادا جان کی وفات کے بعد جب ان کا ترکہ ان کی اولاد میں تقسیم ہوا تو کتابوں اور اثاث البیت کی طرح غالب کے یہ غیر مطبوعہ خطوط بھی اس تقسیم میں آ گئے جن کا کچھ حصہ تلف ہو گیا اور نوادرات کا کافی ذخیرہ حیدرآباد دکن پہنچ گیا۔ جن میں غالب کے بہت سے غیر مطبوعہ خطوط بھی شامل تھے۔ اب وہ کس کے قبضے میں ہیں اس کے بارے میں کچھ نہیں کہا جا سکتا۔ میں نے اپنے محترم نانا سید علی نقی صاحب مرحوم کی کتابوں، پرانے کاغذات اور جس الماری میں یہ ذخیرہ موجود تھا اس کا ایک ایک کونہ چھان مارا مگر دوسری بہت سی بیش بہا تحریریں اور کتب تو ملیں جن سے مولانا عباس رفعت کی حیات کے بہت سے نئے گوشوں کا پتہ چلا

لیکن غالب کی کوئی تحریر ہاتھ نہیں آئی۔ یہاں سے مایوس ہوکر
میں نے اب اپنی تلاش کا مرکز ننہال کے دوسرے گھر یمنی
منزل کو بنایا۔ صوبے دار میجر رضا میاں کے ساتھ پھر پرانے
ذخیرے کو کھنگالنا شروع کیا چچا میاں بار بار یہ کہتے تھے کہ ہیں
ضرور کسی رجسٹر یا کتاب میں ہیں۔ میں نے دیکھے ہیں وغیرہ
لیکن کہاں تھے ملنے کا نام نہیں لیتے تھے۔۔ ایک دن میری
والدہ میجر صاحب کے گھر گئیں۔ اور واپس آئیں تو یہ مژدہ
ساتھ لائیں کہ غالب کے خطوط مل گئے ہیں۔ اور چچا میاں نے
تمہیں بلایا ہے۔ میں حیرت اور خوشی کے جذبات سے سرشار
ہوگیا بالآخر وہ متاع بیش بہا مل ہی گئی۔ بھاگا بھاگا چچا میاں
کے یہاں پہنچا۔ میرے سامنے ایک رجسٹر تھا جس میں غالب
کے تین خطوط بھی چسپاں تھے۔ دو اردو میں ایک فارسی میں۔
بار باران کی زیارت سے آنکھوں کو نور عطا کرتا رہا۔۔۔ رجسٹر کو
جگہ جگہ سے دیمک نے کھایا ہوا تھا۔ میں سوچتا ہوں غالب
صدی کے دوران غالب کی تحریر کے ایک ایک لفظ کی نہ یوں
تلاش ہوتی اور نہ یہ فراموش کیئے ہوئے اوراق سامنے آتے۔
ورنہ ان کا مقدر بھی دیمک کی غذا بن گیا ہو"۔ ۱۰

اس تحقیق سے اندازہ ہوتا ہے کہ پروفیسر آفاق احمد قدیم مخطوطات اور متون کی تلاش میں بھی دلچسپی رکھتے تھے اور ایک سچے محقق کی طرح انہوں نے بڑے صبر اور جستجو سے غالب کے ان گم شدہ خطوط کی بازیافت کی۔ اپنے اس مضمون میں آگے پروفیسر آفاق احمد نے مولانا عباس رفعت کا تعارف بیان کیا کہ وہ بھوپال سے تعلق رکھتے تھے۔ اور دہلی دربار تک ان کی رسائی تھی۔ غالب سے اپنے کلام کی

اصلاح لی۔ اوراس تعلق کی بنا غالب نے انہیں خطوط لکھے تھے۔ پروفیسر آفاق احمد نے مولانا عباس رفعت کے نام غالب کے لکھے خط کا متن شامل کیا ہے۔ یہ خط ۴ نومبر ۱۸۷۱ء کو لکھا گیا تھا۔ غالب لکھتے ہیں:

''پھر جب سخت گھبراتا ہوں اور تنگ آجاتا ہوں تو یہ مصرع پڑھ کر چپ ہوجاتا ہوں۔ اے مرگ ناگہاں تجھے کیا انتظار ہے۔

کوئی نہ سمجھے کہ میں اپنے بے رونقی اور تباہی کے غم میں مرتا ہوں۔ جو دکھ مجھ کو ہے اس کا بیان تو معلوم۔ مگر اس بیان کی طرف اشارہ کرتا ہوں ۔ انگریز قوم میں سے جوان روسیاہ کالوں کے ہاتھ سے قتل ہوئے اس میں کوئی میرا امید گاہ تھا اور کوئی میرا شفیق اور کوئی میرا دوست اور کوئی میرا یار اور کوئی میرا شاگرد ہندوستانیوں میں کچھ عزیز۔ کچھ دوست کچھ شاگرد کچھ معشوق سو وہ سب کے سب خاک میں مل گئے۔ ایک عزیز ستم کتنا سخت ہوتا ہے جو اتنے عزیزوں کا ماتم دار ہو۔ اس کو زیست کیوں کر نہ دشوار ہو۔ ہائے اتنے یار مرے کہ جواب میں مروں گا تو میرا کوئی رونے والا بھی نہ ہوگا۔ انا للہ وانا الیہ راجعون۔

۱۱

مضمون میں پروفیسر آفاق احمد نے غالب کے اس خط سے متعلق مزید تحقیق بھی پیش کی کہ کلیات نثر غالب میں جو خط شائع ہوا تھا اور انہیں جو خط دستیاب ہوا تھا اس میں اختلافات پائے گئے تھے۔ یہ اختلافات خط کی بار بار نقل کے دوران شامل ہوئے۔ پروفیسر آفاق احمد نے ایک منجھے ہوئے محقق کی طرح اس خط کی ابتدا سے انتہا تک تمام مراحل کے مختلف حوالوں سے پیش کیا۔ اس سے اندازہ ہوتا

ہے کہ وہ تحقیق کے میدان میں کس قدر تجربہ کار تھے۔

مضامین کے مجموعے ''امانت قلب ونظر'' میں شامل پروفیسر آفاق احمد کا تحریر کردہ چوتھا تحقیقی وتنقیدی مضمون ''مہدی افادی اپنے خطوط کے آئینے میں'' ہے۔ اس مضمون میں کتاب اور خط کی تعریف بیان کرنے کے بعد پروفیسر آفاق احمد نے لکھا کہ غالب کے بعد اگر کسی کے خطوط دلچسپی سے پڑھے گئے تو وہ مہدی افادی کے خطوط ہیں۔ مہدی افادی کی مکتوب نگاری پر اظہار خیال کرتے ہوئے پروفیسر آفاق احمد لکھتے ہیں:

> ''غالب کے خطوں کی اس خوبی کا ایک سے زیادہ بار ذکر ہوا ہے کہ انہیں پڑھ کر مکتوب الیہ ہی لطف اندوز ہوتا تھا۔ بلکہ ان سے متعلق اور غیر متعلق ہر شخص اتنا ہی لطف اٹھاتا تھا جتنا کہ مکتوب الیہ۔ اپنی کیفیت کے لحاظ سے مہدی کے خطوط بھی اسی زمرے میں آتے ہیں۔ مولانا عبدالماجد دریابادی نے ٹھیک ہی لکھا ہے کہ ارباب ذوق کے لئے مہدی کے مضامین سے بڑھ کر قیمتی ان کے خطوط ہوتے تھے۔ ایک ایک سطر ادب اور انشا کی جان ہوتی تھی۔ اپنی بصیرت اور علم کے مطابق کہہ سکتا ہوں کہ دور موجودہ کے ادیبوں میں شائد بالاستثنا کسی کے بھی خطوط اس قدر دلچسپ و پر لطف نہیں ہوتے تھے۔۔ مہدی کے خطوط مکتوب نگاری کے اسی کمال سے عبارت ہیں جس میں انشاء پردازی چھائی ہو۔ وہ شعوری طور پر اس کی کوشش کرتے تھے کہ خط آرٹیکل نہ بنے۔ اس لئے طویل خطوں سے انہوں نے احتراز کیا ہے۔ اور اگر کبھی یہ گمان گزرا ہے کہ خط خط نہ رہ کر مضمون بنا جارہا ہے تو قلم کو روک دیا ہے۔''۱۲

مہدی افادی کی مکتوب نگاری کی خصوصیات کے بیان کے بعد پروفیسر آفاق احمد نے لکھا کہ مہدی افادی کے خطوط کے دو مجموعے مکاتیب مہدی اور صحیفہ محبت کے نام سے شائع ہوئے اور یہ کہ مہدی افادی نے سب سے زیادہ خطوط شبلی نعمانی کو لکھے۔اوراس کے بعد اپنی بیگم کو لکھے۔مہدی افادی کے اپنی بیوی کے نام لکھے گئے خطوط کی پروفیسر آفاق احمد نے بہت ستائش کی۔اورسید سلیمان ندوی کے حوالے سے بھی ان خطوں کے بارے میں ان کی آراپیش کی۔اس مضمون میں پروفیسر آفاق احمد نے اس خط کو بھی شامل کیا جو بیگم مہدی نے ان کے نام لکھا تھا۔اس طرح پروفیسر آفاق احمد کا یہ مضمون بھی تحقیقی انداز لئے ہوئے ہے۔اس خط میں جا بجا تاثراتی تنقید کی جھلک دکھائی دیتی ہے۔

امانت ''قلب ونظر'' مضامین کے مجموعہ میں شامل اگلے مضمون کا عنوان ''شبلی نعمانی اور مہدی افادی'' ہے۔یہ مضمون بھی سابقہ مضمون کا سلسلہ لگتا ہے جب کہ پروفیسر آفاق احمد نے لکھا تھا کہ مہدی افادی نے سب سے زیادہ مکتوبات شبلی نعمانی کو لکھے تھے۔اس مضمون میں پروفیسر آفاق احمد نے اپنی انشاپردازی کی جھلک دکھائی ہےاور مضمون کا آغاز ان جملوں سے کیا جو ادب لطیف کی طرف اشارہ کرتے ہیں۔پروفیسر آفاق احمد لکھتے ہیں:

> ''ایک ہی موسم میں ایک باغ میں کتنے ہی پھول کھلتے ہیں۔کیاریاں سج جاتی ہیں۔اورخوشبو سے سارا چمن مہک اٹھتا ہے۔ہر شگوفہ، ہر گل رعنا اپنی جگہ مگن یہی سمجھتا ہے کہ بہار کا سب سے حسین پھول میں ہی ہوں۔ بالکل یہی حال ادب کا بھی ہے۔مختلف زمانوں میں مختلف ادبی دماغ گلشن ادب کی آبیاری کرتے ہیں ان کا ذہن طرح طرح کے پھول کھلاتا ہے۔یہ پھول دیکھنے والوں کو دعوت نظارہ دیتے ہیں۔ ہر شخص کی ایک پسند ہوتی ہے۔اوراپنی پسند کا پھول منتخب کر لیتا ہے اوراس کی خواہش ہوتی ہے کہ دوسرے بھی اس کی پسند میں

شریک ہوں اور جسے اس کی نگاہ انتخاب نے پسند کیا ہے
دوسرے بھی اسے پسند کریں۔'' [۱۳]

اس تمہید کے بعد پروفیسر آفاق احمد نے ادب لطیف کے علمبردار مہدی افادی کا تعارف کرایا کہ ان کی نثر باغ و بہار ہے اور انہوں نے گلوں کی شکل میں سرسید اور شبلی وغیرہ کو اپنی تحریر کا حصہ بنایا۔ شبلی کے بارے میں مہدی افادی کے خیالات کو پروفیسر آفاق احمد نے پیش کیا۔ افادی کے خیالات ملاحظہ ہوں:

''جن صاحبوں کو میری طرح شبلی کے دل و دماغ کے نتائج سے تعلق رہا ہے وہ ان مضامین میں ایک خاص بات دیکھیں گے۔ یعنی طرز ادا (اسٹائل) اس قدر اچھوتا اور صاف ہے کہ بڑے سے بڑا فصیح البیان بھی اس قسم کے دقیق مسائل کو ایسی برجستگی اور لطافت کے ساتھ ادا نہیں کرسکتا۔ غالب زندہ ہوتے تو شبلی کو اپنی اردوئے خاصہ کی داد ملتی۔ جس نے ایک نوخیز بازاری کل کی چھوکری کو جس پر انگلیاں اٹھتی تھیں آج اس لائق کردیا کہ وہ اپنی بڑی بوڑھیوں اور ثقہ بہنوں یعنی دنیا کی علمی زبانوں سے آنکھیں ملاسکتی ہے۔'' [۱۴]

مہدی افادی کی اس تحریر سے اندازہ ہوتا ہے کہ وہ شگفتہ انداز میں لکھتے تھے اور اپنے دور کے نامور انشا پردازوں میں شمار ہوتے تھے۔ پروفیسر آفاق احمد کا یہ مضمون تقابلی مطالعے کی بھی ایک اچھی مثال ہے کیوں کہ مضمون کے دوران جابجا مہدی افادی اور شبلی نعمانی کا مختلف انداز میں تقابل کیا گیا ہے۔

مضامین کے مجموعے ''امانت قلب ونظر'' میں شامل پروفیسر آفاق احمد کے اگلے مضمون کا عنوان ''سرسید کی کہانی کچھ ان کی، کچھ حالی کی اور کچھ میری زبانی'' ہے۔ یہ ایک مختصر سا تاثراتی مضمون ہے۔ جس میں سرسید کے اہم کارناموں کا احاطہ کرتے ہوئے ان کی خدمات کو خراج پیش کیا

گیا ہے۔ پروفیسر آفاق احمد سرسید کے بارے میں لکھتے ہیں:

''سرسید بڑے عزم وحوصلہ کے انسان تھے۔ انہوں نے اپنی زندگی کا جو مشن قرار دیا تھا۔ پامردی کے ساتھ اس پر گامزن رہے۔ وہ اپنی قوم کو آسمان پر چمکتے ہوئے ستاروں کی طرح دیکھنے کے متمنی تھے۔۔۔ سرسید پر دو الزام خاص طور پر عائد کئے جاتے ہیں۔ ایک تو انگریز پرستی کا اور دوسرا تعصب کا۔ لیکن کتنے احسان ناشناس ہیں ہم کہ بغیر تحقیق کئے ان الزامات کی صداقت پر یقین کر لیتے ہیں۔ کیا رسالہ اسباب بغاوت ہند کو تحریر کرنا انگریز پرستی تھی۔ کیا خلاف مذہب قوانین کے خلاف صدائے احتجاج بلند کرنا انگریز پرستی تھی۔ کیا آئین اکبری کی ترتیب کے موقع پر غالب جیسے عظیم الشان شاعر کی تقریظ اس لئے شامل نہ کرنا کہ اس میں مغلوں کے قوانین کو انگریزی قوانین کے مقابلے میں کمتر اور ہیچ ٹھہرایا گیا' انگریز پرستی تھی؟ کیا آگرہ دربار میں ہندوستانیوں کی کرسیوں کو انگریزوں کے برابر جگہ نہ دینے اور پچھلی صف میں رکھنے پر بہ طور احتجاج وہاں سے اٹھ کر چلے آنا انگریز پرستی تھی؟ ۔۔۔ ہندوستان کے ایک خیر خواہ اور ایک محبّ وطن کی حیثیت سے سرسید کو یاد کرنا ایک بہت بڑی سعادت ہے۔ کسی ملک و قوم میں ایسی شخصیتیں صدیوں میں پیدا ہوتی ہیں۔ میں سرسید کے ایک عقیدت مند کی آواز میں آواز ملا کر یہ کہنا چاہتا ہوں کہ سرسید ان لوگوں میں سے تھے جن میں ماضی اپنی خوبیوں کو

تلاش کرتا ہے۔حال اپنے تقاضوں کا مطالبہ کرتا ہے اور
مستقبل اپنی بشارتوں کی تقدیر بناتا ہے''۔۱۵

پروفیسر آفاق احمد نے اس مضمون میں سرسید کے رسالے تہذیب الاخلاق کے ذریعے پیش کردہ ان کی سماجی خدمات کا احاطہ کیا اور سرسید کی بعض تحریروں سے قومی یکجہتی پر سرسید کے نظریات کو پیش کیا۔مجموعی طور پر یہ مضمون تاثراتی تنقید کی ایک اچھی مثال ہے۔اور شخصی کارناموں کا احاطہ کرتا ہے۔

''امانت قلب ونظر'' میں شامل اگلے مضمون کا عنوان'' مولانا آزاد کی خوش گفتاری'' ہے۔اس مضمون میں مولانا ابوالکلام آزاد کی تقاریر کے حوالے سے مختلف موضوعات پر ان کے انداز بیان کو اجاگر کیا گیا ہےاور ان کے پیغام کی اہمیت واضح کی گئی ہے۔پارلیمنٹ میں انگریزی کے علاوہ اردو ہندی مسئلہ پر ان کے خطاب کے ضمن میں پروفیسر آفاق احمد لکھتے ہیں:

''انہوں نے پارلیمنٹ میں زبان کے مسئلہ پر جو اظہار خیال کیا ہے اور اظہار خیال کا جو اسلوب اپنایا ہے وہ مولانا کے استدلالی انداز کا بہترین نمونہ ہے۔اس تقریر کے دوران جو دراصل انگریزی کے دفاع میں تھی۔مولانا نے اردو ہندی تنازعہ کے بارے میں بھی اظہار خیال کیا اور رسم الخط کے مسئلہ پر بھی روشنی ڈالی۔اور بڑے دردمندانہ لہجہ میں کہا'' میں دیکھتا ہوں کہ دماغ کھلے ہوئے نہیں بلکہ سمٹے ہوئے ہیں۔ جس طرح ہمیں کھلے دماغ سے دیکھنا چاہئے ہم اس نگاہ سے نہیں دیکھتے حقیقت یہ ہے کہ جس تنگ نظری کا اظہار کیا گیا اس سے مجھے انتہائی افسوس ہوا۔ میں صفائی سے کہنا چاہتا ہوں کہ آپ ایک مخصوص زبان کو ٹھونسنا چاہتے ہیں۔۔۔مولانا نے

اپنے گیارہ سالہ دور حکومت میں تعلیم کے میدان میں جو کارہائے نمایاں انجام دیئے ہیں وہ آج بھی روشنی کے سفیر بن کر جہالت کے اندھیروں کو دور کر سکتے ہیں۔ لیکن ضرورت اس بات کی ہے کہ اس سائنسی اور غیر متعصب ذہن اور دماغ کی جو مولانا آزاد کو ودیعت ہوا تھا اور اس خون جگر کی جس سے مولانا نے آزاد ہندوستان کے تعلیمی نقشہ کو سرخی عطا کی اور جس کا اظہار ان کی اکثر تقریروں سے ملتا ہے۔ ضرورت اس بات کی ہے کہ ان تقریروں کے عمیق مطالعہ کے بعد مولانا کی فکری بصیرت اور نظریات پر ضرور روشنی ڈالی جائے۔ لیکن اس کے ساتھ یہ بھی ضروری ہے کہ مولانا کی اس گل افشانی گفتار کا بھی جائزہ لیا جائے جو ان کی تحریروں کی طرح ان کی تقریروں کو بھی ان کے مخصوص اسلوب کی زرنگاری سے ادب کا ایک ایسا حصہ بنا دیتی ہے جو کسی صاحب طرز انشا پرداز کا مقدر ہوتا ہے۔ اور جس کی خوش گفتاری دامن دل کو کھینچتی ہے''۔ [۱۶]

پروفیسر آفاق احمد نے اس مضمون کے ذریعے مولانا آزاد کی زندگی کے اہم گوشے کی طرف اشارہ کیا ہے کہ ان کی تقاریر سے بھی استفادہ ممکن ہے۔ مولانا آزاد کا علمی سرمایہ ہمیں ان کی کتابوں کے ذریعے تو ملتا ہے لیکن انہوں نے اپنی تقاریر میں جو باتیں کہی تھیں وہ بھی آنے والی نسلوں کے لئے کسی سرمایہ سے کم نہیں۔

پروفیسر آفاق احمد کے تحریر کردہ اگلے مضمون کا عنوان ''وہ مزار کیا ہوا جہاں ولیؔ کا مسکن تھا'' کے عنوان سے کتاب امانت قلب ونظر میں شامل ہے۔ اس مضمون میں اردو کے نامور شاعر ولیؔ گجراتی کے اجڑے مزار کی اخبار میں شائع شدہ ایک تصویر پر مضمون نگار کے جذبات کا اظہار کیا گیا

ہے۔ مضمون کے ابتدا میں افسوس کا اظہار ہے پھر پروفیسر آفاق احمد نے اپنے دلچسپ انداز تحریر سے وؔلی کے کارناموں کی جانب اشارے کیئے ہیں۔ اس ضمن میں وہ لکھتے ہیں:

''اس وقت ایک اخبار میرے سامنے ہے۔ وہاں ایک برباد کیا ہوا مزار ہے بری طرح سے تباہ کیا گیا ہے۔ اور توڑ پھوڑ کے بعد فتح کا جھنڈا بھی لگا دیا گیا ہے۔ یہ مزار تھا اسی شاعر وؔلی کا جو لگ بھگ تین سو سال سے یہاں کی مٹی میں آسودہ ہے۔ نیلی گنبد قبرستان کے قریب بنے ہوئے اس مزار پر چینی کے ٹکڑے جڑے ہوئے تھے۔ اس لئے اسے چینی پیر کے مزار کے نام سے یاد کیا جاتا ہے۔ اب اس مزار کا نام و نشان مٹا دیا گیا ہے یہ اس وؔلی کا مزار ہے جسے احمد آباد سے پیار تھا۔ جسے اس شہر کی ایک ایک ادا خوش آتی تھی۔ اور جو اس دھرتی پر اپنی غزلوں کی دنیا سجاتا رہا اور جس نے سرے سے اردو غزل کا مزاج ہی بدل دیا۔ اور پھر ایک جہاں گھومنے کے بعد جس نے ہمیشہ کے لئے اس سرزمین کی مٹی میں اپنا گھر بنا لیا۔۔۔ وؔلی کے مزار کا نشان مٹانے اور اس پر نفرت کا جھنڈا گاڑنے والوں کو علم نہیں ہے کہ وؔلی ایک مزار کا نام نہیں ہے بلکہ وہ تو اپنی شاعری میں خود بھی زندہ رہے گا اور اس گجرات کو بھی زندہ رکھے گا جس میں اس کی مٹی کو بے آبرو کیا گیا ہے بہت بڑے دل والا تھا وؔلی اور بہت چھوٹے دل والے ہیں ہم جو زندوں کا بدلہ مردوں سے لیتے ہیں۔ کون انہیں بتائے کہ شاعر اور کوی تو قوم کا سرمایہ ہوتے ہیں۔ وہ جہاں بھی رہیں پھول کی

طرح مہکتے ہیں اور شمع کی طرح اجالا پھیلاتے ہیں''۔ ۱۷

پروفیسر آفاق احمد نے یہ واضح نہیں کیا کہ یہ مزار کس نے برباد کیا لیکن ان کے بیان سے اندازہ ہوتا ہے کہ فرقہ پرستوں نے ولؔی کے مزار کو برباد کیا۔ تاہم اس واقعہ سے متاثر ہوکر مضمون نگار نے ولؔی گجراتی پر اپنے دلی جذبات کا اظہار کیا۔ اس مضمون میں بھی پروفیسر آفاق احمد نے اپنے اسلوب کی نیرنگی کو ظاہر کیا ہے۔

''امانت قلب ونظر میں شامل اگلے مضمون کا عنوان ''پریم چند اور بازار حسن'' ہے۔ اس مضمون میں پریم چند کے ناول ''بازار حسن'' کا تنقیدی جائزہ پیش کیا گیا ہے۔ پروفیسر آفاق احمد نے اس ناول کے بنیادی قصے کی طرف اشارہ کرتے ہوئے پریم چند کی ناول میں پیش کردہ کردار نگاری، واقعات نگاری اور منظر نگاری پر رائے پیش کی ہے۔ ناول کے مجموعی جائزے کو پیش کرتے ہوئے وہ لکھتے ہیں:

> ''بازار حسن سے اردو ناول نویسی کا ایک نیا دور شروع ہوتا ہے۔ یہ پریم چند کی ہی ہمت تھی کہ انہوں نے اتنا ضخیم ناول لکھا۔ اور اس دور میں لکھا جب کہ خود ان کے بقول ابھی ہمارے ہاں وہ زمانہ نہیں آیا کہ جرنلزم کو پیسا بنایا جاسکے۔۔ دوسرے اس کے لئے انہوں نے جس موضوع کا انتخاب کیا تھا وہ اس زمانے میں کافی اہمیت رکھتا تھا۔ اخلاقیات کے بڑے حامی کی حیثیت سے ان کی نگاہیں اس موضوع پر پڑنا کوئی تعجب کی بات نہیں۔ زنان بازاری ہمارے معاشرے میں برائیوں کے ایک بڑے مخزن کی حیثیت رکھتی ہے۔ پھر بھی پریم چند کو ان سے نفرت نہیں۔ وہ گاندھین فلاسفی کے ناطے نفرت جرم سے کرو مجرم سے نہیں کو ماننے والوں میں سے ایک تھے لہٰذا

> انہوں نے طوائف کے اس پرانے تصور سے بغاوت کی جو کہ اس سے پیشتر مرزا رسوا امراؤ جان ادا میں پیش کر چکے تھے۔ مرزا رسوا ناول میں خاموش تماشائی کی حیثیت رکھتے ہیں۔لیکن پریم چند کی موجودگی کا جگہ جگہ احساس ہوتا ہے۔اور وہ حل بھی پیش کرتے ہیں۔ پریم چند کے پیش کردہ حل کے مطابق زنان بازاری کو اپنی پچھلی زندگی چھوڑ کر ایک نئی زندگی کا آغاز کرنا چاہئے۔ وہ ناچنے گانے کو برا نہیں سمجھتے۔لیکن اس کے پردہ میں ہونے والی بے ہودگیوں کے سخت خلاف ہیں چنانچے ان کے سدباب کے لئے وہ ان کو آشرم کی زندگی گذارنے کا مشورہ دیتے ہیں۔وہاں سے ایک نئی پاکبازی کی حامل زندگی کا آغاز ہوتا ہے۔اگر گہرائی میں جائیں تو ہمیں یہ پتہ چلے گا کہ زنان بازاری کی جڑیں ہمارے سماج میں دور تک گئی ہیں۔اور بغیر اس سماج کو بدلے ہوئے ان کی اصلاح ناممکن ہے۔لیکن یہاں پھر پریم چند کوئی واضح حل نہ ہونے کی وجہ سے آشرم کا راستہ دکھاتے ملتے ہیں۔ یا زنان بازاری کو شہر سے دور آباد کرنے کو ہی سب کچھ سمجھ لیتے ہیں''۔ ۱۸

پروفیسر آفاق احمد کے اس انداز بیان سے پتہ چلتا ہے کہ انہوں نے پریم چند کے ناول کا گہرائی سے مطالعہ کیا اور سماجی تنقید کو پیش نظر رکھ کر پریم چند کے دکھائے ہوئے حل پر اپنی رائے دی۔ بازارحسن میں پیش کردہ ماحول پر پریم چند نے جو حل پیش کیا ہے وہ اس اسلامی فکر کی طرف اشارہ کرتا ہے کہ جب انسان شادی پر قدرت نہ رکھے تو اسے مشورہ دیا گیا کہ وہ کثرت سے روزے رکھے۔آشرم کے ماحول میں بھی ترک دنیا کی تعلیم دی جاتی ہے۔ پریم چند زنان بازاری کو شہر سے

باہر کردینے کا جومشورہ دیا ہے اس سے متاثر ہوکر ایک افسانہ آنندی بھی لکھا گیا جس میں افسانہ نگار نے بتایا کہ گاؤں والوں کے اصرار پر زنان بازاری کو شہر سے باہر کردیا جاتا ہے لیکن جب وہاں کاروبار حسن شروع ہوتا ہے تو ایک ایک کر کے ضروریات زندگی وہاں پہونچنا شروع ہوجاتے ہیں اورشہر کے باہر پھرایک شہر آباد ہوجاتا ہے۔ بہرحال پروفیسر آفاق احمد نے اس مضمون میں سماجی تنقید کو بروئے کار لاکر بازار حسن کا تنقیدی مطالعہ پیش کیا ہے۔

مضامین کے مجموعے ''امانت قلب ونظر'' میں شامل اگلے مضمون کا عنوان ''شفیق الرحمٰن بہ حیثیت حزن نگار'' ہے۔اس مضمون میں اردو کے نامور مزاح نگار شفیق الرحمٰن کے افسانوں میں حزنیہ پہلو کو اجاگر کیا گیا ہے۔شفیق الرحمٰن کے افسانوں میں حزنیہ پہلو بیان کرنے سے قبل تعارفی انداز میں پروفیسر آفاق احمد لکھتے ہیں:

> ''ہنسی اور غم دونوں زندگی کے ضروری پہلو ہیں۔ ایک حقیقی فن کار یقیناً ان دونوں سے پہلو نہیں بچا سکتا۔ وہ خود ہنسے گا دوسروں کو بھی ہنسائے گا۔ مگر کب تک۔ ایک دن ایسا بھی آئے گا جب اس کی ہنسی چھین لی جائے گی۔ وہ مسکرا بھی نہ سکے گا۔ وہ رو دے گا۔ اور وہ جب روئے گا تو اسے دنیا کا ذرہ ذرہ روتا دکھائی دے گا۔ اسے ایسا معلوم ہوگا جیسے وہ خود ہی اداس نہیں ہے بلکہ پوری کائنات اور اس کا ایک ایک مظہر اس کی اداسی میں شریک ہے۔ اسی طرح شفیق الرحمٰن کے کردار بھی جب ہنستے ہنستے زندگی کی محرومیوں میں گرفتار ہوجاتے ہیں تو وہ بھی غموں سے بوجھل ہوکر پژمردہ ہوجاتے ہیں۔ اور ان کے ساتھ سارا ماحول پژمردہ ہوجاتا ہے۔ اس پر بھی اداسی اپنا قبضہ جما لیتی ہے۔۔ شفیق الرحمٰن کے زیادہ تر افسانے ایک ایسے الھڑ

لڑکے کے گرد گھومتے ہیں جو کہ بے حد حسین ہے۔ جسے اپنی خوبصورتی اور مردانہ شان کا احساس ہے۔لیکن جب کوئی اس کی اس شان اور وجاہت کو خاطر میں نہیں لاتا تو وہ ایک شگفتہ کلی سے کمھلایا ہوا پھول بن جاتا ہے۔اور اس کی یہ المیہ تڑپ سارے ماحول میں ایک افتادگی اور اداسی بھر دیتی ہے۔۔شفیق الرحمٰن کا ہیرو خود ہی غمگین ہونا نہیں جانتا بلکہ اس کی ہیروئین بھی اداس ہونے سے واقف ہے۔ بڑی آپا میں ہی جب ہیروئین اپنے رفیق کو بڑی آپا کی طرف متوجہ دیکھتی ہے تو وہ آتش غم سے پھنک اٹھتی ہے۔۔شفیق الرحمٰن کو بہ حیثیت مزاح نگار تو سبھی جانتے ہیں اور کافی لکھا بھی جا چکا ہے۔لیکن اس کے ساتھ ہی ہمیں اس حقیقت کو فراموش نہ کرنا چاہئے کہ وہ ایک کامیاب حزن نگار بھی ہے جو غم کو اس کے اصلی روپ میں پیش کرنے کے سلیقے سے واقف ہے۔'' 19

پروفیسر آفاق احمد کا یہ مضمون بھی تحقیقی انداز کا ہے۔جس میں انہوں نے اپنے مطالعے سے ایک مزاح نگار کے افسانوں میں حزنیہ پہلو تلاش کیے اور انہیں مختلف مثالوں سے پیش کیا۔

پروفیسر آفاق احمد کا ایک اور تحقیقی مضمون ''مثنوی صدق البیان'' ہے۔جس میں انہوں نے بھوپال کی بیگم نواب شاہجہاں بیگم کی لکھی ایک مثنوی صدق البیان کا تعارف پیش کیا ہے۔ پروفیسر آفاق احمد نے لکھا کہ بھوپال کی شاعری کے ابتدائی دور میں یہاں اچھی مثنویاں لکھی گئیں۔ مثنوی صدق البیان کے بارے میں انہوں نے لکھا کہ اس مثنوی میں روایتی انداز کا کوئی قصہ بیان نہیں کیا گیا بلکہ ہندوستان کے موسموں، تہواروں، رسومات، افلاک کا حال اور فصلوں وغیرہ کو بنیادی پلاٹ کا درجہ دے کر مثنوی کی مخصوص زمین میں ایک تجربہ کیا گیا ہے۔قدیم دور کی مثنویوں کے

مطالعے میں زبان و بیان کا مطالعہ اہم ہوتا ہے چنانچہ اس پہلو کو اجاگر کرتے ہوئے پروفیسر آفاق احمد لکھتے ہیں:

''جس وقت ہم اس مثنوی کا تجزیہ کرنے بیٹھتے ہیں تو ہمیں چند باتوں کو خاص طور پر اپنے ذہن میں رکھنا ہوگا۔ ان میں پہلی بات زبان اور بیان کی خوبیوں سے متعلق ہے۔ جہاں تک زبان کا تعلق ہے۔ اس میں ہمیں کئی لفظ نامانوس نظر آتے ہیں۔ اکثر جگہ املا بھی قدیم اور غیر مانوس ہے۔ جیسے ہے کہ بدلے ہی آخر کے بجائے اخیر اس طرح ہر جگہ ے کے بجائے ی کا استعمال ملتا ہے۔۔۔ اس مرحلہ پر ہمیں اٹھارویں صدی میں وسط ہند کی تحریر اور بول چال کی زبان کو اپنے سامنے رکھنا ہوگا۔۔۔ کسی بھی مثنوی کو حقیقی طور پر پرکھنے کے لئے ہمیں اس کی خصوصیت پر بھی ضرور نظر ڈالنی پڑتی ہے۔ کہ اس میں مقامی آب و رنگ کس انداز میں جھلکتا ہے۔ اپنے عہد کے رسم و رواج رہن سہن اور تہذیب و شائستگی کی وہ کہاں تک عکاس ہے صدق البیان اس لحاظ سے خاص توجہ کی مستحق ہے گو آج زمانہ کہیں سے کہیں پہنچ چکا ہے۔ اس دور میں خواب و خیال میں بھی نہ آنے والی باتیں آج زندگی حقیقتیں بن چکی ہیں۔ پھر بھی تب کے ہندوستان کو دیکھنے کے لئے خصوصاً اٹھارویں صدی کے مالوہ پر نظر ڈالنے کے لئے بھوپال کو پہچاننے کے لئے اس مثنوی کا مطالعہ ناگزیر ہے۔ اس مثنوی میں اس دور کا مالوہ خاص طور سے بھوپال اپنے پورے تہذیبی رکھ رکھاؤ کے ساتھ

موجود ہے۔ اس وقت کے موسم' تہوار' رسمیں جینے کی ادا سب
کچھ ہی تو موجود ہے۔ شب مالوہ کے لہلہاتے ہوئے گیسوؤں
کی ٹھنڈک ہے۔ تالابوں میں کھلے کنول کے پھولوں کا حسن
ہے۔ برکھا کی ہلکی ہلکی رم جھم کا نغماتی اثر ہے۔ جانے پہچانے
لوگ ہیں۔ اور ان کے جانے پہچانے خواب۔ اگر ہم اسے
اٹھارویں صدی کے مالوہ کی معاشرتی تاریخ کہیں تو بے جا نہ
ہوگا''۔ ۲۰

پروفیسر آفاق احمد نے چند مثالوں کے ذریعے مثنوی کا تعارف تو کرایا لیکن یہ واضح نہیں کیا کہ یہ مثنوی انہیں کہاں دستیاب ہوئی اور کب اشاعت کے مرحلے سے گذری۔ اس کے باجود انہوں نے مثنوی کی زبان و بیان اور مثنوی کی تہذیبی اہمیت کو اجاگر کیا۔ جس سے معلوم ہوتا ہے کہ بھوپال میں بھی مثنوی نگاری کی مثالیں پائی جاتی ہیں۔

''امانت قلب ونظر'' میں شامل اگلے مضمون کا عنوان ''طنز ومزاح کی دنیا کے دو تاجدار'' ہے۔ جس میں پروفیسر آفاق احمد نے سرزمین بھوپال سے تعلق رکھنے والے دو مزاح نگاروں ملا رموزی اور تخلص بھوپالی کے فن کے بارے میں اظہار خیال کیا ہے۔ مضمون کے آغاز میں انہوں نے اس پہلو کی جانب نشاندہی کی کہ مقامی فن کاروں اور علاقائی ادب کی جانب بے اعتنائی برتی جا رہی ہے جس کے سبب کئی ستارے گمنامی کے گوشے میں چلے جا رہے ہیں۔ ملا رموزی اور تخلص بھوپالی کے بارے میں وہ لکھتے ہیں:

''یہ بات اپنی جگہ سو فی صدی درست ہے کہ گلابی
اردو کی ایجاد نے ملا رموزی کو ایوان ادب میں ایک مستقل
مقام کا مالک بنا دیا۔ اگر وہ اپنی اس ایجاد کے علاوہ اور کچھ نہ
لکھتے تو بھی ادب کی دنیا انہیں فراموش نہ کر پاتی۔۔ ملا رموزی

کی تحریروں کا مطالعہ کرنے کے بعد یہ احساس ہوتا ہے کہ وہ سنجیدہ اسلوب بھی اختیار کر سکتے تھے مگر اسے ان کی ستارہ شناسی کہا جائے یا ہاتھ کی لکیروں کی کارفرمائی کے انہوں نے مزاح کا سہارا لینا قبول کیا۔ یہاں یہ بتانا غیر مناسب نہ ہوگا کہ ملا رموزی علم نجوم میں بے حد دسترس رکھتے تھے۔ خود ملا رموزی کا فرمان تھا کہ رونے اور رلانے والے تو بہت سے ہیں مگر روتوں کو ہنسانے والے آٹے میں نمک کے برابر ہیں۔ ملا رموزی نے پھیکے ماحول کو نمک کا چٹخارہ دیا اور پروفیسر عبدالقادر سروری کو یہ پیش گوئی کرنا پڑی کہ ملا رموزی کی ظرافت نگاری قوم کے پژمردہ دلوں کے لئے مسرت پائیدار کا سامان بہم پہنچائے گی۔۔ تخلص بھوپالی کا بڑا کارنامہ غفور میاں اور پاندان والی خالہ کی تخلیق ہے۔ یہ دونوں بھوپال کی اس تہذیب کے نمائندہ ہیں جسے ہم بروکاٹ تہذیب کا نام دیتے ہیں۔ دونوں جھونپڑوں کے باسی غربت کی چھت کے نیچے رہتے ہیں۔ ایک کی نظر ماضی پر ہے دوسری ماضی کی مرثیہ خواں ہی نہیں مستقبل کو بھی دیکھ رہی ہے۔۔۔ رشید صاحب کو تخلص بہت پسند تھے۔ مجھے یاد ہے کہ رشید صاحب نے تخلص صاحب کو میرے ذریعے پیغام بھیجا تھا کہ اپنا کام جاری رکھئے۔ آپ بہت سے پیشہ ور مصنفوں سے اچھے ہیں۔۔۔ اب رشید احمد صدیقی نہ ہمارے درمیان ہیں اور نہ تخلص بھوپالی لیکن ان دونوں کی تحریروں میں ایک خاص زمانے کا علی گڑھ اور ایک

خاص زمانے کا بھوپال اپنے پورے تہذیبی رکھ رکھاؤ کے ساتھ زندہ رہے گا۔۔۔ تخلص صاحب کے طنزیہ ومزاحیہ مضامین اور ان کی بے جگری بھی بھلائی نہ جاسکے گی۔ جس طرح تخلص صاحب نے حکومت وقت اور معاشرے کی بے راہ روی کے خلاف مورچہ لیا وہ ان کا ہی دم خم تھا۔ مجھے یقین ہے کہ اردو کی مملکت طنز ومزاح میں رشید احمد صدیقی تو عمر دوام لے کر آئے ہیں لیکن تخلص بھوپالی بھی زندہ رہیں گے کہ اس سلطنت خداداد میں رشید احمد صدیقی تو بہت بڑی بات ہیں۔ تخلص بھوپالی جیسے آشفتہ بیان کتنے ہیں؟''۔[21]

اس مضمون میں پروفیسر آفاق احمد نے تقابلی تنقید کو استعمال کرتے ہوئے تخلص بھوپالی اور رشید احمد صدیقی کا تقابل کیا۔ جب کہ رشید احمد صدیقی کی تحریروں سے علی گڑھ اور تخلص بھوپالی کی تحریروں سے بھوپال کی یاد تازہ ہوجاتی ہے۔ اس کے علاوہ مقامی ادیبوں کے فن کو اجاگر کرنے میں بھی اس طرح کے مضامین اہم کردار ادا کرتے ہیں۔

امانت قلب ونظر میں شامل اگلے مضمون کا عنوان ''سردار جعفری کی یادوں کا اجالا'' ہے۔ اس مضمون کے آغاز میں پروفیسر آفاق احمد نے لکھا کہ زمانہ طالب علمی میں اخباروں اور رسائل کے ذریعے وہ سردار جعفری اور مخدوم سے واقف ہوئے۔ بعد میں جب سردار جعفری بھوپال آنے لگے تو ان سے ملاقات بھی ہوئی۔ سردار جعفری سے متعلق اپنی یادوں اور ان کے فن پر تبصرہ اس مضمون میں پایا جاتا ہے۔ مجلس اقبال کی رسم اجرا تقریب کے ضمن میں پروفیسر آفاق احمد لکھتے ہیں:

''۵۔مئی ۱۹۹۷ء کو جعفری صاحب علامہ اقبال ادبی مرکز کے جلسے میں آخری بار تشریف لائے۔ دراصل ان کی آمد یہاں ایک بڑے مشاعرے کے سلسلے میں تھی۔ جو پولیس کے

ادبی سرکل نے کیا تھا۔ ان کے ساتھ جاوید اختر بھی تھے۔ جعفری صاحب نے اقبال مرکز کی اقبالیات کے سلسلے میں کتاب ''مجلس اقبال'' کی پانچویں جلد اور جاوید اختر نے چوتھی جلد کی رسم رونمائی سرانجام دی۔ اس موقع پر سردار جعفری نے بڑے دکھی دل سے ان افواہوں کا ذکر کیا جو تقسیم ملک کے بعد اقبال کے پاکستان چلے جانے کو شہرت دینے کا باعث بن رہی ہیں۔ اور وہ افواہیں اب آہستہ آہستہ تاریخ کا حصہ بنتی جارہی ہیں۔ سردار جعفری نے اقبال صدی کے دوران ملک کے وزیر اعظم مرارجی دیسائی کی اس غلط فہمی کا ذکر کیا کہ اقبال تقسیم ملک کے بعد پاکستان چلے گئے۔ جب میں نے بتایا کا اقبال کا انتقال تو ۱۹۳۸ء میں ہوگیا تو انہوں نے تعجب کا اظہار کیا۔۔۔ سردار جعفری نے یہ بھی بتایا کہ انہوں نے ساہتیہ اکادمی کے ایک سیمینار میں یہ سوال کیا تھا کہ آزادی کے پچاس برسوں کے دوران ہم ترانہ ہندی کو تو روز پڑھتے ہیں مگر آج تک ہمارے کسی قومی ادارے کو یہ توفیق نصیب نہیں ہوئی کہ وہ ترانہ ہندی کے خالق پر کوئی کتاب شائع کرتا۔۔۔ پھر جعفری صاحب کی بھوپال آمد کا وقفہ طویل ہوگیا۔ وہ ۱۴۔ نومبر ۱۹۹۸ء کو اردو اکادیمی کی دعوت پر ایک ہندو پاک مشاعرے میں شرکت کے لئے تشریف لائے۔ پاکستان سے احمد فراز بھی اس مشاعرے میں خاص طور پر بلائے گئے تھے۔ اس جلسے اور مشاعرے کا گل سرسبد احمد فراز کی نظم '' دوستی کا ہاتھ'' اور سردار جعفری کی نظم ''

کون دشمن ہے'' تھی۔ اس جلسے میں ایٹمی اسلحہ کے خلاف اعلان جنگ کیا گیا اور ہندوستان اور پاکستان کی دوستی کی قسمیں کھائی گئیں''۔۲۲

اس مضمون میں اردو کے نامور ترقی پسند شاعر علی سردار جعفری کی بھوپال میں آمد اور مختلف اجلاسوں اور مشاعروں میں شرکت کی تفصیلات اور ان کے فن پر مضمون نگار کے تاثرات سے واقفیت ہوتی ہے۔ یہ مضمون بھی تاثراتی تنقید کو پیش کرتا ہے۔

''امانت قلب ونظر'' میں شامل آخری دو مضامین ''ظہیر بھائی'' اور'' بھوپال کی صحافت کی آبرو حکیم سید قمر الحسن'' ہیں۔ یہ دونوں مضامین شخصی ہیں۔ اور تاثراتی نوعیت کے ہیں۔ یہ دونوں پروفیسر آفاق احمد کے رفیق کار تھے۔ ان مضامین میں ان دونوں شخصیات کے علمی وادبی کارناموں کو اجاگر کیا گیا ہے۔

امانت قلب ونظر میں شامل تحقیقی وتنقیدی مضامین پر طائرانہ نظر ڈالیں تو پتہ چلتا ہے کہ پروفیسر آفاق احمد نے ایک کہنہ مشق محقق اور نقاد کی طرح منتخبہ موضوعات کو برتا۔ تحقیق میں جس طرح وضاحت اور دلائل پیش ہوتے ہیں اسی طرح ان مضامین میں بھی ہر قسم کی تشنگی کو دور کیا گیا ہے۔ غالب کے خطوط کی تحقیق سے متعلق مضمون سے اندازہ ہوتا ہے کہ کس طرح پروفیسر آفاق احمد نے مختصر سے اشارے کو بنیاد بنا کر غالب کے نادر خطوط تلاش کیے۔ اسی طرح دیگر مضامین بھی تنقیدی رنگ پایا گیا ہے۔ پریم چند کے بازار حسن سے متعلق مضمون ہو یا کوئی اور مضمون پروفیسر آفاق احمد نے تجزیاتی انداز اختیار کرتے ہوئے موضوع سے انصاف کرنے کی کوشش کی ہے۔ انہوں نے اپنی تنقید میں تاثراتی اور تقابلی انداز اختیار کیا۔ مہدی افادی اور شبلی نعمانی اور تخلص بھوپالی اور رشید احمد صدیقی کا تقابل ان مضامین میں دیکھا جاسکتا ہے۔ عام طور سے تحقیقی اور تنقیدی مضامین میں اسلوب نگارش روکھا پھیکا اور سادہ ہوتا ہے لیکن پروفیسر آفاق احمد نے جا بجا جذباتی اور دلچسپ انداز تحریر اختیار کرتے ہوئے ان مضامین کو انشائیوں کا روپ دے دیا۔ مجموعی طور پر ''امانت قلب ونظر''

کے تمام مضامین اردو تحقیق وتنقید کے باب میں اہم اضافہ تصور کئے جائیں گے۔اگر پروفیسر آفاق احمد تحقیق کے موضوع پر کوئی مستقل کتاب لکھتے تو وہ اردو تحقیق کے روشن مینار قرار پاتے لیکن انہوں نے اقبالیات کے فروغ کے لئے اپنے آپ کو وقف کر دیا تھااس لئے انہیں اس جانب توجہ دینے کا موقع نہیں ملا۔اس کے باجودان کے یہ ادبی تحقیقی اور تنقیدی مضامین اپنے موضوع پر اہم اضافہ ہیں۔

کتابوں پر تبصرے

چاندنی چوک کی ایک شام (شاعر۔مشتاق سنگھ)

پروفیسر آفاق احمد کے تنقیدی مضامین مختلف شعرااور ادیبوں کی کتابوں پر تبصروں کی شکل میں بھی ملتے ہیں۔ایسا ہی ایک تبصرہ انہوں نے اردو اور پنجابی کے مشہور شاعر مشتاق سنگھ کے شعری مجموعے ''چاندنی چوک کی ایک شام'' پر'' شاعر خود شناس'' کے نام سے کیا۔یہ شعری مجموعہ بھوپال سے ۲۰۱۰ء میں شائع ہوا۔اس کتاب پر تبصرہ کرتے ہوئے پروفیسر آفاق احمد لکھتے ہیں:

> ''مشتاق سنگھ جو خود کو مشتاق کے نام سے پکارنا پسند کرتے ہیں اور اسی مختصر نام سے اپنی شعری ونثری تخلیقات پیش کرتے ہیں۔اور ان کا یہ عمل صرف دوستوں کی بے تکلف محفلوں تک محدود نہیں بلکہ خواہ اردو ہو،پنجابی ہو یا ہندی وہ صرف مشتاق کے نام سے جانے جاتے ہیں۔۔۔مشتاق سنگھ کی نظمیں عصری موضوعات سے عبارت ہیں۔کوبا سب کل تمہارے ہیں۔پنجابی نظم کا ترجمہ''جنگ نہیں''۔''آؤ اقبال کریں'' ویلن ٹائن ڈے،روشنی کی تلاش،حب الوطنی۔۔ایسی نظمیں ہیں جن میں موضوعات کا تنوع آج کے دور نا آسودہ کی بہیمیت،مسائل میں گھری زندگی جو اپنا خراج طلب کرتی

ہے اور کنزیومر سوسائٹی کی لعنتیں ان کے نظریہ کی بہترین عکاس ہیں۔ بات طویل ہو جائے گی اچھا نہیں ہے کہ مشتاق سنگھ اور ان کے پڑھنے والوں کے درمیان زیادہ دیر گفتگو کی جائے البتہ یہاں ان کی غزل کا ایک مقطع اور ان کی نظم خطبہ کی آخری چار سطریں نقل کرنے کی اجازت چاہوں گا۔غزل کا شعر ہے۔

ترے اشعار جگ بیتی ہیں مشتاق

بہ ظاہر بات تو اپنی کرے ہے

اور خطبہ میں وہ اعلان کرتے ہیں

میں تو مزدور ہوں قلم چلانے والا
ہواؤں کو اپنی بات بتانے والا
سودے بازی سے لفظوں کی بے حرمتی منظور نہیں
سمجھوتے بازی شاعری کا دستور نہیں

مشتاق سنگھ کی غزل کے مقطع اور نظم ''خطبہ'' کو ہم مشتاق سنگھ کی شاعری کا منشور کہیں تو بے جا نہ ہوگا۔۔۔مشتاق سنگھ کی غزلیں اور نثری نظمیں ہمیں اس مستقبل کا یقین دلاتی ہیں جو ضرور ایک دن عالم انسانیت کا مقدر بنے گا۔ وہ مایوسی میں آنسو بہانے والے شاعر نہیں ہیں۔ وہ خوشحال زندگی اور بہتر سماج کی نوید سنانے اور اپنے اس احساس میں دوسروں کو بھی شامل کرنے والے شاعر ہیں۔۔۔ مشتاق سنگھ غزل کے شاعر ہیں۔انہوں نے گیت اور ماہیے بھی لکھے ہیں۔اردو کے

علاوہ پنجابی زبان وادب میں بھی نمایاں پہچان رکھتے ہیں۔
پنجابی اور اردو میں ترجمہ نگاری کے فن کے ذریعے سے بھی ان دونوں زبانوں کے ادب کو مالا مال کیا ہے۔ اردو میں بہ حیثیت شاعر ان کی شناخت قائم ہو چکی ہے۔ تقریباً اردو کے سبھی معیاری رسائل میں ان کی شعری تخلیقات شائع ہوتی رہتی ہیں۔۔۔ مشتاق سنگھ کی شاعری کو کسی خانہ میں تقسیم نہیں کیا جاسکتا۔ وہ نہایت سادہ اور سلجھے ہوئے انداز میں شعر کہنے کے عادی ہیں۔ اور درحقیقت دل سے دل کی باتیں کیا کرتے ہیں۔ ان کے شعروں میں شاید اسی لیے غنائی کیفیت پیدا ہوگئی ہے کہ وہ شعر بناتے نہیں بلکہ لفظیات کے در وبست ان کے احساسات اور جذبات کے سانچوں میں ڈھل کر خود اپنا اہتمام ظاہر کرتے ہیں۔ یہ سلیقہ بہت مشکل سے پیدا ہوتا ہے کہ شاعری کے بہانے مشتاق سنگھ نے خود سے گفتگو کا وہ انداز نکالا ہے کہ ہم اور آپ بھی ان کی اس گفتگو میں شامل ہو جاتے ہیں۔ میں سمجھتا ہوں کہ شاعر کی یہی سب سے بڑی کامیابی ہے۔" ۲۳

مشتاق سنگھ کے شعری مجموعے کے بارے میں پروفیسر آفاق احمد کے اس تبصرے سے اندازہ ہوتا ہے کہ انہوں نے نہایت مبسوط طریقے سے مشتاق سنگھ کی شخصیت اور شاعری کا مکمل تعارف پیش کر دیا اور قاری پر یہ ذمہ داری چھوڑ دی کہ وہ خود ان کے کلام کو پڑھ کر اپنی رائے قائم کر لے۔ عموماً شعری مجموعوں کے تبصروں میں اس بات کا لحاظ رکھا جاتا ہے کہ کتاب کا اچھے انداز میں تعارف کرا دیا جائے تا کہ قاری سارے تبصرے کو پڑھ کر باقی کتاب پڑھنے کے لئے اپنے آپ کو

راضی کرلے۔ چنانچہ پروفیسر آفاق احمد نے بھی اعتدال پسند تنقیدی رویہ اختیار کرتے ہوئے شاعر اوراس کے کلام کا تعارف کرادیا۔

سفرایک عمر کا (شاعرہ۔ پروین کیفؔ)

پروفیسر آفاق احمد نے ایک اور شاعر پروین کیفؔ کے شعری مجموعے ''سفرایک عمر کا'' پراپنا تبصرہ لکھا ہے۔ یہ شعری مجموعہ بھوپال سے ۲۰۱۳ء میں شائع ہوا۔ پروین کیفؔ دراصل اردو کے نامور شاعر کیفؔ بھوپالی کی بیٹی ہیں۔ پروفیسر آفاق احمد نے مثالوں کے ذریعے واضح کیا کہ اکثر نامور شعرا کی اولاد شعر کہنے لگے تو لوگ گمان کرتے ہیں کہ یہ ان کے والد کا کلام ہوگا۔لیکن پروفیسر آفاق احمد نے دلائل' مثالوں اور وضاحتوں سے ثابت کیا کہ پروین کیفؔ خود ایک اچھی شاعرہ ہیں۔اور زمانہ طالب علمی سے بیت بازی مقابلوں اور دیگر ادبی پروگراموں میں اپنی شاعری کے جوہر دکھاتی رہی ہیں۔ان کے شعری مجموعے پر نسبتاً طویل تعارفی مضمون لکھتے ہوئے پروفیسر آفاق احمد رقم طراز ہیں:

> انہوں نے اپنی گھر آنگن کی شاعری کو صرف حکایت بہ یار گفتن تک محدود نہیں رکھا ہے بلکہ ماں باپ کی محبت چاہنے اور چاہے جانے کی ازدواجی خواہشیں' فرقت و وصال' شک اور رشک' سعادت مند بیٹے اور ان کی بہو بیگمیں اور گھر میں کلکاریاں مارتے بچے سب پروین کی غزلوں کا موضوع قرار پائے ہیں۔لیکن انہوں نے جذبات کے اظہار میں اس جذبے اور لہجے سے گریز کیا ہے جسے میں نے ''کھل کھیلنے'' کا نام دیا ہے۔۔۔ کیف بھوپالی ان کی زندگی کا آئیڈیل ہی نہیں ہیں بلکہ پروین کی شاعری کا محور بھی ہیں۔۔۔ پروین کیفؔ نے کیفؔ بھوپالی کی اکثر زمینوں میں غزلیں کہہ کر ان سے اپنی والہانہ محبت کا اظہار کیا ہے۔۔۔ پروین کے کلام میں بڑی

تعداد میں ایسے اشعار ہیں جو ازدواجی زندگی کے ذکر سے عبارت ہیں۔ لیکن تین غزلیں ایسی ہیں جن میں تسلسل کے ساتھ حکایت الفت کا بیان ملتا ہے۔

یاد جب وہ آتے ہیں کس قدر ستاتے ہیں
خوں میں چلتے پھرتے ہیں روح میں سماتے ہیں
ایک عجیب عالم ہے جب سے خط ملا ان کا
سب سے ہم چھپاتے ہیں سب کو ہم بتاتے ہیں
وہ مزاج رکھتے ہیں ایک ننھے بچے کا
پل میں روٹھ جاتے ہیں پل میں مان جاتے ہیں
(پروین کیفؔ)

۔۔ پروین نے روئے سخن کو صدائے احتجاج بلند کرنے تک ہی محدود نہیں رکھا ہے بلکہ انسان کے آنے والے اچھے دنوں کی تمنا اس کے دل میں امیدوں کی جوت جگائے رکھتی ہے۔۔۔سفر اک عمر کا۔ میں غزلوں کے علاوہ کچھ موضوعاتی نظمیں بھی شامل ہیں۔ غزل میں جن موضوعات کو سخن کے پردے میں کہنے کی کوشش کی ہے نظموں میں ان کا برملا اظہار کیا گیا ہے۔ پروین کی منظومات ایک ایسا آئینہ ہیں جن میں ہم اپنے سماج اور آس پاس کی دنیا میں ہونے والے واقعات کو دیکھ سکتے ہیں۔'' ۲۴

پروین کیفؔ کی شاعری پر تبصرہ کرتے ہوئے پروفیسر آفاق احمد نے تانیثیت کے پہلو کو بھی اجاگر کیا۔ اور ایک مشہور شاعر کی بیٹی کی شاعری کو اپنے خیالات کے ذریعے حوصلہ بخشا۔ مجموعی طور پر

ان کے یہ دو تبصرے تاثراتی تنقید کی اچھی مثال ہیں۔

بیاض سحر (شعری مجموعہ سراج میر خاں سحر بھوپالی مرتبہ مائل نقوی۔ پیش لفظ پروفیسر آفاق احمد)

پروفیسر آفاق احمد نے سراج میر خاں سحر بھوپالی کے مرتبہ مجموعہ کلام ''بیاض سحر'' کا پیش لفظ لکھا۔ یہ شعری مجموعہ مائل نقوی نے مرتب کیا۔ بہ حیثیت سکریٹری مدھیہ پردیش اردو اکیڈیمی پروفیسر آفاق احمد نے اپنی شخصی دلچسپی سے اس کتاب کی اشاعت کی راہ آسان کی۔ پیش لفظ میں اس کتاب کی اشاعت کے مراحل بیان کرتے ہوئے پروفیسر آفاق احمد لکھتے ہیں:

> سراج میر خاں سحرؔ اس معاملے میں بڑے بدنصیب تھے کہ ان کی حیات میں اور ان کے انتقال کے بعد جب بھی ان کے کلام کو یکجا کر کے دیوان مرتب کرنے کی کوشش کی گئی تو کوئی نہ کوئی ایسا سانحہ ہو گیا کہ ساری محنت اکارت گئی۔ وہ تو خدا بھلا کرے سر راس مسعود کا کہ ایک محفل میں سراج میر خاں سحرؔ کے دو اشعار نے انہیں اپنی طرف متوجہ کیا اور ادب و شعر کے اس قدرداں نے سراج میر خاں سحرؔ کے کلام کا جو تھوڑا بہت حصہ زمانے کے سرد و گرم سہنے کے باجود تلف ہونے سے بچ گیا تھا۔ اسے کتابی شکل میں بیاض سحر کے نام سے محفوظ کر دیا۔۔۔
> رندی و سرمستی، جرم و خطا، دنیا کی بے ثباتی، وعظ و پند، تلمیح و استعارہ عشق و عاشقی غزل گو شعرا کے محبوب موضوعات ہیں۔ بیاض سحر کی غزلوں میں ان موضوعات کو اس طرح برتا گیا اور الفاظ کی مزاج دانی کا ثبوت دیا گیا ہے کہ وہ پڑھنے اور سننے میں ہی خوب صورت اور پر تاثیر محسوس نہیں ہوتے بلکہ ایسا پتہ چلتا ہے جیسے سراج میر خاں سحرؔ کو اپنے اشعار میں الفاظ و

اصطلاحات کو برتنے کا وہ سلیقہ آتا تھا جس میں الفاظ اور
اصطلاحات کا قد بلند ہوجاتا تھا اور ان کی بلند قامتی سے شعر کا
مرتبہ بڑھ جاتا ہے''۔ ۲۵

عالمگیر رشد وہدایت (مضامین کا مجموعہ۔از ڈاکٹر سید سجاد حیدر۔پیش لفظ۔پروفیسر آفاق احمد)

پروفیسر آفاق احمد نے ڈاکٹر سید سجاد حیدر کے مضامین کی کتاب ''عالمگیر رشد وہدایت'' پر ایک تعارفی مضمون ''اجالوں کے نقیب۔سید سجاد حیدر'' کے نام سے لکھا۔اس کتاب میں سائنسی عنوانات پر مضامین ہیں اور ان مضامین کے ذریعے خدا کی قدرت کو اجاگر کیا گیا ہے۔کتاب اور صاحب کتاب کا تعارف کراتے ہوئے پروفیسر آفاق احمد لکھتے ہیں:

میں خود کو بڑا نصیب والا سمجھتا ہوں کہ مجھے ایک ایسے انسان کی ملاقات کی دولت سے مالا مال ہونے کی سعادت حاصل ہوئی ہے وہ انسان ہیں ڈاکٹر سید سجاد حیدر۔امریکہ کے صوبے انڈیانا میں بسا ہوا شہر نیو برگ اپنی فرخندہ بنیادی پر جتنا ناز کرے کم ہے۔کہ وہ ایک ایسے شخص کے وجود اور خیالوں کی روشنی سے نہ صرف جگ مگ جگ مگ کر رہا ہے بلکہ اس کی خوشبو سے خود بھی مہک رہا ہے۔اور ایک عالم کو بھی مہکا رہا ہے۔سجاد بھائی یوں تو بنیادی طور پر Soil Science کے ماہر ہیں۔ اصلاح اراضی ان کا پیشہ ٹھہرا تھا۔لیکن اپنے عزیز بیٹے قاسم سلمہ کی ذہنی معذوری نے ان کی دنیا ہی بدل ڈالی۔اور انہوں نے اصلاح اراضی کے منفعت بخش پیشے کو ترک کر کے ذہنی طور پر معذور بچوں کی تعلیم وتربیت کے کورس میں داخلہ لیا اور بالآخر اس میں اعلی سے اعلی تعلیم حاصل کی۔قاسم سلمہ تو ان کا اپنا بیٹا

ہے۔لیکن سجاد بھائی کے لئے قاسم میاں جیسے سارے بچے ان
کے بیٹے ہیں۔ اور انہوں نے ''صحرا کے پھول'' لکھ کر ان
بچوں کے سرپرستوں کے لئے ایک ایسا ہدایت نامہ تیار کیا ہے
جس کا موضوع اگر چہ سماجی سائنس ہے لیکن اسلوب ادبی
ہے۔۔۔اب وہی سجاد صاحب ایک اور انسانی فلاح و بہبود
کے کتنے ہی خوابوں کو تعبیر سے ہمکنار کرنے والے اپنے تحریری
شاہکار'' عالمگیر رشد و ہدایت'' کے ساتھ ہمارے سامنے
ہیں۔۔۔اگر اس کتاب کو انسان کے عمل صالح اور اعلیٰ انسانی
قدروں کی انجیل کہا جائے تو غلط نہ ہوگا۔سجاد حیدر صاحب کی
رنگینی بیان اور گل افشانی تحریر نے مذہب انسانیت اور ادب
جمیل کو اس طرح شیر وشکر کر دیا ہے کہ سبق آموز حکایت بھی
افسانہ دل نشیں اور پیکر حسین کا مرقع بن گئی ہے۔پھر جگہ جگہ
موضوع کی مناسبت سے اشعار کی شمولیت نے اس کی قبائے
گل کو سجانے میں بھر پور حصہ لیا ہے۔''۲۶

سجاد حیدر صاحب کی کتاب میں فطرت کے قوانین جیسے دنیا کا وجود میں آنا انسان کی تخلیق، کائنات کی دیگر مخلوقات وغیرہ کے پس پردہ خدائی قدرت کو بیان کیا گیا ہے۔کتاب دلچسپ ہے اور عرفان الٰہی میں معاون ثابت ہوسکتی ہے۔ پروفیسر آفاق احمد کا تعارف بھی کتاب کی اہمیت بڑھا دیتا ہے۔

محبتوں کا سفر (شعری مجموعہ۔شاعر۔ڈاکٹر شہزاد رضوی۔پیش لفظ۔ پروفیسر آفاق احمد)

پروفیسر آفاق احمد نے بھوپال کے ایک شاعر ڈاکٹر شہزاد رضوی کی کتاب ''محبتوں کا سفر''

کا پیش لفظ ''شہزاد رضوی کے شعری سروکار'' کے نام سے لکھا۔ مضمون نگار کے تعارف میں انہوں نے لکھا کہ ڈاکٹر شہزاد رضوی انگریزی فکشن نگار کے طور پر مشہور ہیں تاہم اردو میں بھی شاعری کرتے ہیں۔ ان کی شاعری کے حوالے سے پروفیسر آفاق احمد لکھتے ہیں:

''شہزاد رضوی کی شعری بوطیقا میں روایتی موضوعات کا دخل نہیں ہے۔ نہ مئے گل رنگ، نہ محبوب ستم پیشہ، نہ واعظ محتسب اور اگر ان کا خال خال ذکر بھی ہوا ہے تو بہ انداز دگر اور وہ بھی ضرورت اور مناسبت کے لحاظ سے۔۔ شہزاد رضوی دیار غیر میں رہ کر بھی اپنی شاندار وراثت پر نازاں اسے اپنے اپنے اشعار کے قالب میں ڈھالنے کی خوش سلیقگی سے واقف ہیں۔ اور اس پر اضافی خوبی یہ کہ وہ بہ یک وقت دو زبانوں یعنی انگریزی اور اردو کے درمیان ایک پل کی حیثیت رکھتے ہیں۔ دو زبانیں کیوں؟ بلکہ دو تہذیبوں کے درمیان ایک ایسے پل کی حیثیت رکھتے ہیں جو دونوں کے درمیان حد فاصل قائم نہیں کرتا۔ بلکہ ان کو جوڑنے کا فرض ادا کرتا ہے۔۔۔ ڈاکٹر شہزاد رضوی کی نظموں کو پڑھ کر میرے اس خیال کو تقویت ملی کہ آج جب کہ وہ مغرب میں مکین ہیں۔ ان کا بیرون مغربی ہوتے ہوئے بھی اندرون مشرقی ہے۔ یعنی پیراہن ضرور مغرب کا ہے لیکن اس کے نیچے جو دل دھڑک رہا ہے وہ مشرق کی محبت سے سرشار ہے۔ شہزاد رضوی کی اصابت فکر ان کی ہر نظم میں جوئے شیر کی طرح رواں نظر آتی ہے''۔ ۲۷

پروفیسر آفاق احمد کے کتابوں پر تبصرے تعارفی نوعیت کے ہیں۔ اردو ادب میں ان کے

اونچے مقام کے پیش نظر شعرا اور ادیبوں نے ان سے اپنی کتابوں پر تعارفی مضامین لکھائے۔ ادب کی خدمت کے طور پر پروفیسر آفاق احمد نے شعرا کی حوصلہ افزائی کے لئے ان کی کتابوں پر تعارفی مضامین لکھے۔ ان مضامین میں شاعر کے تعارف ان سے وابستگی اور آخر میں مثالوں کے ذریعے کلام پر تبصرہ شامل ہے۔ پروفیسر آفاق احمد کسی پر بے جا تنقید نہیں کرتے تھے اور نہ ہی غیر ضروری نقائص نکالتے تھے۔ ان کے لکھے ہوئے تعارفی مضامین کے سبب نو آموز شعرا کی ادبی وقعت بھی بڑھ گئی۔ اور ان تعارفی مضامین سے ان کا تنقیدی شعور بھی واضح ہونے لگا۔

حوالے

۱۔ ڈاکٹر سید عبداللہ۔ مضمون ''تحقیق و تنقید''، مشمولہ ادبی اور لسانی تحقیق مرتبہ ڈاکٹر عبدالستار دلوی۔ ممبئی۔ 1984ء۔ ص۔۱۱۷

۲۔ قاضی عبدالودود۔ مضمون ''اُصولِ تحقیق''، مشمولہ۔ اُردو اور لسانی تحقیق۔ ص۔۷۷

۳۔ پروفیسر گیان چند جین۔ تحقیق کا فن۔ ص۔۷

۴۔ بحوالہ رشید احمد صدیقی شخصیت اور فن۔ از۔ سلیمان اطہر جاوید۔ ص۔۲۷۶

۵۔ عزیز قریشی۔ حرف چند۔ مشمولہ امانت قلب و نظر۔ بھوپال ۲۰۰۴ء ص۔۱۰

۶۔ پروفیسر آفاق احمد۔ دیباچہ۔ امانت قلب و نظر۔ ص۔۱۰۔۲۸

۷۔ پروفیسر آفاق احمد۔ مضمون۔ میر تقی میرؔ اپنے زمانے کی سب سے معتبر آواز۔ مشمولہ امانت قلب و نظر۔ ص۔۳۸۔۳۹

۸۔ پروفیسر آفاق احمد۔ مضمون۔ میر تقی میرؔ اپنے زمانے کی سب سے معتبر آواز۔ مشمولہ امانت قلب و نظر۔ ص۔۴۱

۹۔ پروفیسر آفاق احمد۔ مضمون۔ بھوپال میں علامہ اقبال کا قیام اور وہاں تخلیق کی ہوئی نظمیں۔ مشمولہ امانت قلب و نظر۔ ص۔۴۶۔۵۲

۱۰۔ پروفیسر آفاق احمد۔ مضمون۔ غالب کے نودریافت خطوط۔۔ مشمولہ امانت قلب ونظر۔ ص۔۵۵۔۵۷

۱۱۔ مرزا غالب۔ بحوالہ امانت قلب ونظر۔ص۔۶۰

۱۲۔ پروفیسر آفاق احمد۔ مضمون۔ مہدی افادی اپنے خطوط کے آئینے میں۔ مشمولہ امانت قلب و نظر۔ص۷۰

۱۳۔ پروفیسر آفاق احمد۔ مضمون۔شبلی نعمانی اور مہدی افادی۔ مشمولہ امانت قلب ونظر۔ص۔ ۷۸

۱۴۔ مہدی افادی بحوالہ۔ضمون۔شبلی نعمانی اور مہدی افادی۔ مشمولہ امانت قلب ونظر۔ ص۔۸۸

۱۵۔ پروفیسر آفاق احمد۔مضمون۔ سرسید کی کہانی کچھ ان کی' کچھ حالی کی اور کچھ میری زبانی۔مشمولہ امانت قلب ونظر۔ص۔۹۲۔۹۴

۱۶۔ پروفیسر آفاق احمد۔ مضمون۔ مولانا آزاد کی خوش گفتاری۔ مشمولہ امانت قلب ونظر۔ ص۔۹۶۔۹۹

۱۷۔ پروفیسر آفاق احمد۔ مضمون۔ وہ مزار کیا ہوا جہاں وؔلی کا مسکن تھا۔ مشمولہ امانت قلب و نظر۔ص۔۱۰۰۔۱۰۳

۱۸۔ پروفیسر آفاق احمد۔ مضمون۔ پریم چند اور بازار حسن۔ مشمولہ امانت قلب ونظر۔ص۔۱۱۸

۱۹۔ پروفیسر آفاق احمد۔ مضمون۔ شفیق الرحمٰن بہ حیثیت حزن نگار۔ مشمولہ امانت قلب ونظر۔ ص۔۱۲۰۔۱۲۵

۲۰۔ پروفیسر آفاق احمد۔مضمون۔مثنوی صدق البیان ۔مشمولہ امانت قلب و نظر۔ ص۔۱۳۱۔۱۳۳

۲۱۔ پروفیسر آفاق احمد۔ مضمون۔ طنز ومزاح کی دنیا کے دو تاجدار۔ مشمولہ امانت قلب ونظر۔

ص۔۱۳۶۔۱۴۳
۲۲۔ پروفیسر آفاق احمد۔ مضمون۔ سردار جعفری کی یادوں کا اجالا۔ مشمولہ امانت قلب ونظر۔ ص۔۱۵۱۔۱۵۲
۲۳۔ پروفیسر آفاق احمد ۔ تعارفی مضمون۔ شاعر خود شناس۔ چاندنی چوک کی ایک شام از مشتاق سنگھ۔ بھوپال ۲۰۱۰ء ص ۱۹۔۲۰
۲۴۔ پروفیسر آفاق احمد۔ پیش گفتار۔ شعری مجموعہ۔ سفر اک عمر کا۔ از پروین کیفؔ۔ بھوپال۔ ۲۰۱۳۔ ص ۲۰۔۲۷
۲۵۔ پروفیسر آفاق احمد۔ پیش لفظ بیاض سحر۔ مرتبہ مائل نقوی۔ بھوپال۔ ۱۹۹۶۔ ص۔۴
۲۶۔ پروفیسر آفاق احمد۔ پیش لفظ۔ عالم گیر رشد و ہدایت۔ از ڈاکٹر سید سجاد حیدر۔ بھوپال ۲۰۰۵۔ ص ۸۔۱۰
۲۷۔ پروفیسر آفاق احمد۔ پیش لفظ۔ شعری مجموعہ۔ محبتوں کا سفر از۔ ڈاکٹر شہزاد رضوی۔ بھوپال ۲۰۱۵، ص۔۳۰۔۳۴

☆ باب سوم

پروفیسر آفاق احمد بہ حیثیت مرتب

پروفیسر آفاق احمد کا ایک اہم علمی اور ادبی کارنامہ مختلف نثری اور شعری تخلیقات اور کتابوں کی ترتیب ہے۔ انہوں نے اپنے دلچسپی سے بہت سی کتابوں کو مرتب کر کے شائع کیا۔ یہ سلسلہ ان کے زمانہ طالب علمی سے جاری رہا اور آخر عمر تک ان کے زیر نگرانی اردو کی اچھی کتابیں شائع ہوتی رہی ہیں۔ ذیل میں ان کی مرتبہ کتابوں کا تنقیدی جائزہ پیش کیا جا رہا ہے۔

ہاتھ اور پودے

پروفیسر آفاق احمد کی مرتبہ سب سے اولین کتاب ''ہاتھ اور پودے'' کے نام سے بھوپال سے نومبر ۱۹۵۲ء میں شائع ہوئی۔ ہاتھ اور پودے دراصل اس دور میں قائم تنظیم ''حلقہ ارباب ادب'' کی دوسری سالانہ کانفرنس کے موقع پر پہلے سال کی کارگزاری اور لوگوں کے پیغامات پر مشتمل مختصر سا کتابچہ ہے۔ تاہم اس کتاب سے اس دور میں ہونے والی ادبی سرگرمیوں کا پتہ چلتا ہے۔ ہاتھ اور پودے عنوان کے ساتھ نیچے ایک جملہ دیا گیا ہے کہ ''اگر مضبوط ہاتھ ہوں تو ادب کا پودا سنگلاخ چٹانوں کے بیچ بھی پروان چڑھتا رہے گا''۔ اس جملے سے اندازہ ہوتا ہے کہ ترقی پسندی کی توسیع اور جدیدیت کے علمبردار ادب کو اپنے طور پر پروان چڑھانے کے لئے اکھٹے ہوتے رہے تھے۔ سرورق کے اندرونی صفحہ پر یہ تعارفی تحریر شامل ہے۔

> طے کیا گیا کہ کل ہند حلقہ ارباب ادب کی دوسری سالانہ
> کانفرنس کے موقع پر پچھلے سال کی رپورٹ، پیغامات اور حلقہ
> کے اراکین کی تخلیقات میں سے کچھ اقتباسات جو انہوں نے

اس عرصے میں پڑھیں۔ کتابی صورت میں پیش کئے جائیں۔
رپورٹ اور اقتباسات سے آپ کو ہمارے سوچنے کے ڈھنگ
اور رجحانات کا پتہ چلے گا۔ پیغامات کے لئے ہم ان تمام
ساتھیوں کا شکریہ ادا کرتے ہیں جنہوں نے ہمارے ادبی
مطالبے کو پورا کیا۔'' [1]

حلقہ ارباب ادب کے ترجمان ہاتھ اور پودے کی رپورٹ پیش کرتے ہوئے پروفیسر آفاق احمد جنرل سکریٹری نے سال گذشتہ تنظیم کی جانب سے منعقد ہونے والے مختلف پروگراموں کی تفصیلات پیش کیں۔ جس سے اندازہ ہوتا ہے کہ ان کی معتمدی میں یہ حلقہ کارکرد رہا۔ انہوں نے اس موقع پر اردو زبان سے متعلق اپنے خیالات کا اظہار کیا وہ لکھتے ہیں:

''ہم اس پر یقین رکھتے ہیں کہ ہر زبان کو پھلنے پھولنے اور ترقی کی تمام آسانیاں ہونا چاہئیں۔ اور اس کے ساتھ کسی قسم کا تعصب یا زیادتی کا مظاہرہ نہ کیا جائے۔ آزادی کے بعد سے ہماری سرکار کا اردو کے ساتھ جو رویہ رہا ہے وہ سب پر عیاں ہے۔ یہاں یہ بات بالکل صاف تھی کہ گذشتہ ڈھائی سو سال سے اردو بھوپال کی دفتری اور سرکاری زبان رہی ہے۔ یہی وہ زبان ہے جسے عام طور پر شہر اور دیہات میں بولا' لکھا' پڑھا اور سمجھا جاتا ہے۔ چنانچہ ۲۵ مئی ۵۲ ء کو بھوپال کی مختلف جماعتوں کا حلقہ کی جانب سے ایک مشترکہ اجلاس طلب کیا گیا جس میں یہ طے کیا گیا کہ یہاں اردو کے ساتھ کوئی زیادتی نہیں ہونے دی جائے گی۔ اور تجویز کے ساتھ مانگ کی گئی کہ اردو کو بھوپال کی علاقائی زبان قرار دیا جائے اور دفتری کام کے لئے

اس کے استعمال کی اجازت دی جائے۔۔۔اب یہ فیصلہ کرنا
آپ کا کام ہے کہ ہم اپنے مقاصد میں کہاں تک کامیاب
رہے ہیں۔ جہاں تک ہمارا تعلق ہے ہم بے باکی کے ساتھ
اس کا اظہار کرتے ہیں کہ ہم اپنے ماضی سے پشیمان نہیں ہیں۔
اپنے حال سے مطمئن اور مستقبل کے شاندار ہونے کے لئے
پرامید ہیں۔کیوں کہ ہماری جدوجہد ہمارے ادب کی تخلیق
انسانیت کے لئے ہے۔عوامی خوشحالی کے لئے ہے۔انسان کو
انسان سے قریب کرنے کے لئے'امن کے لئے ہےاورارتقاء
کے لئے ہے۔ اور پھر اگر آج ہم نے ہی ۔۔ ہم ادیبوں
'شاعروں اور فنکاروں نے ہی۔۔ مجروح انسانیت اور
لڑکھڑاتی تہذیب کو اپنی مشترکہ جدوجہد کے ذریعے سہارا نہ دیا
تو پھر کون آگے بڑھے گا''۔[2]

پروفیسر آفاق احمد کی جانب سے مرتبہ کتاب ''ہاتھ اور پودے'' میں علی سردار جعفری'مجروح سلطانپوری' آل احمد سرور اور صالحہ عابد حسین کے پیغامات ہیں۔اور بھوپال کے شعرا اور ادیبوں کی تخلیقات کے اقتباسات ہیں۔نامور شاعر مجروح سلطانپوری اپنے پیغام میں لکھتے ہیں:

محترم رفیقو! آج جہاں سارے ملک میں ماضی پرست
لوگ ادب کی موت کا اعلان کر کے اس کی تجہیز و تکفین میں لگے
ہوئے ہیں۔ وہاں ترقی پسند ادیب ہی اپنی نو بہ نو تخلیقات سے
ان کے اس سوانگ کو بے نقاب کر رہے ہیں۔ ہمارا شعور زنگ
آلود نہیں ہے۔ ہمارے لئے اپنے ذہن وفکر کی روشنی میں
ہزاروں راستے کھلے پڑے ہیں۔ ہاں ایسا کبھی کبھی ہوسکتا ہے

کہ ہم کسی موڑ پر پہونچ کر سست رفتار ہو جائیں۔ اور آج کل کم
وبیش ہم پر یہ عالم طاری ہے لیکن یہ وقفہ ہمیں تازہ دم بھی بنا دیتا
ہے۔ اور اب ہم پھر کمر ہمت باندھ چکے ہیں۔ چنانچہ میرے
دعوے کی بے شمار دلیلوں میں سے ایک دلیل اس کانفرنس کا
انعقاد بھی ہے۔ میری بہترین آرزوئیں آپ کے ساتھ ہیں۔
ہماری راہیں ایک ہیں۔ ہماری منزلیں ایک ہیں۔ ہمارے
خواب اور ہماری آرزوؤیں ایک ہیں۔ اور اسی لئے میں دور رہ
کر بھی اپنے آپ کو آپ کے درمیان محسوس کر رہا ہوں''۔ ۳

اس رپورٹ میں آل احمد سرور، انور عظیم، غلام ربانی تاباں وغیرہ کے پیغامات سے اندازہ ہوتا ہے کہ اس دور میں بھوپال کا حلقہ ارباب ادب کافی فعال تھا اور اردو زبان وادب کے فروغ میں نمایاں کردار ادا کر رہا تھا۔ پروفیسر آفاق احمد کی مرتبہ اس رپورٹ سے ہمیں ۱۹۵۲ء کے ادبی منظرنامے سے واقفیت حاصل ہوتی ہے۔

کاروان غزل (شعری مجموعہ باسط بھوپالی)

پروفیسر آفاق احمد کے زیر نگرانی ترتیب پانے والی دوسری کتاب'' کاروان غزل'' ہے۔ یہ بھوپال کے شاعر باسط بھوپالی کا کلام ہے جس کی ترتیب واشاعت شاعر کے دوران حیات ہی شروع ہو چکی تھی لیکن کتاب کی اشاعت کے مراحل کے دوران ہی باسط بھوپالی کا انتقال ہو گیا۔ تب پروفیسر آفاق احمد نے اس کی اشاعت کے باقی مراحل طے کئے۔ کتاب کے آخر میں'' متاع دیدہ تر'' کے عنوان سے انہوں نے باسط بھوپالی کے بارے میں اپنے تعزیتی خیالات کا یوں اظہار کیا۔

''باسط بھوپالی نے اپنی اڑتیس سالہ شاعرانہ زندگی میں
زمانے کے تمام سرد وگرم سہے وہ بڑے با حوصلہ انسان تھے۔
کبھی ہمت نہ ہاری اور آلام وروزگار کا جواں مردی کے ساتھ

مقابلہ کرتے رہے اپنی طویل بیماری کے جاں گسل ایام میں مرحوم صرف ایک آس کے سہارے زندہ تھے کہ ان کی متاع حیات یعنی کاروان غزل ان کی زندگی میں ہی شائع ہو جائے۔ دیوان کا حصہ نظم طبع ہو چکا تھا۔ حصہ نثر کی کتابت ہو چکی تھی۔ سرورق بھی بلاک بننے کے لئے آچکے تھے اور انہیں اطمینان تھا کہ اب وہ اپنی زندگی میں ''کاروان غزل'' کو منظر عام پر دیکھ سکیں گے۔ لیکن خدا کو یہ منظور نہ تھا۔ جس دن وہ دیوان کی اشاعت کے تمام مرحلوں سے فارغ ہوئے وہ ان کی زندگی کا آخری دن ثابت ہوا۔ بھوپال کے تہذیبی و ادبی حلقوں میں سناٹا چھا گیا۔ لازمی طور پر یہ سوال پیدا ہوا کہ اب مرحوم شاعر کے دیوان کی اشاعت کا کیا ہوگا؟ لیکن اس سلسلے میں بھوپال کے ایک علم دوست سید محسن علی صاحب ڈپٹی رجسٹرار مولانا آزاد کالج آف ٹیکنالوجی نے اس ذمہ داری سے اس کے آخری مرحلے تک عہدہ برا ہونے کا اعلان کیا۔ جس نے مایوسی کو اس یقین میں بدل دیا کہ باسط صاحب کے خون دل کی یہ کشید ضائع نہ جائے گی۔ اور کاروان غزل شعر و سخن کے رسیاؤں سے مرحوم شاعر کی شاعرانہ فکر اور کمالات شعری کو ضرور منوائے گا۔ بہت کم لوگ اس بات سے واقف تھے کہ مرحوم کی حیات میں دیوان کی اشاعت کے سارے اخراجات اور ذمہ داریاں محسن صاحب قبول کر چکے ہیں۔ اس وقت ان کے اور مرحوم کے درمیان جو معاملات طے ہوئے تھے ان سے

قطع نظر محسن صاحب نے اب یہ فیصلہ کیا ہے کہ دیوان کی اشاعت پر جو بھی مصارف آئے ہیں وہ ان میں سے ایک پیسے کی واپسی کے روادار نہ ہوتے ہوئے اس سے حاصل شدہ تمام آمدنی کو باسطؔ صاحب کے متعلقین کی امداذ باقی ماندہ کلام کی اشاعت نیز ہندی اور دوسری زبانوں میں مرحوم شاعر کے کلام کو منتقل کرنے میں خرچ کریں گے۔ اس مقصد کے لئے آپ نے ایک سہ رکنی کمیٹی بھی تشکیل دی ہے۔ جو یہ طے کرے گی کہ کس طرح اس رقم کو متذکرہ مدوں میں صرف کیا جائے۔ محسن صاحب کے اس اعلان کا یہاں کے ادبی حلقوں میں پر جوش خیر مقدم کیا گیا اور پریس نے اسے ان کی ادب دوستی اور نیک دلی کا مظہر بتایا۔ باسطؔ پبلیکیشنز کمیٹی کی صدارت جناب ممنون حسن خاں انڈر سکریٹری گورنمنٹ آف مدھیہ پردیش نے قبول کرلی ہے۔ جب کہ محسن صاحب کے علاوہ راقم الحروف بھی ان کا ہاتھ بٹائے گا۔ یہ تھی دیوان کی اشاعت کی مختصر سی سرگذشت دیوان اشاعت کے سارے مرحلے طے کرکے اب آپ کے سامنے ہے۔ ہمیں یقین ہے مرحوم شاعر سے محبت کرنے والے اور ان کے کلام کے مداح ہمیں اپنا بھرپور تعاون دیں گے تا کہ ہم ان ذمہ داریوں کو بجا طور پر پورا کرسکیں جنہیں ہم نے قبول کیا ہے۔'' [۲۴]

پروفیسر آفاق احمد کی اس تعارفی تحریر سے اندازہ ہوتا ہے کہ انہوں نے اپنے ساتھیوں کے ساتھ مل کر کس طرح ایک مرحوم شاعر کی خواہش کے مطابق اس کی دیوان کی اشاعت اور اسے عا

م کرنے کی کوشش کی۔ اردو والوں کی ہر زمانے میں یہ ذمہ داری ہونی چاہئے کہ وہ ادب کو عام کرنے کے لئے مل کر کام کرتے رہیں۔

نگارشات (مضامین کا مجموعہ از حکیم سید قمر الحسن)

پروفیسر آفاق احمد کی مرتبہ اگلی کتاب کا نام ''نگارشات'' ہے۔ جو ان کے دوست اور بھوپال کے نامور صحافی اور ادیب حکیم سید قمر الحسن کے مضامین کے انتخاب پر مشتمل ہے۔ پیش گفتار کے عنوان سے پروفیسر آفاق احمد نے کتاب کا پیش لفظ لکھا جس میں حکیم سید قمر الحسن کے حالات زندگی اور ان کی صحافتی، تہذیبی اور ادبی خدمات کو اجاگر کیا۔ حکیم صاحب کے بارے میں پروفیسر آفاق احمد لکھتے ہیں:

> ''سید قمر الحسن صاحب ۱۹۰۹ء میں ریاست بھوپال کے قصبہ رائسین میں پیدا ہوئے۔ انہوں نے ابتدائی تعلیم و تربیت اپنے نامور والد حکیم سید نور الحسن صاحب سے حاصل کی۔ اورینٹل کالج لاہور سے ۱۹۳۰ء میں منشی فاضل کا امتحان پاس کیا۔ پنجاب یونیورسٹی سے زبدۃ الحکما کی سند حاصل کی۔ لاہور سے واپسی پر آصفیہ طبیہ کالج بھوپال میں آنریری لیکچرر ہوگئے۔ بعد میں اجین چلے گئے۔ اور تقریباً دو سال تک وہاں مطب کرتے رہے۔ اگر چہ کہ آپ کا خاندانی پیشہ طب تھا۔۔۔ لیکن قمر صاحب کو تو ادب و صحافت کی دنیا آباد کرنی تھی۔ اس لئے وہ دل لگا کر مطب جاری نہ رکھ سکے۔ تعلیم سے فارغ ہو کر قمر صاحب نے سوشل کاموں میں حصہ لینا شروع کیا۔۔۔ حکیم صاحب کی صحافتی زندگی کا آغاز صحیح معنوں میں ۱۹۳۸ء سے ہوتا ہے جب اخبار ندیم ہفت روزہ سے روزنامہ ہوا اور

اس کی ادارت کی ذمہ داریاں ان کے سپرد ہوئیں۔قمر صاحب نے بھوپال کی عوامی تحریکات سے بھی عملی ہمدردی کا مظاہرہ کیا۔اس دور کی سب سے اہم تحریک ملکی وغیر ملکی تحریک تھی۔ اس بات کو جاننے والے ابھی موجود ہیں کہ بھوپال کے عوامی اخبار ''صبح وطن'' کے بہت سے مضامین قمر صاحب کے جنبش قلم کا ثمرہ تھے۔۔قمر صاحب بھوپال کی ادبی تہذیبی محفلوں کی جان تھے۔فنون لطیفہ سے دلچسپی تھی۔اور سیاحت وشکار محبوب مشاغل تھے۔۔۔قمر صاحب کا شمار اردو کے صحافیوں کی اس نسل میں ہوتا تھا جسے دیکھنے کو اب آنکھیں ترستی تھیں۔اختر سعید خاں نے انہیں ابوالکلام آزاد کے سلسلے کی آخری کڑی کہا ہے۔اور دلیل دی ہے کہ قمر صاحب کے بعد کوئی ایسا صحافی نہیں جو صحافت کو ادب بنا سکا ہو۔۔قمر صاحب نے ہمیشہ زمانے کے تقاضوں کے ساتھ دیا۔وہ طرز کہن پر اڑنا اور آئین نو سے ڈرنا جانتے ہی نہ تھے۔انہوں نے صحافت کو ہمیشہ مشن سمجھا۔اسے جلب منفعت کا ذریعہ نہیں بنایا۔۔۔قمر صاحب پیشہ ور مصنف نہیں تھے۔لیکن جب کسی موضوع پر قلم اٹھاتے تو اپنے وسیع مطالعے علم و آگہی اور فہم وادراک سے کام لیتے ہوئے اپنی زرنگار نثار سے اسے خاصہ کی چیز بنادیتے تھے۔ اقبال اور غالب ان کے محبوب شاعر تھے۔۔۔قمر صاحب کے قلم کی سحر انگیزی کے سب معترف تھے۔بھوپال کے ادیبوں اور شاعروں کی خواہش ہوتی تھی کہ جب ان کی کتاب شائع ہو

تو قمر صاحب کی تحریر سے اس کا وقار بڑھائیں۔ یا جب رسم رونمائی ادا کی جائے تو قمر صاحب بھی اس کے حق میں کلمہ خیر کہیں۔قمر صاحب اگرچہ جلسہ جلوسوں کے آدمی نہ تھے لیکن کسی کا کلام یا کوئی تخلیق پسند آجاتی تو دل کھول کر تعریف کرتے اور اس پر اظہار خیال کرتے کہ مصنف یا شاعر یا اس کی تخلیق کا قد اونچا ہو جاتا۔۔۔قمر صاحب نے ہزاروں صفحے لکھے ہوں گے۔ایک مختصر انتخاب میں اتنی گنجائش کہاں کہ فکر ونظر کی ان آباد جنتوں کا مکمل احاطہ کر سکے۔ان کی شخصیت اور ان کے ادب میں بڑی ہم آہنگی تھی۔ وہ نہیں رہے لیکن ان کی باتوں کی خوشبو' ان کی تحریروں کی شکر آفرینی' ان کی مجلسوں کا رکھ رکھاؤ وہ سب یاد بن کر سینوں میں پلتا رہے گا۔اور اس بھوپال کی تصویر پیش کرتا رہے جسے موجودہ نسل بھولتی جارہی ہے۔قمر صاحب کے کارناموں کا جب بھی ذکر آئے گا۔مورخ جبیں جگمگانے لگے گی۔ ۵

پروفیسر آفاق احمد صاحب کی جانب سے مرتبہ حکیم قمر صاحب کی کتاب ''نگارشات'' میں کل سولہ ۱۶ مضامین ہیں۔جن کے عنوانات اس طرح ہیں۔بھوپال میں اردو زبان سے مذہب تک۔بھوپال کا بابائے سیاست۔مولانا سعید اللہ خاں رزمی۔بھوپال کا بابائے اردو ایم عرفان۔بھوپال کا کاروان شعروادب۔حامد سعید خاں حامدؔ۔بھوپال کا منفرد مزاح نگار۔عبدالاحد خاں تخلص بھوپالی۔حکیم اجمل خاں۔فکر اقبال۔اقبال اور تصوف۔غالب کی فکر رسا۔اردو مرثیہ اور میر انیس۔امیر خسرو۔ ماہر موسیقی۔موجودہ دور کے تقاضے اور اردو شاعری۔دیسی ریاستوں میں اردو اخبار نویسی۔ارشادات رسول ﷺ اور امن و جنگ میں انسانی طرز عمل۔ برکت اللہ بھوپالی ایک تبصرہ۔ایک شکاری کی

ڈائری۔

حکیم صاحب کا انداز بیان کیسا ہے یہ جاننے کے لئے ان کے مضامین کا مطالعہ کرنا ہوگا۔ اپنے ایک مضمون میں وہ تخلص بھوپالی کے بارے میں یوں رقم طراز ہیں:

یہ حقیقت ہے کہ گلابی اردو کے موجد بابائے ظرافت ملا رموزی اور طنزیہ صحافت اور مزاحیہ ادب کے مرد میداں جوہر قریشی کے بعد اگر کسی نے طنز و مزاح کے میدان میں اپنا اور اپنے وطن بھوپال کا نام روشن کیا ہے تو وہ ہیں ہمارے اور آپ کے بلکہ سب کے محبوب و مقبول فنکار جناب تخلص بھوپالی۔۔۔ یہ تو سب ہی جانتے ہیں کہ وزیادہ پڑھے لکھے انسان نہیں تھے۔مگر ان میں طنز و مزاح کے وہ قدرتی جوہر ضرور موجود تھے جو اس صنف کے لئے درسی علوم سے زیادہ ضروری ہیں۔ ان کے تیکھے شعور اور گہرے مشاہدے نے سونے پہ سہاگے کا کام کیا۔ اور ان کی فطری صلاحیتوں کو دوبالا کردیا۔طنز و مزاح نگار بننے میں ان کے قصد و ارادے کو اتنا دخل نہیں تھا جتنا اس حسن ظرافت اور شوخی طبع کا جس نے چپکے چپکے ہی انہیں طنز کا نشتر چلانے اور مزاح کی پھلجھڑیاں چھوڑنے کا سلیقہ سکھا دیا تھا۔۔تخلص صاحب کی سب سے بڑی ذہانت اور اپج یہی تھی کہ انہوں نے اپنی طنز و مزاح نگاری کے لئے جو زبان اور انداز بیاں اختیار کیا اس میں بھوپال کی مٹتی ہوئی تہذیب و معاشرت کے اس طبقہ کی زندگی سموئی ہوئی تھی جو تیزی سے بدلنے والے حالات کے ساتھ سمجھوتہ نہیں کر

پار ہا تھا۔ اور ماضی کو سینے سے لگائے ہوئے صرف اپنی
محرومیوں کا نوحہ خواں تھا۔۔اس زبان و بیان میں ان کے قلم کو
شوخیاں دکھانے' طنز کے تیر چلانے اور مزاح کی پھلجھڑیاں
چھوڑنے کے لئے وسیع میدان مل گیا تھا۔۔ پاندان والی خالہ
اور غفور میاں ان کے وہ جیتے جاگتے کردار ہیں جو آج بھی آپ
کو پرانے بھوپال کے نچلے درمیانی طبقے میں جا بجا نظر آئیں
گے۔۔اس اعتبار سے بھی تخلص بھوپالی ان عظیم فن کاروں کی
صف میں آجاتے ہیں جن کے کردار آج بھی زندہ ہیں۔
ہمارے لئے یہ بڑے فخر کی بات ہے کہ تخلص بھوپالی کے طرز
تحریر' پیرایہ اظہار اور فنی خوبیوں کو ان مشاہیر علم و ادب نے پسند
کیا اور اونچا مقام دیا جن کا کہا ہوا مستند سمجھا جاتا ہے۔'' ۶

حکیم سید قمر الحسن کے مضامین کی کتاب مرتب کرتے ہوئے بھی پروفیسر آفاق احمد نے اردو ادب کے مختلف موضوعات پر بھوپال کے ایک اہم صحافی و ادیب کی خدمات کو محفوظ کر دیا۔

پریم چند شناسی (مضامین کا مجموعہ)

پروفیسر آفاق احمد کی مرتبہ ایک اور اہم کتاب ''پریم چند شناسی'' ہے۔ جو مدھیہ پردیش اردو اکادمی بھوپال کے زیر اہتمام ۱۹۹۴ء میں شائع ہوئی۔اس کتاب میں مدھیہ پردیش اردو اکادمی کے زیر اہتمام پریم چند صدی تقاریب کے ضمن میں منعقدہ ایک روزہ سمینار میں پڑھے گئے مختلف دانشوروں کے مقالات کو شامل کیا گیا ہے۔کتاب کا پیش لفظ اور حرف آغاز پروفیسر آفاق احمد نے لکھا۔پیش لفظ میں انہوں نے لکھا کہ مدھیہ پردیش اردو اکادمی ادیبوں اور شاعروں کی کتابوں کی اشاعت میں معاونت کرتی ہے اور خود وہ بھی اردو کی اہم کتابوں کو شائع کرتی ہے۔ یہ کتاب اسی اشاعتی پروگرام کا حصہ ہے۔حرف آغاز میں پریم چند کی یاد میں منعقدہ سمینار کی تفصیلات اور اس

کتاب کے مشمولات کا ذکر کرتے ہوئے پروفیسر آفاق احمد لکھتے ہیں:

''پریم چند صدی سمینار کی اہمیت اس وقت دوبالا ہوگئی جب پریم چند کے صاحبزادے امرت رائے نے اپنے عظیم باپ کی تصویر پر مالا چڑھا کر افتتاح کی رسم سرانجام دی۔ اور اس موقع پر اپنی تقریر کے ذریعے اپیل کی کہ پریم چند کا یہ خواب تھا کہ اردو اور ہندی کے درمیان کوئی خلیج نہ رہے۔ انہیں بہترین خراج عقیدت ہوگا کہ اس خواب کو حقیقت کا جامہ پہنایا جائے۔ آپ نے کہا کہ پریم چند ایک انسان دوست ادیب تھے اور جب تک انسانوں سے محبت کرنے والے زندہ رہیں گے پریم چند امر رہیں گے۔ امرت رائے نے اپنی تقریر ان الفاظ پر ختم کی کہ پریم چند زندگی سے پیار کرتے تھے انہیں ایسے ادب سے نفرت تھی جو سلانے والا ہو۔ وہ اپنے جیون کے ہر لمحہ کو بھید بھاؤ اور تفریق سے پاک وصاف ایک اچھے سماج کی تشکیل کے لئے صرف کرتے رہے۔ مدھیہ پردیش اردو اکادمی کے اس سمینار میں قریب قریب اردو کے سب ہی پریم چند شناس موجود تھے۔ ڈاکٹر مسعود حسین خاں، ڈاکٹر جعفر رضا، ڈاکٹر ظہیر احمد صدیقی، ڈاکٹر شمیم نکہت، ڈاکٹر ابن فرید، ڈاکٹر یوسف سرمست، ڈاکٹر سعید عارفی، ڈاکٹر سید حامد حسین، پروفیسر فضل تابش، پروفیسر اظہر راہی اور ڈاکٹر اخلاق اثر نے اپنے مقالات کے ذریعے پریم چند کی شخصیت اور فن کے مختلف گوشوں پر روشنی ڈالی۔ اس سمینار کی ایک اور خصوصیت

مقالات میں جن خیالات کا اظہار کیا گیا تھا ان پر بھرپور
مباحث تھے جن میں اختر سعید خاں،اقبال مجید،شاہمیر
راہی،یوسف کمال بخاری اور دیگر دانشوروں کے علاوہ خود مقالہ
نگاروں نے حصہ لیا۔ ۷

پریم چند شناسی کے عنوان سے مرتبہ پروفیسر آفاق احمد کی اس کتاب میں جو مقالات شامل کئے گئے ہیں ان کے نام اور مقالہ نگاروں کے نام اس طرح ہیں۔

۱)	گودان تا گئودان	ڈاکٹر مسعود حسین خاں
۲)	پریم چند اردو یا ہندی ادیب	ڈاکٹر جعفر رضا
۳)	پریم چند کی افسانہ نگاری	ڈاکٹر ظہیر احمد صدیقی
۴)	فسانہ نگار پریم چند عمرانی مطالعہ	ڈاکٹر ابن فرید
۵)	پریم چند کی تخلیقات میں عورت کا مقام	ڈاکٹر شمیم نکہت
۶)	پریم چند کے ناولوں میں رومانیت	ڈاکٹر یوسف سرمست
۷)	پریم چند اور فرقہ پرستی	ڈاکٹر سعید عارفی
۸)	اردو افسانے کو پریم چند کی دین	ڈاکٹر سید حامد حسین
۹)	پریم چند اور اردو	پروفیسر اظہر راہی

پریم چند کے تعلق سے چونکہ یہ سارے موضوعات اہم اور دلچسپ ہیں۔اس لئے ذیل میں ان مضامین کا مختصر سا جائزہ پیش کیا جارہا ہے تاکہ اندازہ ہو کہ پروفیسر آفاق احمد کی مرتبہ اس ادبی کتاب کی اہمیت کیا ہے۔ پریم چند شناسی میں شامل پہلے مضمون کا عنوان ''گودان تا گئودان'' ہے۔ جسے نامور محقق ڈاکٹر مسعود حسین خان نے لکھا۔ یہ ایک تحقیقی مضمون ہے۔جس میں مضمون نگار نے اپنی مختلف تحقیقات اور شہادتوں سے یہ واضح کرنے کی کوشش کی کہ پریم چند نے گئودان اردو میں نہیں لکھا بلکہ یہ ہندی ناول کا اردو ترجمہ ہے۔تمام مباحث کے بعد مضمون کے اختتام پر نتیجہ بیان

کرتے ہوئے ڈاکٹر مسعود حسین خان لکھتے ہیں:

''یہ بات اب یقین سے کہی جاسکتی ہے کہ گوشہ عافیت، چوگان ہستی، اور گئودان اردو میں حضرت سحر کے کئے ہوئے ترجمے ہیں۔ ان کا یہ دعویٰ کہ میدان عمل اور نرملا اور بہت سے قصوں کا اردو قالب بھی انہیں کے رشحات قلم کا نتیجہ ہے کوئی نہیں کہ غلط ہو۔ ہر چند اس سلسلے میں ابھی خارجی شواہد کا انتظار ہے۔ پریم چند کی جانب سے اس سلسلے میں صرف ایک بات کہی جاسکتی ہے کہ چوں کہ تمام ناولیں اور افسانے (با استثناء گئودان) ان کی حیات میں شائع ہوئے ہیں۔ اس لئے یہ عین ممکن ہے کہ ان کے مسودات پر انہوں نے ایک نظر ڈالی ہو۔ مزید چوں کہ اردو ہندی تہذیبی اعتبار سے دو زبانیں ہوتے ہوئے بھی بنیادی طور پر ایک زبان ہیں۔ اس لئے ان ناولوں اور افسانوں کے بہت سے حصے (مثلاً مکالمات وغیرہ) ترجمہ نہیں بلکہ نقل لفظ ہونے کی وجہ سے پریم چند کی یادگار ہیں''۔ ۸

ڈاکٹر مسعود حسین کی اس تحقیق سے مزید تحقیق کے دروازے کھل سکتے ہیں کہ پریم چند کے جن ناولوں کو اردو ناول کہا جاتا رہا ہے وہ دراصل ہندی سے اردو میں منتقل کئے گئے ہیں۔ پریم چند شناسی میں شامل دوسرے مضمون کا عنوان ''پریم چند اردو یا ہندی ادیب'' ہے جسے ڈاکٹر جعفر رضا نے لکھا ہے۔ یہ بھی ایک متنازعہ موضوع ہے کہ پریم چند دراصل اردو کے ادیب ہیں یا ہندی کے۔ کیوں کہ دونوں زبانوں کے ادب میں انہیں اپنا ادیب کہا گیا ہے۔ ڈاکٹر جعفر رضا نے مضمون کے آغاز میں کہہ دیا کہ اس بات کا فیصلہ کرنا ایک سمینار کے مقالے میں ممکن نہیں ہے۔ تاہم انہوں نے مثالوں

کے ذریعے اپنی بات رکھنے کی کوشش کی۔ مقالے کے آغاز میں انہوں نے مسعود حسین خان کی اس بات کو رد کرنے کی کوشش کی کہ گئودان ناول گودان کا ترجمہ ہے انہوں نے دلیلوں سے ثابت کیا کہ گئودان پہلے شائع ہوا اور گودان بعد میں۔ اور یہ کہ پریم چند نے خود اپنے ہاتھ سے اردو ناول کے مسودے پر گئودان لکھا تھا۔ بعد میں اپنے مضمون میں مثالیں دیتے ہوئے انہوں نے لکھا کہ پریم چند دراصل اردو ادیب تھے انہوں نے اپنی زیادہ تر تخلیقات اردو میں ہی لکھیں۔ انہوں نے ہندی بعد میں سیکھی اور ان کی تخلیقات کو ہندی میں ترجمہ کر کے پیش کیا گیا۔ اس ضمن میں وہ لکھتے ہیں:

''اس دور کی اردو اور ہندی نگارشات کا تقابلی مطالعہ کیا جائے تو ہندی میں نہ صرف شدت سے ترجمے کی بو محسوس ہوتی ہے بلکہ متعدد موقعوں پر ترجموں کی زبردست خامیاں پکار پکار کر اعلان کر دیتی ہیں کہ پریم چند نے ان پر نظر ثانی کرنے کی بھی زحمت نہیں کی ہے پھر یہ حادثہ بھی ہوتا تھا کہ پریم چند کی تخلیقات ان کے علم و اطلاع کے بغیر اخبار و رسائل ترجمہ کر کے شائع کر دیتے تھے۔ پریم چند نے ایک واقعہ کا ذکر منشی دیا نرائن نگم کے نام ایک خط میں کیا ہے۔ اصل کہانی اردو میں لکھی تھی پہلے اس کا ترجمہ ہندی میں شائع ہوا اور پھر کسی نے ہندی سے اردو میں چھاپ دیا۔ موصوف لکھتے ہیں: زمانہ کے لئے ایک مضمون لکھا تھا اس کا ہندی ترجمہ کلکتہ کے ایک رسالہ میں نکلا تھا۔ میں نے مضمون صاف کیا مگر ہندی میں نکلنے کے تیسرے ہی دن اس کا ترجمہ لاہور کے پرتاپ میں نظر آیا۔ اس لئے اس قصہ کو نہ بھیج سکا۔ صندوق میں صاف کیا ہوا پڑا ہے۔ حالانکہ لاہوری ترجمہ بالکل بھدا ہے۔ مگر قصہ تو وہی ہے''۔۔۔ پریم

> چند کی تخلیقات کا آخری دور ۱۹۳۱ء تا ۱۹۳۶ء پر مشتمل ہے۔ اس دور میں ان کی چوہتر کہانیاں دستیاب ہیں جن میں سینتیس کہانیاں پریم چند کی زندگی میں اردو اور ہندی میں شائع ہوگئیں۔ ان کے علاوہ پریم چند کی پانچ اردو کہانیاں امرت رائے نے گپت دھن میں شامل کی ہیں۔۔۔۔اس دور میں پریم چند نے ہندی میں لکھنے کی مہارت حاصل کر لی تھی۔ وہ اپنی تخلیقات کا مسودہ اردو میں تیار کر کے پھر اسے ہندی میں لکھتے تھے۔نظر ثانی کرتے پھر اردو میں لکھتے رہے ممکن ہے کہ انہوں نے منشی اقبال ورما سحر یا کسی اور شخص کی مدد لی ہو لیکن بغیر کسی ثبوت کے فتویٰ صادر کر دینا درست نہ ہوگا۔''[9]

پریم چند کے اردو یا ہندی ادیب کے مسئلے کو لے کر دونوں زبانوں کے ہمنواؤں کے درمیان کافی مباحث چلے ہیں۔لیکن یہ حقیقت ہے کہ پریم چند اردو اور ہندی دونوں کے ادیب ہیں۔اور دونوں زبانوں میں ان کی خدمات کا اعتراف کیا گیا ہے۔

پریم چند شناسی مرتبہ کتاب میں شامل تیسرے مضمون کا عنوان ''پریم چند کی افسانہ نگاری'' ہے جسے ڈاکٹر ظہیر احمد صدیقی نے لکھا ہے۔اس مضمون میں فن افسانہ نگاری پر روشنی ڈالنے کے بعد پریم چند کے افسانوں کے موضوعات' پلاٹ اور کردار نگاری کا جائزہ پیش کیا گیا ہے اور مضمون نگار نے پریم چند کی افسانہ نگاری کے بعض گوشوں پر کڑی تنقید بھی کی ہے۔اس ضمن میں مضمون کے آخر میں وہ لکھتے ہیں:

> ''پریم چند کی فنکارانہ اپچ کا اظہار ان کے مختصر افسانوں میں ہوا ہے۔ ان کے ناول ان کے افسانوں کی توسیع معلوم ہوتے ہیں۔ تاریخی اعتبار سے مختصر افسانے کے ارتقا میں ان کا

حصہ ایک ناقابل تردید حقیقت ہے۔ افسانے کے فنی لوازم کا انہیں احساس رہتا ہے۔ لیکن ہر جگہ ان کی راہنمائی نہیں کرتا۔ کبھی زیادہ اور جلد لکھنے کی ضرورت سہل نگاری کو دعوت دیتی ہے۔ کبھی مخصوص قسم کی مقصدیت یا خاص تعصّبات و تاثرات ان کے راستے میں حائل ہوتے ہیں۔ ان کا اصل میدان حقیقت نگاری ہوسکتا تھا لیکن وہ حقیقت کو اپنے تہہ در تہہ رنگین شیشوں کی وساطت سے دیکھنے کے عادی ہوگئے تھے کہ اس کے تقاضوں سے عہدہ برا نہیں ہوسکے۔ ان کے یہاں پروپیگنڈہ تو نہیں ہے جو نام نہاد ترقی پسندی کی طرہ امتیاز ہے لیکن اپنے مخصوص عقائد اور میلانات کی خاطر انہوں نے اکثر آرٹ کے تقاضوں کو نظر انداز کر دیا ہے۔ آخری دور کی تحریروں میں ان کا نقطہ نظر اس حد تک غالب رہتا ہے کہ افسانہ اور اس کے فنی پہلو بھی نظر سے اوجھل ہو جاتے ہیں۔ پریم چند کے افسانوں میں وہ ناہمواریاں جن کی اس مقالے میں جا بجا نشاندہی کی گئی ہے حقیقتاً ان تضادات کی پیداوار تھیں جو ان کی شخصیت اور عمل پر اثر انداز ہوتے رہے لیکن اس کے باجود انہوں نے اردو کے مختصر افسانے کو جو کچھ دیا اس کی قدر و قیمت سے انکار ممکن نہیں۔ ان کے ہم عصر افسانہ نگاروں کی بیشتر تخلیقات آج ایک بیتے ہوئے دور کی یادگاریں معلوم ہوتی ہیں۔ لیکن پریم چند نے افسانے میں جس روایت کو جنم دیا وہ آج بھی ایک زندہ اور توانا تحریک کی صورت میں موجود ہے۔

اور شائد یہ کہنا غلط نہ ہو کہ گزشتہ دور کے لکھنے والوں میں وہ واحد افسانہ نگار ہیں جن کی تحریریں آج بھی عصری ادب کا حصہ معلوم ہوتی ہیں۔''۱۰

پریم چند کے بارے میں ڈاکٹر ظہیر احمد صدیقی نے کچھ مشاہدات پیش کئے وہ کم و بیش درست ہیں۔ لیکن پریم چند کی اردو افسانے کے فروغ میں خدمات دیکھتے ہوئے ان کی افسانہ نگاری کی خامیوں کو نظرانداز کیا جاسکتا ہے۔ پریم چند شناسی میں شامل پانچویں مضمون کا عنوان ''فسانہ نگار پریم چند عمرانی مطالعہ'' ہے۔ جس کے مصنف ڈاکٹر ابن فرید ہیں۔ عمرانیات اردو فکشن کا اہم حصہ ہے۔ فرد کے بغیر کسی کہانی کی تخلیق نہیں ہوسکتی۔ اور افراد ہمارے معاشرے کا حصہ ہیں۔ اقتدار کے اچھے یا برے استعمال، مذہب، سرمایہ داری اور جاگیرداری نے ہندوستان میں افراد کو منقسم کردیا۔ اور پریم چند نے اپنے افسانوں میں انسانوں کی اسی تقسیم اور اونچ نیچ کو ظاہر کیا۔ پریم چند کے افسانوں میں عمرانیات کو بیان کرتے ہوئے ڈاکٹر ابن فرید لکھتے ہیں:

''پریم چند نے ذات پات کی درجہ بندی اور چھوت چھات کے خلاف بہت واضح انداز میں احتجاج کیا ہے۔ لیکن بنیادی طور پر وہ اس معاشرے کے روایتی نظام کو درہم برہم نہیں کرنا چاہتے تھے جس کی وجہ سے خود کفیل دیہی نظام استوار ہے۔ وہ اس امر کے قائل ہیں کہ روایتی معاشرہ میں درجہ بندی کی خود اپنی افادیت ہے اس لئے جس کا جو پیشہ اس کی ذات کی بنا پر معین ہوگیا ہے اسے اس پر قائم رہنا چاہئے۔ شاید ہی کوئی ناول یا افسانہ ہو جس میں انہوں نے ذہنی بازگشت کو پیش نہ کیا ہو کہ خاندانی مقام و مرتبہ کے تعین کے لئے جاہ و ثروت اور ذات برادری کا ذکر بھی ضروری ہے۔ میدان

عمل، سکھد ا راما۔ گئودان میں رائے امر سنگھ، راجہ سورج پرتاپ سنگھ، مالتی اور اس کا باپ اور ان سب سے بالاتر خود ہوری کا کردار اپنی کھوئی ہوئی عظمت کا مرثیہ ہے۔ صرف اتنا ہی نہیں بلکہ نیچ ذاتوں سے ہمدردی کا اظہار ہوتا ہے۔ تو وہ بھی مقام سے اظہار ترحم ہوتا ہے۔ میدان عمل میں منی کا کردار اسی قنطاسیہ کا اظہار ہے۔ وہ اپنے شوہر اور بچہ کو اس لئے مسترد کردیتی ہے کہ راجپوتوں میں عصمت زندگی سے زیادہ گراں قدر سرمایہ ہے۔ چناں چہ وہ شوہر کی طرف سے عفوودرگذر کے باجود اپنے سابقہ عائلی نظام میں واپس نہیں جاتی بلکہ خود کو اپنی ذات پات کی بلندیوں سے نیچ ذات پر لانے کی سزا دیتی ہے۔۔۔ پریم چند کے ناولوں اور افسانوں میں معاشرہ سے لے کر افراد تک سب ہی معیارات کے پابند ہیں۔ ان معیارات کی نمائندگی اپنی صفات کے ساتھ روٹھی رانی، جیسے ناول اور رانی سارندھا جیسی کہانیوں کے ذریعے راجپوتوں کی شجاعت اور دودھ کی قیمت اور کفن جیسی کہانیوں کے ذریعے نیچ ذاتوں کی کسمپرسی سے ہوتی ہے۔ وہ جاگیردارانہ نظام کی شدت سے مخالفت کرتے ہیں۔ اور افسانہ موت کے بعد میں محنت کش طبقہ کے خلوص کو خراج عقیدت پیش کرتے ہیں۔ لیکن پھر چھوٹے جاگیرداروں سے ہمدردی کا اظہار بھی کرنے لگتے ہیں۔ اور کہتے ہیں کہ چھوٹے زمیندار ایک نوعیت سے کسان ہی ہیں۔ ان کی اپنی مجبوریاں ہیں۔ اس طرح پھر گویا وہ زرعی

معاشری درجہ بندی کے لئے رعایت کی گنجائش نکال لیتے ہیں۔''[11]

مضمون نگار نے اس مضمون میں پریم چند کے افسانوں اور ناولوں میں پائی گئی طبقاتی اور افرادی کشمکش کو بیان کیا ہے۔

پریم چند شناسی میں شامل پانچویں مضمون کا عنوان ''پریم چند کی تخلیقات میں عورت کا مقام'' ہے۔ جسے ڈاکٹر شمیم نکہت نے لکھا ہے۔اس مضمون میں پریم چند کے افسانوں اور ناولوں میں بیان کردہ عورتوں کے کرداروں کے حوالے سے ان کی سماجی اہمیت بیان کی گئی ہے اوران کے مسائل کو اجاگر کرتے ہوئے سماج میں عورت کے مقام کو اونچا کرنے کا پیغام دیا گیا ہے۔اس ضمن میں ڈاکٹر شمیم نکہت لکھتی ہیں:

''پریم چند نے کہیں عنوان دے کر اور کہیں بغیر عنوان دیئے ہی جیسے گئودان، غبن، فریب، کفن، قربانی، سکوت قلب وغیرہ میں عورت کے عام مسائل سامنے لا کر سماج سے بھی اس کی اہمیت منوانے کی کوشش کی ہے۔ وہ چاہے بڑے گھر کی بیٹی ہو، آنندی ہو یا جلوہ ایثار کی جن بوڑھی کا کی کی روپا ہو بازار حسن کی سمن بٹوارے کی پنا ہو یا میدان عمل کی نینا۔ اگنی سمادھی کی رکمن ہو یا گئودان کی دھنیا۔ ہر عورت اپنے وقار اور اہمیت کے ساتھ سامنے آتی ہے اور دلوں میں اپنے گہرے نقوش چھوڑ جاتی ہے۔ پریم چند نے ہر جگہ عورت کو خاندان کی اہم کڑی مان کر اس کی اہمیت پر زور دیا ہے۔ ان کی ان تحریروں کا وہی عہد تھا جس میں عام طور پر عورتوں کی ناقدری اور محرومی عروج پر تھی۔ چھوٹی عمر کی شادی عام بات تھی۔ تعلیم بھی عورتوں کے

لیے ضروری نہ تھی۔ مذہبی سماجی پابندیاں بیوہ کی دوسری شادی کا نہ ہونا اور خاندان میں عورت کا وجود نہ ہونے کے برابر تھا۔ پریم چند نے ان کی اس بری حالت کو شدت سے محسوس کیا اور اس بات کو باور کرانے کی بار بار کوشش کی کہ ایک اچھے سماج کے لیے خوش حال خاندانوں کا ہونا ضروری ہے۔ اور یہ اسی وقت ممکن ہے جب خاندان کے افراد یعنی مرد اور عورت کو مساویانہ حقوق ملیں۔۔۔ پریم چند نے سماج کے گھاؤ ہی عورت کی شکل میں نہیں دکھائے ہیں بلکہ بڑی حد تک اس کا مداوا بھی پیش کیا ہے۔ انہوں نے کمزور اور کچلی ہوئی عورت کی ایک ایسی تصویر سماج کے سامنے پیش کی ہے جسے دیکھ کر محسوس ہوتا ہے کہ اگر موقع ملے اور تعلیم ملے تو عورت کسی حالت میں بھی مرد سے کم تر ثابت نہیں ہوگی۔ بلکہ ہمت اور ارادے کی پختگی میں تو کہیں کہیں مردوں سے بھی آگے نظر آتی ہے۔ وہ عام طور سے عورت کی کسمپرسی دکھا کر اسے کمزور اور ناتواں یا مفلوج بنانا نہیں چاہتے تھے۔ بلکہ انہوں نے اس بات پر زور دیا ہے کہ عورت سماج کا ایک بہت اہم حصہ ہے۔ اور اس کی ترقی اور تعلیم سے ایک نئے اور بہتر سماج کی تشکیل میں مدد ملے گی۔ عورت کا یہ درجہ پریم چند سے قبل اتنی واضح شکل میں کسی کے یہاں نظر نہیں آتا''۔۱۲

مضمون نگار چونکہ خاتون ہیں اس لئے بھی انہوں نے مسئلہ کا گہرائی سے جائزہ لیا۔ اور عورت کے ساتھ اظہار ہمدردی دکھاتے ہوئے پریم چند کے ناولوں میں عورت کے مقام کے تعین کی

کوشش کی ہے۔

پریم چند شناسی میں شامل چھٹے مضمون کا عنوان ''پریم چند کے ناولوں میں رومانیت'' ہے۔ جسے ڈاکٹر یوسف سرمست نے لکھا ہے۔ ڈاکٹر یوسف سرمست جامعہ عثمانیہ سے وابستہ رہے اور اپنی شاہکار کتاب ''بیسویں صدی میں اردو ناول'' کے سبب اردو دنیا میں جانے جاتے ہیں۔ اس مضمون میں انہوں نے انگریزی مثالوں کے ذریعے رومانیت کی وضاحت کی اور اس بارے میں پائی جانے والی غلط فہمیوں کو دور کیا۔ پھر انہوں نے پریم چند کے ناولوں میں رومانیت کے عناصر پیش کیے۔ ڈاکٹر یوسف سرمست لکھتے ہیں:

> ''رومانیت اصل میں ایک نئی دنیا کی تعمیر کی خواہش ہے۔ یہ بات تمام رومانیوں میں مشترک نظر آتی ہے۔ یہ اور بات ہے کہ ان میں ہر ایک اپنے طور پر اپنی ایک نئی دنیا تعمیر کرنا چاہتا ہے۔ اس لئے رومانیت میں جو بنیادی جذبہ ہے وہ تعمیر و تخلیق کا ہے۔ ایک سچا اور اچھا رومانی اس نئی دنیا کی تعمیر کے لئے حقیقت ہی سے مواد حاصل کرتا ہے۔ وہ اپنی حقیقی دنیا کو سامنے رکھ کر نئی دنیا کی تعمیر کا نقشہ مرتب کرتا ہے۔ اس لئے حقیقت نگاری سے وہ انحراف نہیں کرتا بلکہ حقیقت نگاری کو راستہ بناتا ہے۔ تاکہ وہ اپنی تخیلی منزل تک پہونچ سکے۔۔۔ پریم چند کے ناولوں میں رومانیت اس لیے ملتی ہے کہ وہ بھی ایک نئی دنیا کی تعمیر کی شدید خواہش رکھتے ہیں۔ ان کی کم و بیش ساری تخلیقات کا محرک یہی آرزو رہی ہے وہ اپنے وطن اور قوم کو آزاد دیکھنا چاہتے ہیں۔ پریم چند صرف سیاسی آزادی کے خواہش مند نہیں ہیں بلکہ وہ اپنے ملک کو سماجی، معاشی، معاشرتی اور ایسی

ساری بندشوں سے آزاد دیکھنا چاہتے ہیں جو ملک اور قوم کی ترقی میں رکاوٹ بن رہی ہیں۔ یہی آزادی کی آرزو انہیں قلم سنبھال لینے پر آمادہ کرتی ہے۔۔۔ بازار حسن میں سمن کا کردار پریم چند کی رومانیت کا مظہر ہے۔ سمن باجود اپنی طبعیت کی شوخی اور رنگین مزاجی کے کوٹھے پر پہنچنے کے بعد بھکتی نہیں ہے بلکہ وہاں پہونچنے کے بعد عہد کرتی ہے کہ اپنی ناموس کی مرتے دم تک حفاظت کرے گی۔ حد یہ کہ مدن کی محبت میں گرفتار ہونے پر بھی اس کی استقامت میں بال برابر فرق نہیں آتا۔ اس لئے کہ پریم چند کی آرزومندی ہر عورت کو خدمت ایثار اور پاکدامنی کا مجسمہ دیکھنا چاہتی ہے ۔۔۔ پریم چند کے سبھی ناولوں میں کم وبیش رومانیت ملتی ہے۔ لیکن یہ رومانیت حقیقت سے فرار نہیں ہے۔ بلکہ حقیقت کو ایک نیا روپ دینے کا حوصلہ ہے۔ یہ ہم کو ایک نئ بصارت اور بصیرت عطا کرتی ہے۔ اس میں ایک پیغمبرانہ شان ملتی ہے۔ ایک نئے مستقبل کی بشارت ملتی ہے۔ یہ ہم کو حقیقت نگاری کی سطحیت تک محدود نہیں رکھتی بلکہ ممکنات کی وسعتوں اور گہرائیوں سے روشناس کر کے ایک نئ دنیا میں پنچا دیتی ہے۔ حقیقت سے فرار ہوئے بغیر ایک نئ دنیا میں پہنچا دینا ہی اعلیٰ ادب کا اہم ترین منصب ہے۔ اور اس بات کو پریم چند نے اپنی ناول نگاری میں جس خوبی اور تکمیل سے پیش کیا ہے اس کا جواب ملنا ممکن نہیں؟ [۱۳]

ڈاکٹر یوسف سرمست کا یہ مضمون اس لئے بھی اہمیت کا حامل ہے کہ اس میں انہوں نے

رومانیت کے مفہوم کو کھول کھول کر بیان کر دیا اور مثالوں کے ذریعے واضح کیا کہ کس طرح پریم چند کے ناولوں میں رومانیت اور حقیقت نگاری کے عناصر پائے جاتے ہیں۔

پریم چند شناسی مرتبہ کتاب میں شامل ساتویں مضمون کا عنوان ''پریم چند اور فرقہ پرستی'' ہے۔ جسے ڈاکٹر سعید عارفی نے لکھا ہے۔ اس مضمون میں پریم چند کو لے کر ہندوستان اور پاکستان میں ہوئے جھگڑوں اور چند فرقہ پرستوں کی جانب سے ان کے افسانوں اور ناولوں کی غلط تاویلات کے ذیل میں پھیلی فرقہ پرستی کو اجاگر کیا گیا ہے۔ مضمون نگار اپنے مضمون کے آغاز میں مولوی عبدالحق کے الفاظ پیش کرتے ہیں جس میں انہوں نے قیام پاکستان اور ہندو مسلم اختلاف کی وجہ اردو کو قرار دیا۔ عبدالحق کے بیان اور اپنے مشاہدات پیش کرتے ہوئے ڈاکٹر سعید عارفی لکھتے ہیں:

> ''پاکستان کو نہ جناح نے بنایا نہ اقبال نے بلکہ اردو نے پاکستان کو بنایا۔ ہندوؤں اور مسلمانوں میں اختلاف کی اصل وجہ اردو زبان تھی۔ سارا دو قومی نظریہ اور سارے اختلافات اردو کی وجہ سے تھے۔ اس لئے پاکستان پر اردو کا بڑا احسان ہے۔'' یہ خیالات کسی فرقہ پرست اردو دشمن کے نہیں بلکہ بابائے اردو مولوی عبدالحق کے ہیں جو ۱۵ فروری ۱۹۶۱ء کو غالب کی برسی کے صدارتی خطبہ میں پاکستان کے فرقہ پرست عناصر کی خوشنودی کے لئے ارشاد ہوا تھا۔ یہی الزامات ہیں جنہیں ہمارے ملک میں اردو دشمن فرقہ پرست آر ایس ایس اور جن سنگھ کے مبلغ اردو پر عاید کر کے ہندوستان سے اسے بے دخل کرنے کی ناکام سازش کرتے ہیں۔۔۔ ہندوستان میں فطری طور پر پریم چند کے چرچے زیادہ ہیں کیوں کہ یہاں کی سرکاری زبان ہندی ہے اور ہندی افسانوی ادب میں پریم چند

کو باوا آدم کی حیثیت حاصل ہے۔ ہندی والوں کے غلط پروپیگنڈے سے متاثر ہوکر اردو داں طبقہ بھی اب تک بلا کسی تحقیق کے اس غلط فہمی کا شکار تھا کہ پریم چند اردو سے ہندی کی طرف منتقل ہوگئے ہیں۔ لیکن جب ۱۹۶۹ء میں ڈاکٹر جعفر رضا کی تصنیف ''پریم چند کہانی کا رہنما'' شائع ہوئی تو ارباب نظر متوجہ ہوئے کہ پریم چند بنیادی طور پر اردو کے تخلیقی فن کار ہیں۔ ہندی میں ان کی تخلیقات کے ترجمے دوسروں نے کیے ہیں۔ ہندی سے ان کا رشتہ تخلیقی فن کار کا نہیں ہے۔ اس سے ہندی حلقوں میں اور اردو کے ہندی نواز حلقوں میں سراسیمگی پیدا ہوئی۔۔۔ پریم چند اردو اور ہندی کے تصادم میں اردو کے ساتھ رہے۔۔ پریم چند اردو اور ہندی کی یکجہتی کے قائل تھے۔ اور دونوں زبانوں کو ملا کر ہندوستانی تصور کرتے تھے۔ اور شدھ ہندی کے رجحان کو مضر اور مہلک قرار دیتے تھے۔۔۔ مشترکہ تہذیب کے اس علمبردار کو اس کے واضح بیانات کی موجودگی میں اگر کوئی شخص گمراہ کرنے کے لئے کہانیوں کے کرداروں کے مکالمے نقل کرکے پریم چند کو ہندو احیاء پرستی کا مرتکب قرار دیتا ہے تو اس سے اس کی اپنی ذہنیت منکشف ہوتی ہے۔ کیوں کہ اتنی بات تو ایک معمولی قاری بھی سمجھتا ہے کہ کرداروں کے مکالمے اس کردار کے مزاج و حالات کے اظہار کا ذریعہ ہوتے ہیں۔ اس کے خیالات مصنف کے خیالات نہیں ہوتے۔''[۱۴]

پریم چند فرقہ پرست تھے یا نہیں یہ ایک الگ سوال ہے لیکن پریم چند کو لے کر لوگ گروہوں میں بٹ گئے جب کہ ان کا پیغام پچھڑے طبقات کو ترقی کی راہ پر لانا تھا۔اس لئے پریم چند کے ناولوں اور افسانوں میں فرقہ پرستی تلاش کرنے کے بجائے ان کے پیغام انسانیت کو عام کرنا بہتر ہوگا۔

پریم چند شناسی میں شامل آٹھویں مضمون کا عنوان ''اردو افسانے کو پریم چند کی دین'' ہے۔ جسے ڈاکٹر سید حامد حسین نے لکھا ہے۔اس مضمون میں اردو افسانے کے فروغ میں پریم چند کی خدمات کا احاطہ کیا گیا ہے۔اس ضمن میں مضمون نگار لکھتے ہیں:

> '' اردو افسانے کو پریم چند کا سب سے زیادہ قابل قدر عطیہ یہی ہے کہ انہوں نے زندگی کے عام اور سادہ مظاہر کو اپنا وسیلہ فن بنایا ہے۔ انہوں نے گرد و پیش کے جانے بوجھے کرداروں' روز مرہ کے سماجی مسائل اور ذہنی کشمکشوں کو اپنا موضوع بنا کر جدید حقیقت پسندی کی بنیاد ہی نہیں ڈالی بلکہ اس مغالطے کو بھی دور کر دیا کہ کہانی کو ادبی مرتبہ حاصل کرنے کے لئے تخیل یا اسلوب کی کسی بوالعجبی کی احتیاج نہیں ہے۔۔۔ پریم چند نے اپنے افسانوں کے ذریعے اردو میں سادہ راست اور پر اثر بیانیہ کی روایت کو پختہ کیا ہے۔اور زبان کو تصنع' تکلف اور طرحداری سے دور رکھ کر اردو کی سادہ نثر میں موجودہ لچک 'تاثیر اور زود کے جوہر نمایاں کیے ہیں۔۔۔ پریم چند کے افسانے اس لحاظ سے قابل قدر ہیں کہ وہ زندگی کے نہایت سادہ عناصر مانوس کرداروں غیر پیچیدہ صورت حال میں ایک ایسا داخلی ربط رکھتے ہیں جس کا مجموعی تاثر انکشاف حقیقت کا

وزن رکھتا ہے۔ ایک ایسے انکشاف حقیقت کا جو قاری کے نجی ادراک حقیقت میں توسیع کرتا ہے۔ چنانچہ پریم چند کے افسانوں میں موضوعاتی وسعت کے ساتھ ساتھ ایک معنوی ارتکاز پایا جاتا ہے۔ جس کی بنا پر ان کے افسانے ایک فنکارانہ اکائی کی حیثیت سے اپنا بھرپور فکری اور فنی جواز پیش کرتے ہیں''۔ ۱۵؎

پریم چند شناسی میں شامل آخری مضمون ''منشی پریم چند اور اردو'' ہے جسے پروفیسر اظہر راہی نے لکھا ہے۔ اس مضمون میں بھی پریم چند کے اردو والے ہونے یا ہندی والے نہ ہونے پر بحث کی گئی ہے۔ اور بنیاد جعفر رضا صاحب کی تحقیق ہی رہی ہے۔ مضمون نگار مثالیں دینے کے بعد آخر میں اس نتیجے پر پہونچتے ہیں کہ

''منشی پریم چند کے مطالعہ اور حالات کے جائزے سے یہ بات پورے طور پر ثابت ہے کہ انہوں نے اپنی ادبی زندگی کا آغاز اردو سے کیا اردو کے ادیب اور افسانہ نگار کی حیثیت سے شہرت پائی۔ عالمی ادب میں بھی وہ اردو کے ادیب کی حیثیت سے متعارف ہیں اور اردو کے اس قدآور ادیب کو اگر ہندی میں بھی ایک مقام حاصل ہے تو یہ ایک ایسا خراج تحسین ہے جو ہندی کے کسی ساہتیہ کار کو حاصل نہیں ہے۔ اور یہ کوئی نزاعی مسئلہ نہیں رہ جاتا کہ انہوں نے پہلے ہندی میں لکھا تھا یا اردو میں۔ اب ضرورت اس بات کی ہے کہ ان کی تمام بکھری تحریروں اور تصانیف کو اردو میں بھی یکجا کیا جائے تاکہ اردو داں طبقے میں پریم چند کا تعارف مکمل ہو سکے''۔ ۱۶؎

پروفیسر اظہر راہی نے یہ اچھی بات کہی کہ پریم چند کے اردو یا ہندی ادیب کے جھگڑے کو الگ رکھ کر ان کے فن کو اردو میں مکمل طور پر پیش کیا جائے۔ پریم چند صدی سمینار کے ان مقالوں پر مجموعی نظر ڈالنے سے پتہ چلتا ہے کہ مقالہ نگاروں کی کثرت نے اپنی توانائی پریم چند کو اردو کا ادیب ثابت کرنے میں صرف کی ہے۔تاہم پریم چند کے فن کے تعلق سے اہم باتیں ان مقالوں کا حصہ بنی ہیں۔ جو پریم چند کے مطالعے میں معاون ثابت ہونگی۔اس طرح پروفیسر آفاق احمد کی مرتبہ یہ کتاب پریم چند کی حیات اور کارناموں میں ایک اہم اضافہ تصور کی جائے گی۔ عام طور پر سمیناروں میں کئی معلوماتی مقالے پیش ہوتے ہیں لیکن بہت کم کتابی صورت میں شائع ہوتے ہیں۔ اگر سمینار میں مقالہ پیش ہو تو وہ محدود لوگوں تک پہونچ پاتا ہے جب کہ کتابی صورت میں شائع ہونے پر وہ قارئین کی بڑی تعداد تک پہونچ سکتے ہیں۔اس طرح پروفیسر آفاق احمد نے سمیناروں کی روداد اور مقالوں کی اشاعت سے ادب کی اہم خدمت کی ہے۔

مدھیہ پردیش میں اردو زبان و ادب (مضامین کا مجموعہ)

پروفیسر آفاق احمد کی مرتبہ ایک کتاب ''مدھیہ پردیش میں اردو زبان و ادب'' کے عنوان سے مدھیہ پردیش اردو اکادیمی کے زیر اہتمام ۱۹۹۶ء میں شائع ہوئی۔اس کتاب میں مدھیہ پردیش میں زبان و ادب سمینار میں پڑھے گئے مقالوں اور دیگر مقالوں کو شامل کیا گیا ہے اور مجموعی طور پر مدھیہ پردیش میں اردو کی صورتحال کو اجاگر کرنے کی کوشش کی گئی ہے۔ پروفیسر آفاق احمد کتاب کے پیش لفظ میں لکھتے ہیں:

> ''ہمیں خوشی ہے کہ اس کتاب کے ذریعے مدھیہ پردیش میں اردو زبان و ادب نے ارتقاء کی سیڑھیوں پر جس طرح قدم رکھے ہیں اور یہاں اردو کی ادبی تقدیر لکھنے میں ہمارے مصنفین نے جس طرح اپنا خون جگر صرف کیا ہے اسے سیاہ و سفید کے درمیان محفوظ کرنے کی کوشش کر رہے ہیں۔ یقین

ہے کہ اکادیمی کی دوسری مطبوعات کی طرح اس کتاب کو بھی
اردو حلقوں میں خاطر خواہ پذیرائی ہوگی''۔ ۱۷

تحقیقی و معلوماتی مضامین پر مشتمل کتاب'' مدھیہ پردیش میں اردو زبان و ادب''میں کل چودہ ۱۴ مضامین ہیں۔جن کے عنوانات اور مضمون نگاروں کے نام اس طرح ہیں۔

۱)	مدھیہ پردیش میں علمی تصانیف	پروفیسر سید ظل الرحمٰن
۲)	مدھیہ پردیش میں اردو طنز و مزاح	ڈاکٹر سید حامد حسین
۳)	بھوپال میں اردو تحقیق کا سوا سو سالہ سفر	پروفیسر انیس سلطانہ
۴)	آزادی کے بعد بھوپال میں اردو نظم	ڈاکٹر محمد نعمان خان
۵)	بھوپال میں اردو صحافت	جناب عارف عزیز
۶)	سیہور میں اردو زبان و ادب	ڈاکٹر نسیم شہنوی
۷)	سرونج میں اردو زبان و ادب کا جائزہ	ڈاکٹر شان فخری
۸)	اندور کی شاعری ابتداء سے تا حال	ڈاکٹر عزیز اندوری
۹)	کھنڈوہ میں اردو زبان و ادب	ڈاکٹر مظفر حنفی
۱۰)	برہان پور میں اردو زبان و ادب کا جائزہ	ڈاکٹر محمد شفیع
۱۱)	جادرہ میں اردو زبان و ادب	پروفیسر وسیم الدین
۱۲)	گوالیار میں اردو زبان و ادب کا جائزہ	جناب وقار صدیقی
۱۳)	جبل پور میں اردو زبان و ادب	ڈاکٹر محمد اشفاق عارف
۱۴)	چھتیس گڑھ میں اردو زبان و ادب کا جائزہ	جناب مقصود احمد مکی

پروفیسر آفاق احمد کی مرتبہ اس کتاب میں شامل مضامین بھوپال اور مدھیہ پردیش میں اردو کی ترقی کو ظاہر کرتے ہیں۔مرتبہ کتاب مدھیہ پردیش میں اردو زبان و ادب میں شامل پہلے مضمون کا عنوان'' مدھیہ پردیش میں علمی تصانیف'' ہے جسے پروفیسر سید ظل الرحمٰن نے لکھا۔اس

مضمون میں ریاست مدھیہ پردیش میں اردو میں مختلف علوم جیسے تاریخ، فلسفہ، مذہب، شعر وادب اور دیگر میں لکھی گئی کتابوں کا ذکر کیا گیا۔ یہ ایک وقیع تحقیقی مضمون ہے اور مدھیہ پردیش کی اہم علمی کتابوں کی طرف نشاندہی کرتا ہے۔ مضمون نگار مدھیہ پردیش میں غالب اور اقبال پر کئے گئے کام کے ضمن میں لکھتے ہیں:

> ”بھوپال میں غالب واقبال کے مطالعے سے خصوصی دلچسپی کا اظہار کیا گیا ہے۔ ۱۹۳۶ء میں دیوان غالب نسخہ حمیدیہ کی دریافت اور اشاعت جس طرح ریاست کے لئے ہمیشہ باعث افتخار رہے گی اسی طرح ۱۹۶۹ء میں نسخہ ثانی بھوپال کی دریافت غالبیات میں اس شہر کا بیش قیمت اضافہ تسلیم کیا جاتا رہے گا۔ سہا مجددی کی مطالب الغالب کوثر چاند پوری کی جہان غالب ابومحمد سحر کی غالبیات کے چند مباحث سید حیدر عباس رضوی کی یادگار غالب ایک جائزہ اور شہرت غالب بہ گیتی غالبیات کے سلسلے کی گراں قدر کتابیں ہیں۔ حدیقہ بیگم کی نقد بجنوری میں محاسن کلام غالب اور دیگر تحریرات کا تنقیدی جائزہ لیا گیا ہے۔ عبدالقوی دسنوی کی کتابیں مطالعہ خطوط غالب، غالبیات، بھوپال اور غالب نسخہ بھوپال اور نسخہ بھوپال ثانی، قادر نامہ، غالب اور بھوپال دونوں سے عقیدت کا اظہار ہیں۔“ [۱۸]

یہ مضمون مدھیہ پردیش میں اردو ادب پر تحقیق کرنے والوں کے لئے اہم راہیں پیش کرتا ہے۔ مرتبہ کتاب ”مدھیہ پردیش میں اردو زبان وادب“ میں شامل دوسرے مضمون کا عنوان ”مدھیہ پردیش میں اردو طنز ومزاح“ ہے۔ جسے سید حامد حسین نے لکھا ہے۔ اس مضمون میں مدھیہ پردیش

کے مزاح نگاروں کے کارناموں کو اجاگر کیا گیا ہے۔خاص طور سے ملا رموزی، تخلص بھوپالی، جہاں قدر چغتائی، شفیقہ فرحت وغیرہ کے کارناموں سے اردو دنیا کو متعارف کرایا گیا ہے۔مدھیہ پردیش کے نامور مزاح نگار ملا رموزی کے بارے میں مضمون نگار لکھتے ہیں:

''طنز ومزاح کے میدان میں مدھیہ پردیش کو برصغیر ہندو پاک میں بھرپور طریقے سے متعارف کرانے کی خدمت مولوی محمد صدیق نے کی جنہیں ادبی دنیا ملا رموزی کے نام سے جانتی ہے۔انہوں نے ۱۹۱۷ء میں گلابی اردو کے نام سے اپنا ایک انداز ایجاد کیا۔ جو کہ قرآن حکیم اور دوسری عربی تحریرات کے لفظ بہ لفظ عربی عبارت کی ترتیب کے مطابق اردو میں ترجمہ کے قدیم انداز کا چربہ تھا۔اس اسلوب میں وہ جب وہ ہم عصر سیاسی اور سماجی حالات پر تبصرہ کرتے تو ایک لطف انگیز تضاد کی کیفیت پیدا ہوتی۔ تقریباً سات آٹھ سال گلابی اردو کا یہ اسلوب ملا رموزی کا نشان شناخت بنا رہا۔۱۹۲۴ء کے آس پاس وہ دھیرے دھیرے اردو کے عام فطری اسلوب کی طرف لوٹے۔اس وقت تک ان کے اسلوب میں ایک ایسی جامعیت اور ایجاز پیدا ہو چکا تھا جو انہیں چٹکیاں توڑنے میں مدد دیتا تھا۔'' [۱۹]

اس مضمون میں ڈاکٹر حامد حسین نے ابتدا تا حال مدھیہ پردیش کے مزاح نگاروں ،شعرا، کالم نگاروں کے بارے میں معلومات پیش کی ہیں۔جس سے کسی علاقے کے مخصوص ادب کے بارے میں بھرپور معلومات کا اظہار ہوتا ہے۔

مدھیہ پردیش میں اردو زبان و ادب کتاب میں شامل اگلے مضمون کا عنوان'' بھوپال میں

اردو تحقیق کا سوا سو سالہ سفر'' ہے۔ جسے پروفیسر انیس سلطانہ نے لکھا۔ اس مضمون میں انیسویں صدی میں بھوپال کے نوابوں کے دور سے اردو تحقیق کا ذکر کرتے ہوئے موجودہ دور کے محققین کے کارناموں کو اجاگر کیا گیا ہے۔ مضمون نگار بھوپال کے محققین گیان چند جین، ابو محمد سحر اور پروفیسر آفاق احمد کی کاوشوں کو بیان کرتے ہوئے لکھتی ہیں:

''ڈاکٹر گیان چند جین جو اس سے قبل شمالی ہند کی نثری داستانوں میں خالص تحقیقی اور شمالی ہند کی مثنویوں میں تحقیق و تنقید کے میدان میں اپنا لوہا منوا چکے تھے ''تحریریں'' لکھ کر مختصر مضامین تنقیدی و تحقیقی کی داغ بیل بھی ڈال چکے تھے۔ ڈاکٹر ابو محمد سحر اردو میں قصیدہ گوئی اور تنقید و تجزیہ کے ذریعے حمیدیہ کالج میں ہی نہیں بھوپال اور بھوپال سے باہر ادبی حلقہ میں معتبر لہجہ کے مالک بن گئے تھے۔ کوثر چاند پوری نے اپنے مجموعہ ''دیدہ بینا'' میں ایک تنقیدی مضمون سحر صاحب کی کتاب تنقید و تجزیہ کے لئے بھی وقف کر دیا تھا۔۔ اسی دوران پروفیسر آفاق احمد نے غالب کے دو غیر مطبوعہ خط مولانا عباس رفعت کے نام دریافت کیے اور ان سے بعض اہم نتائج اخذ کیے۔ نادم سیتا پوری نے نسخہ عرشی میں غالب کے الحاقی کلام کی نشاندہی کی۔ نیز غالب کی بھوپال والی غزل کے عملی مذاق سے پردہ اٹھایا''۔

۲۰

یہ مضمون بھی بھوپال کی تحقیق کی تاریخ پیش کرتا ہے اور دستاویزی اہمیت کا حامل ہے۔ اسی نوعیت کا ایک اور مضمون مرتبہ کتاب ''مدھیہ پردیش میں اردو زبان و ادب'' میں شامل ہے۔ مضمون کا عنوان ''آزادی کے بعد بھوپال میں اردو نظم'' ہے۔ جسے ڈاکٹر محمد نعمان خاں نے لکھا

ہے۔مضمون میں بھوپال کے قدیم وجدید نظم نگاروں کے نام پیش کرتے ہوئے مضمون نگار لکھتے ہیں:

''بھوپال جسے شہر غزل کے نام سے موسوم کیا جاتا ہے۔ یہاں کے بعض شعرا نے غزل کے ساتھ نظمیں بھی کہی ہیں۔ بھوپال میں انضمام سے قبل بھی کچھ نام ایسے مل جاتے ہیں جنہوں نے نظم گوئی کے ذریعے اپنی فکر وفن کا اظہار کیا ہے۔ ایسے ناموں میں شریف فکری۔فہمی ترمذی۔محوی صدیقی۔محمد یوسف قیصر۔باسط بھوپالی۔ وکیل بھوپالی۔مولانا صدرالدین انصاری۔ ممتاز رسول یکتا۔ کیف بھوپالی۔ شفا گوالیاری۔ قدوس صہبائی۔عنبر چغتائی۔عظمت بھوپالی۔عمران انصاری۔ مقصود عرفان۔مقصود عمرانی اورسید عابد علی وجدی الحسینی کے نام قابل ذکر ہیں۔آزادی کے بعد بھوپال کے نظم نگار شعرا میں احسن علی خاں۔اختر سعید خاں۔گوہر جلالی۔محمد علی تاج۔کبیر کوثر۔عشرت قادری۔ وحید پرواز۔گوپی کرشن شوق۔ جہاں قدر چغتائی۔ارشد صدیقی۔وفا صدیقی۔مرتضی علی شاد۔شاہد اختر۔مظفر حنفی۔نصیر پرواز۔افضل تابش۔اجلال مجید۔اختر نظمی۔کامل بہزادی۔ظفر صہبائی۔انصار انظر۔شجاع فرخی۔ عبدالمتین نیاز۔مختار شمیم۔کوثر جہاں۔علی عباس امید۔شفیق تنویر۔واحد پریمی۔راہبر جونپوری۔اقبال مسعود۔خالد محمود۔ خالد غنی۔کاوش جذباتی۔تنویر فراز اور یعقوب یاور وغیرہ کے نام پیش کیے جاسکتے ہیں''۔۲۱

پروفیسر آفاق احمد کی مرتبہ کتاب ''مدھیہ پردیش میں اردو زبان وادب'' میں شامل اگلے مضمون کا

عنوان ''بھوپال میں اردو صحافت'' ہے۔ جسے عارف عزیز نے لکھا۔ یہ بھی ایک ادبی تاریخ کا دستاویزی مضمون ہے۔ اس مضمون میں ہندوستان میں اردو صحافت کے آغاز کے ذکر کے بعد بھوپال سے جاری ہونے والے اردو اخبارات ہفت روزہ، ماہناموں اور صحافیوں کی خدمات کا ذکر کیا گیا ہے۔ بھوپال کی اردو صحافت کا اجمالی تعارف پیش کرتے ہوئے عارف عزیز لکھتے ہیں:

> ''وسط ہند کی معروف ریاست بھوپال میں اردو صحافت کی ابتداء انیسویں صدی کی آٹھویں دہائی میں اس وقت ہوئی جب ۲۲۔ مارچ ۱۸۷۱ء کو دارالحکومت بھوپال سے پہلا ہفت روزہ ''عمدۃ الاخبار'' کے نام سے حکیم اصغر حسین کی ادارت میں منظر عام پر آیا۔ اس لحاظ سے بھوپال کی صحافتی تاریخ ہندوستان کے تناظر میں نصف صدی پیچھے ہے تاہم ۱۲۰ برسوں پر محیط ہے۔ جس کے دوران یہاں سے ۱۶ روزنامے، ۳ سہ روزہ، ایک چار روزہ، ۱۴۰ ہفت روزہ، ایک دس روزہ، ۱۸ پندرہ روزہ، ۵۶ ماہنامے، ۶ سہ ماہی، ایک چار ماہی اور ۵ سالانہ اخبار و رسائل شائع ہوئے۔ ان کی مجموعی تعداد ۲۴۷ ہوتی ہے۔'' ۲۲

بھوپال کی اردو صحافت کے اس اجمالی جائزے سے اندازہ ہوتا ہے کہ وہاں صحافت نے خوب بال و پر پھیلائے۔ لیکن مضمون نگار نے اپنے مضمون میں لکھا کہ بھوپال کی اردو صحافت کا مستقبل اس قدر تابناک دکھائی نہیں دیتا۔

''مدھیہ پردیش میں اردو زبان و ادب'' کتاب میں شامل اگلے مضمون کا عنوان ''سیہور میں اردو زبان و ادب'' ہے۔ جس کے مصنف ڈاکٹر نسیم شہوی ہیں۔ مضمون نگار نے سیہور کا جغرافیہ بیان کرتے ہوئے لکھا کہ یہ بھوپال کے مضافات کا ایک حصہ ہے اور مالوہ کے شمال میں پایا جاتا

ہے۔ یہ ایک تاریخی مقام ہے۔ مضمون نگار نے اس علاقے میں اردو کی ترقی کا حال بیان کیا ہے۔ اس علاقے سے نایاب اور نادر قلمی نسخوں کی دستیابی کا ذکر کرتے ہوئے ڈاکٹر نسیم شہنوی لکھتی ہیں:

> ''ڈاکٹر سلیم حامد مرحوم اور ڈاکٹر گیان چند جین جیسے قابل اور معتبر محققین نے بھوپال کے مضافاتی علاقوں میں اپنی تحقیق کے دوران کئی نایاب اور نادر قلمی نسخے دستیاب کیے۔ جو اب تک لوگوں کی نظروں سے اوجھل تھے۔ سنٹرل لائبریری بھوپال میں ایک مثنوی ماہ خورشید کا نسخہ موجود ہے۔ جسے نادان لکھنوی نے ۱۷۸۶ء میں دیوان چھوٹے خاں کی خدمت میں پیش کیا تھا۔ ایسا خیال کیا جاتا ہے کہ اس مثنوی کو نادان لکھنوی نے اپنے قیام سیہور کے دوران تصنیف کیا تھا۔۔۔ ریاست کا دور ہی سیہور کی ادبی سرگرمیوں کا روشن دور کہلائے گا۔ اس سلسلے میں یہاں ۱۸۸۰ء میں نواب امراؤ محمد خاں نے انجمن ادب سیہور کی بنیاد ڈالی تھی۔ اس انجمن سے وابستہ شعرا میں منشی عبدالغفور عاصی میاں اصغر محمد خاں نواب عزت بخش خاں منشی واحد وکیل، حکیم عزیز الدین وغیرہ کے نام اہم ہیں۔ ان میں اکثر شعرا کے کلام پیام یار لکھنو اور پیام عشق قنوج میں شائع ہوتے رہے''۔ ۲۳

سیہور جیسے چھوٹے مقام کی ادبی تاریخ پر یہ مضمون واضح کرتا ہے کہ کسی علاقے میں ادبی کارنامے ہوئے ہوں تو انہیں اس طرح کے مضامین کے ذریعے ادب کی تاریخ میں محفوظ کیا جا سکتا ہے۔ مدھیہ پردیش میں اردو زبان و ادب میں شامل اگلے مضمون کا عنوان ''سرونج میں اردو زبان و ادب کا جائزہ'' ہے۔ یہ بھی ایک علاقائی ادب کی تاریخ پر مشتمل مضمون ہے۔ جسے شان فخری نے لکھا

ہے۔سرونج بھی ایک تاریخی مقام ہے جو بھوپال سے شمال میں پچاس کلومیٹر کے فاصلے پر واقع ہے۔مضمون نگار نے کافی طویل مضمون میں سرونج کی ادبی تاریخ کو تین ادوار شاہی زمانہ۔ریاستی عہد اور جمہوری دور کے اعتبار سے بیان کیا۔سرونج کی ادبی خدمات میں خواتین کے حصے کو بیان کرتے ہوئے مضمون نگار لکھتے ہیں:

''سرونج کی ادبی خدمات میں خواتین کا بھی قابل قدر حصہ ہے۔آزادی سے پہلے تو خواتین میں تعلیم کا رواج بہت ہی کم تھا۔لیکن آزادی کے بعد اس میں تیزی سے اضافہ ہوا۔بے شمار خواتین نے یونیورسٹیوں سے اعلیٰ تعلیمی ڈگریاں حاصل کیں۔ اور نثر و نظم کے میدان میں بھی کئی نام نمایاں ہوئے۔ان میں فرحت۔سراج۔نازش۔ برجیس جہاں عرف رضیہ۔ملکہ جواد۔قمر تاج۔شاہدہ انجم۔ ریحانہ پروین۔ خالدہ تبسم۔ ریحانہ طالب۔ ملکہ بی۔ نور جہاں محرم۔اسما خان۔ ناظرہ خاتون اور شاہین کے نام اہم ہیں۔''[۴۴]

سرونج سے ان دنوں ادبی ماہنامہ ''انتساب'' بھی نکل رہا ہے۔جسے سیف سرونجی نکال رہے ہیں۔اس کے علاوہ بھی بھوپال کے نواحی علاقوں سے ادبی سرگرمیوں کی خبریں ملتی رہتی ہیں۔

''مدھیہ پردیش میں اردو زبان وادب'' میں شامل اگلے مضمون کا عنوان ''اندور کی شاعری ابتدا تا حال'' ہے۔ جسے ڈاکٹر عزیز اندوری نے لکھا ہے۔اندور بھی مدھیہ پردیش کا اہم علاقہ ہے۔آزادی کے بعد اندور میں اردو غزل کے فروغ کو بیان کرتے ہوئے مضمون نگار لکھتے ہیں:

''اندور میں ۱۹۶۱ء کے بعد اردو غزل ایک نئی جہت ایک نئی صورت اور ایک نئے فکری آہنگ کا نمونہ بن گئی۔ زندگی اور کائنات کی وہ وسعتیں جو اپنے عہد کی تمام تر و تازہ صورتوں کو

خود میں سمو رہی تھیں اب غزل کے پیکر میں پہلے سے کہیں زیادہ سچائی بن کر ڈھلتی گئیں۔۔۔اس قسم کی غزل کہنے والوں میں عمیق حنفی، ڈاکٹر عزیز اندوری، عارف جلال اور رہبر اندوری کا شمار کیا جا سکتا ہے۔'' ۲۵

مدھیہ پردیش میں اردو زبان و ادب میں شامل اگلے مضمون کا عنوان ''کھنڈوہ میں اردو ادب'' ہے۔ یہ مضمون بھی مدھیہ پردیش کے مختلف علاقوں کی ادبی تاریخ کے سلسلے کی ایک کڑی ہے۔اس مضمون کے مصنف ڈاکٹر مظفر حنفی ہیں۔ مضمون نگار نے لکھا کہ کھنڈوہ کی تحصیل برہان پور میں بھی ادب کی تاریخ ملتی ہے۔اس علاقے کے نئے لکھنے والوں کا ذکر کرتے ہوئے مظفر حنفی لکھتے ہیں:

''اس علاقے میں پچھلے پندرہ بیس برسوں میں لکھنے والوں کی ایک تازہ دم صف نمودار ہوئی ہے۔ جس میں چار شعری مجموعوں کے شاعر عاصی فائقی، طلسم حرف کے مدیر اور یک مجموعہ کلام کے مصنف صفدر رضا نظم نگار سکندر عرفان امتیازی حیثیت رکھتے ہیں۔ نسبتاً جدید تر نسل میں عبداللہ شیخ، اقبال نصیب، اختر قریشی، قدرت اللہ راہی، رفیق شاہد، حبیب حباب، اقبال گرامی، اختر آصف، اسداللہ اسد، صغیر منظر، اظہر الدین اظہر، ہارون فراق، اختر محمود، بشیر زیدی، عبدالغفار شاطر، دلکش کھنڈوی وغیرہ لائق ذکر ہیں۔ ۲۶

مدھیہ پردیش میں اردو زبان و ادب میں شامل اگلے مضمون کا عنوان ''برہان پور میں اردو زبان و ادب کا جائزہ'' ہے۔ جسے ڈاکٹر محمد شفیع نے لکھا۔ یہ مضمون بھی علاقائی ادب کی تاریخ کو پیش کرتا ہے۔ برہان پور کے موجودہ شعر و ادب کے بارے میں مضمون نگار لکھتے ہیں:

''برہان پور کے محققین میں جناب مولوی معین الدین

صاحب مرحوم اور پروفیسر شیخ فرید کے اسمائے گرامی سرفہرست ہیں۔ مولوی صاحب کی تصنیف دارالسرور برہانپور اور فرید صاحب کی عیسیٰ جند اللہ پر تحقیق بے حد اہم ہیں۔ آپ کے مضامین ملک کے مختلف رسائل و اخبارات میں تقریباً نصف صدی سے شائع ہو رہے ہیں۔ آج کل جو شعرا اردو کی محفلیں سجائے ہوئے ہیں ان میں نعیم اختر، قیصر انصاری، شاداں خلیقی، لطیف شاہد، کلام آزر، مجاز آشنا، جمیل اصغر، شوکت انصاری، امین اعجاز اور ناصر شاہی شامل ہیں۔ غرض کہ اس وقت برہانپور میں ہر طرح کے شعرا موجود ہیں مگر نثار، محقق اور ناقدین بہت کم ہیں۔ اس کمی کو کسی حد تک سیوا سدن کالج کا شعبہ اردو و فارسی پوری کر رہا ہے۔ یہاں پی ایچ ڈی کی ڈگری کے لئے پانچ کام ہو چکے ہیں اور تین ہو رہے ہیں۔ یہ تحقیقی کام بہت اہم ہیں۔ ولی کا نسخہ برہانپور مل چکا ہے جو اردو ادب کی تاریخ میں اہم اضافہ ہے۔''۲۷

برہان پور کا نام ان دنوں وہاں کے نامور شاعر نعیم اختر برہان پوری روشن کر رہے ہیں جب کہ ان کا یہ شعر

ترقیوں کی دوڑ میں زور اسی کا چل گیا — بنا کہ اپنا راستہ جو بھیڑ سے نکل گیا

ان کی پہچان بن گیا ہے۔

''مدھیہ پردیش میں اردو زبان و ادب'' میں شامل اگلے مضمون کا عنوان ''جاورہ میں اردو زبان و ادب'' ہے۔ یہ بھی علاقائی ادب کی تاریخ پر مبنی مضمون ہے۔ اس مضمون کو پروفیسر وسیم الدین نے لکھا

ہے۔انہوں نے لکھا کہ سابق ریاست کی جاگیراب رتلام ضلع کی تحصیل ہے۔جاورہ کی ادبی تاریخ کو دو حصوں میں بیان کرنے کے بعد مضمون نگار وہاں کے موجودہ ادیبوں کے بارے میں لکھتے ہیں کہ:

''دور حاضر کا نثری سرمایہ بہت کم ہے۔صرف دو نام ہیں۔ایک شکیب جو افسانے لکھتے ہیں ان کے دو افسانے بھی چھپ چکے ہیں دوسرا نام عبدالقادر خاں کا ہے۔قادر ناول اور ڈرامے لکھتے ہیں۔ چند افسانے بھی لکھ چکے ہیں۔ان کے پاس ۲۰ ناولوں کے مسودے ہیں۔ان کا ایک ناول ناگری رسم الخط میں چھپ چکا ہے۔ان کے ڈراموں کا مجموعہ ''تقدیر کے بندھن'' مدھیہ پردیش اردو اکادمی کے مالی تعاون سے شائع ہو چکا ہے۔'' ۲۸؎

مدھیہ پردیش میں اردو زبان و ادب میں شامل اگلے مضمون کا عنوان ''گوالیار اور ملحقہ علاقوں میں اردو زبان و ادب کا جائزہ'' ہے جسے وقار صدیقی نے لکھا ہے۔گوالیار کی تاریخ اور ادبی روایت بیان کرنے کے بعد مضمون نگار گوالیار کے موجودہ ادبی منظرنامے کے بارے میں لکھتے ہیں:

''گوالیار کے قرب و جوار میں شعر و ادب کی تخلیق کے ساتھ ساتھ ادبی و علمی فضا بنانے میں حسن جعفری، اختر سکرولوی، ڈاکٹر راجندر ناتھ ڈھینگرہ، خاور جبل پوری، ساغر زیدی، قاضی تنویر، ڈاکٹر رہبر گناوی، نورالحسن نور، سید محمد عاقل، طاہر علی طاہر قاضی عبدالحمید وغیرہ نے اہم رول ادا کیا ہے۔نئے لکھنے والوں میں انجم رہبر، مہاویر تنہا، وجے شری واستو کلیم، حسن قریشی، منور رضوی وغیرہ کے نام ابھرتے ہیں۔

مدھیہ پردیش کا اہم شہر ہونے اور تعلیمی و صنعتی مرکز ہونے کے
باعث مختلف شخصیتوں کو یہاں آنے اور قیام کرنے کے مواقع
فراہم ہوتے رہے ہیں۔'' ۲۹؎

''مدھیہ پردیش میں اردو زبان وادب'' میں شامل اگلے مضمون کا عنوان ''جبل پور میں اردو زبان وادب'' ہے۔ جسے ڈاکٹر محمد اشفاق عارف نے لکھا ہے۔ جبل پور کے اہم شعرا کے تعارف کے بعد موجودہ دور کے شعرا اور ادیبوں کے بارے میں مضمون نگار لکھتے ہیں:

''نئی نسل میں کئی خوش فکر شاعر ہیں۔ جن میں سرفہرست
جناب عبدالحی انجم ہیں۔ وہ ایک کتاب ''لمحوں کا سفر'' شائع
کر چکے ہیں۔ جس میں ان کا اور ان کے ممتاز شاگرد کا کلام
ہے۔ جناب صابر جبل پوری، طارق نظامی، غیاث الدین
کشفی، سلیم انصاری، عبدالحمید حسرت، سی ایل ساز اور سید
عبدالحنان تبسم اپنے کلام سے اردو ادب کی خدمت میں
مصروف ہیں۔ عبدالحی انجم، صابر جبل پوری، نہال تاباں اور
طارق نظامی ملک کے مختلف شہروں میں منعقد ہونے والے کل
ہند مشاعروں میں اکثر مدعو کئے جاتے ہیں۔ اور ہر جگہ جبل پور
اور مدھیہ پردیش کا نام روشن کرتے ہیں''۔ ۳۰؎

''مدھیہ پردیش میں اردو زبان وادب'' میں شامل آخری مضمون کا عنوان ''چھتیس گڑھ میں اردو زبان وادب کا جائزہ'' ہے۔ جسے مقصود احمد مکی نے لکھا ہے۔ چھتیس گڑھ اب الگ ریاست بن گیا ہے۔ رائے پور اور بلاسپور اس علاقے کے اہم شہر ہیں۔ رائے پور میں اردو کی موجودہ صورتحال بیان کرتے ہوئے مضمون نگار لکھتے ہیں:

''رائے پور چھتیس گڑھ کمشنری کا مرکز تھا سرکاری مرکزیت

باقی نہ رہی لیکن تمام معاملات میں مرکزیت میں کمی نہیں آئی۔چھتیس گڑھ کے اردو والے رائے پور کی طرف نظر اٹھاتے ہیں کہ وہاں سے کوئی حوصلہ ملے گا۔روشنی ملے گی۔کوئی نیک مشورہ ملے گا۔لیکن ایسا لگتا ہے کہ اردو کے معاملے میں وہاں جمود چھایا ہوا ہے۔وہاں اب اردو پڑھنا پڑھانا اور لکھنا لکھانا' اردو اسکول میں بچوں کو پڑھانا' اخبار خریدنا بار سمجھا جاتا ہے۔دو نہیں چار نہیں بیسیوں خاندان ایسے ہیں جن کے آبا و اجداد نے بہترین خدمت کی مثلاً خاں صاحب محمد خاں' رفیع اللہ شاہ' مولانا حامد علی' مولانا محمد یاسین' محمد عبدالکریم وکیل' احمد رضوی وغیرہ بزرگوں کے وارث موجود ہیں۔اوران سے بہت کچھ امید کی جاسکتی ہے۔اردو کے سلسلے میں منظّم طریقے پر کام نہیں ہورہا ہے رائے پور کے مخلص اردو بہی خواہوں کی ضرورت ہے''۔۱۳۱

''مدھیہ پردیش میں اردو زبان وادب'' نامی کتاب ایک ریاست کی اردو ادب کی تاریخ کی دستاویز ہے۔اس کتاب میں شامل تمام مضامین اپنے علاقے کے ادب کی تاریخ کو پیش کرتے ہیں۔ پروفیسر آفاق احمد نے یہ کتاب مرتب کرتے ہوئے مدھیہ پردیش کی اردو ادب کی تاریخ کو محفوظ کردیا۔ضرورت اس بات کی ہے کہ اس طرح کا کام دیگر ریاستوں اور علاقوں میں بھی ہوتا کہ علاقائی سطح پر اردو ادب کی تاریخ مرتب ہوسکے۔

مجلس ممنون (مضامین کا مجموعہ)

پروفیسر آفاق احمد کی مرتبہ ایک اور یادگار کتاب ''مجلس ممنون'' ہے۔جس میں ان کے دیرینہ رفیق کار ممنون حسن خاں کے بارے میں مشاہیر کے مضامین' خود ممنون حسن خان کے مضامین

اوران کے انتقال پر منعقدہ تعزیتی اجلاس کی روداد شامل ہے۔''مجلس ممنون'' نامی یہ کتاب اقبال ادبی مرکز بھوپال کے زیراہتمام ۱۹۹۸ء میں شائع ہوئی۔حرف آغاز میں ممنون صاحب کی اقبال کے ساتھ صحبتوں کو بیان کرتے ہوئے پروفیسر آفاق احمد لکھتے ہیں:

''ممنون صاحب جو علامہ اقبال کے قیام بھوپال کے دوران ان کی فیضیابی صحبتوں میں باریاب تھے۔اور جو ہمیشہ ان راہوں میں اپنی پلکیں بچھائے رہتے تھے جہاں سے علامہ کے قدم گزرتے تھے اقبال جن کا اوڑھنا بچھونا تھا اور جو اقبال کی چاہت کی ساری دولت سے سرفراز ہونے کے باجود بڑے انکسار کے ساتھ خود کو علامہ کا ادنیٰ کفش پرداز اور سفتہ گوش ظاہر کرتے تھے۔ جو اقبال کے کلام کے حافظ تھے اور جنہوں نے اقبال کے شب و روز کو بہت قریب سے دیکھا تھا اور جو دولت نظر اور متاع دل سے مالا مال ہونے کے باجود بڑی حلیمی کے ساتھ یہ کہا کرتے تھے کہ اپنے مرشد کامل اور حکیم پاک ذات کے حضور سوائے آنسوؤں کے نذرانہ عقیدت کے وہ اور کیا پیش کرسکتے ہیں۔۔۔ممنون صاحب نے بھوپال میں بلکہ برصغیر میں اقبال کے لئے بہت کچھ کیا اور بہت کچھ کرنا چاہتے تھے لیکن بالآخر موت کے دست سرد نے ان کی سانسوں کی گرمی چھین لی اور وہ سینکڑوں منصوبے اپنے ذہن کے نہاں خانے میں لیے ہم سے رخصت ہوگئے۔اقبال ادبی مرکز کا یہ فرض تھا کہ وہ اپنے بانی اور محسن کی یاد میں ایک ایسی ارمغان شائع کرے جس میں سارے ممنون شناس انہیں خراج عقیدت

پیش کریں۔ ان کے بارے میں باتیں کریں۔ ان کے کارناموں کا ذکر کریں۔ اور انہیں جیسا دیکھا اور سمجھا تھا اسے سیاہ وسفید میں منتقل کردیں۔۔۔اقبال ادبی مرکز اوران کے پرستاروں کی طرف سے مجلس ممنون کو پیش کرتے ہوئے ہم اس احساس سے سرشار ہیں کہ اگرچہ ممنون صاحب ہمارے بیچ نہیں ہیں لیکن ان کی چاہت ان کا خلوص ان کا انکسار ان کی رواداری ان کی شرافت ان کا کام کو عبادت سمجھنے کا جذبہ اوران کی اقبال سے محبت و ارادت کی روشنی ہمیں ہمیشہ اجالوں کی کہانی سناتی رہے گی۔ کیوں کہ بقول ان کے مرشد کامل

مرنے والوں کی جبیں روشن ہے یوں ظلمات میں
جس طرح تارے چمکتے ہیں اندھیری رات میں ۳۲

پروفیسر آفاق احمد کی مرتبہ کتاب مجلس ممنون میں جن مشاہیر کے مضامین شامل ہیں ان میں علی سردار جعفری، جگن ناتھ آزاد، ڈاکٹر خواجہ احمد فاروقی، ڈاکٹر گیان چند جین، پروفیسر نثار احمد فاروقی، جناب سید مظفر حسین برنی، ڈاکٹر قمر رئیس، محترمہ ملکہ نسیم، جناب اختر سعید خاں، جناب عزیز قریشی، جناب فتح اللہ خاں، جناب دیوی سرن، ڈاکٹر ابو محمد سحر، جناب عابد اختر اور جناب نسیم انصاری شامل ہیں۔ اسی طرح اس کتاب میں اقبال اور جاوید اقابل کے خطوط بنام ممنون حسن خاں شامل ہیں۔ اور آخر میں ممنون حسن خان کے تحریر کردہ دس مضامین شامل کتاب کئے گئے ہیں۔

ممنون حسن خاں کے بارے میں اپنے تاثرات بیان کرتے ہوئے خواجہ احمد فاروقی لکھتے ہیں:

''کسی نے مٹی کے تودے سے پوچھا یہ تمہارے اندر خوشبو کہاں سے آئی کہا'' میں تو مٹی ہوں البتہ چند روز گلاب کے

پودے کے پاس رہا اس کی خوشبو میرے اندر رچ بس گئی‘‘۔ بلا تشبیہ کچھ یہی حال جناب ممنون حسن خاں کا ہے۔ وہ تقریباً چار مہینے صبح و شام علامہ اقبال کے ساتھ ریاض منزل اور شیش محل بھوپال میں رہے۔ اور ان کی صحبت بابرکت سے پوری طرح فیض یاب ہوئے۔ یہ وہ زمانہ ہے جب راس مسعود بھوپال میں وزیر تعلیم اور ممنون حسن خاں ان کے سکریٹری اور شخصی معاون تھے۔ علامہ اقبال بھوپال بغرض علاج آئے تھے۔ اور راس مسعود کے مہمان تھے۔ انہوں نے اقبال سے ممنون حسن خاں کا تعارف ان الفاظ میں کرایا تھا۔ اقبال! یہ ممنون ہے تمہارا عاشق اور تمہارے کلام کا حافظ۔ اس لئے نواب صاحب نے اس کو تمہاری خدمت کے لئے خاص طور پر مامور فرمادیا ہے۔۔ جناب ممنون حسن خاں نے اقبال کو شعر کہتے ہوئے دیکھا تھا۔ وہ اپنے آپ کو اقبال کا ادنیٰ کفش بردار کہتے تھے۔ انہوں نے شیش محل میں کل ہند علامہ اقبال ادبی مرکز قائم کر کے اور اس کے سامنے اقبال میدان میں مینار شاہین تعمیر کرواکر علامہ اقبال کی یاد میں ایک لاکھ روپے کا سالانہ انعام مقرر کر کے ایسی بڑی خدمت انجام دی ہے جو آب زر سے لکھے جانے کے لائق ہے۔ انہوں نے یہ خدمت اس وقت انجام دی جب ہندوستان میں اقبال کا نام لینا کفر تھا اور ان کو پاکستان کا خالق سمجھا جاتا تھا۔ انہوں نے دارالاقبال بھوپال کو زندہ جاوید بنادیا۔ اور ہندوستان اور پاکستان کے درمیان محبت

اور دوستی کا ایک ایسا پل تعمیر کر دیا جس پر ہم بجا طور پر فخر کر سکتے ہیں''۔۳۳؎

خواجہ احمد فاروقی کے ان خیالات سے اندازہ ہوتا ہے کہ بھوپال میں اقبالیات کے فروغ میں ممنون حسن خاں کی کس قدر خدمات تھیں۔ اقبال کا ایک خط بنام ممنون حسن خاں مجلس ممنون میں شامل کیا گیا ہے جو اقبال نے لاہور سے ۱۶۔ جولائی ۱۹۳۷ء کو لکھا تھا اقبال لکھتے ہیں:

ڈیر ممنون صاحب۔ آپ کا خط مل گیا ہے۔ میں بہت متردد ہوں۔ بارہ دن کا ملیریا اس پر مسلسل سر درد۔ مجھے اندیشہ ہے کہ مسعود بہت کمزور ہو گئے ہوں گے۔ خدا تعالیٰ ان کو جلد صحت کامل عطا فرمائے۔ میرا یہ خط وصول کرتے ہی آپ ان کی خیریت سے آگاہ کریں۔ تاکہ تردد رفع ہو۔ امید کہ لیڈی مسعود اور بچی دونوں تندرست ہوں گی۔ میری طرف سے دعا کیجئے۔

اب کے لاہور میں بخار کا زور رہا۔ اور اب بھی ہے گو نسبتاً کم ہے لیکن اب برسات شروع ہوگئی ہے۔ اور موسم بدل گیا ہے۔ باقی خدا تعالیٰ کے فضل و کرم سے خیریت ہے۔ سید مسعود کی خیر خیریت سے بہت جلد آگاہ کریں۔ تاکید مزید ہے۔ بھوپال میں تو آج کل خوب بارش ہوتی ہوگی۔ جاوید میاں اچھے ہیں۔ آج کل ان کو آم کھانے سے کام ہے۔ صبح و شام یہی مشغلہ ان کا ہے۔ امتحان میں عربی میں فیل اور انگریزی میں فرسٹ۔ علی بخش کی طرف سے سید صاحب کو لیڈی مسعود صاحبہ کو آداب عرض کیجئے۔ جاوید بھی سلام عرض کرتا ہے۔

والسلام۔

محمد اقبال ؎۳۴

اقبال کے خط سے اندازہ ہوتا ہے کہ انہیں ممنون حسن خاں سے کس قدر الفت اور لگاؤ تھا۔اور ممنون حسن خاں نے بھی بھوپال میں اقبال کی یادگاریں قائم کرتے ہوئے اس کا حق ادا کر دیا تھا۔مجلس اقبال کے دوسرے حصے میں ممنون حسن خاں کی تحریروں کے نمونے کے طور پر ان کے ادبی اور تنقیدی مضامین شامل کیے گئے ہیں۔اپنے ایک مضمون کلام اقبال کے محاسن میں وہ اقبال کے کلام کے محاسن یوں بیان کرتے ہیں:

''اقبال کا کلام معجز بیان یقین محکم اور عمل پیہم کی لازوال قوتوں کا مظہر ہے۔انہوں نے اپنی اعلی ترین عالمی شاعری کے ذریعے تخیل کو عقیدے کا پابند کیا۔اعلیٰ اقدار۔تاریخ عالم اور سیاست کی حقیقت کو اپنی شاعری کے ذریعے بڑے ہی پر اثر انداز میں پیش کیا۔اقبال نے بتایا کہ حسن وہی ہے جس میں ایک مرد کامل کا جلوہ نظر آئے۔عشق وہی ہے جو اس کامل شخصیت کا تصور ہمارے دل میں اجاگر کرے۔نغمہ وہی ہے جو ہماری روح کو گرما دے ہم باد سحر کی طرح مسرت اور تازگی عطا کرے۔اقبال کی سرمستی میں ایک مرد کامل کی فراست ہے۔ ان کا کلام علم اور عشق کی ازلی کشمکش کو پیش کرتا ہے۔ایک روشن ضمیر نے کیا خوب کہا کہ اعلیٰ شاعری پیغمبری کا جز ہوتی ہے۔ یہ بات اقبال کے بہت سے اشعار پر صادق آتی ہے۔ جو الہامی کیفیت کے حامل ہیں۔'' ؎۳۵

ممنون حسن کی اس تحریر سے اندازہ ہوتا ہے کہ اردو ادب پر ان کی گہری نظر ہے اور انہوں نے اقبال کو دل کی گہرائی سے پڑھا تھا یہی وجہ ہے کہ انہوں نے مختصر الفاظ میں اقبال کے کلام کا نچوڑ پیش کر دیا۔ ان کے دیگر مضامین بھی ان کی علمی بصیرت کا پتہ دیتے ہیں۔

مجلس اقبال کے آخر میں ممنون حسن خاں کے انتقال پر منعقدہ تعزیتی اجلاس کی تفصیلات اور مختلف احباب کی جانب سے دیئے گئے تعزیتی بیانات کو شامل کیا گیا ہے۔ اس طرح مجلس ممنون اردو اور اقبال کے ایک سچے بہی خواہ کی یادوں اور کارناموں کا حسین گلدستہ بن گیا۔ پروفیسر آفاق احمد کی اس مرتبہ کتاب کی اہمیت بھی واضح ہوتی ہے کہ انہوں نے اپنے ایک رفیق کار اور بھوپال میں اقبال کی کئی یادگاریں قائم کرنے والے ممنون حسن خاں کے انتقال پر ان کی یادوں کو ایک کتابی شکل میں محفوظ کر دیا۔

پروفیسر آفاق احمد کی مرتبہ کتابوں کے جائزے سے اندازہ ہوتا ہے کہ بہ حیثیت مرتب انہوں نے بڑی علمی و ادبی خدمت کی ہے۔ لوگ اپنی تصانیف کو ہی زیور طباعت سے آراستہ نہیں کرتے ایسے میں دوسروں کی تصانیف یا کسی موضوع پر کہے گئے مقالوں کو ایک جگہ جمع کرنا اور انہیں ترتیب دے کر شائع کرنا ادب سے دلچسپی اور استقامت کا پتہ دیتا ہے۔ پروفیسر آفاق احمد نے شعری مجموعوں، اردو سمیناروں میں پڑھے گئے مقالات اور مدھیہ پردیش کے اردو ادب کی تاریخ پر مشتمل کتابوں کو مرتب کرتے ہوئے مدھیہ پردیش کی شعری و ادبی تاریخ کو محفوظ کرنے کا ایک گراں قدر کارنامہ انجام دیا ہے۔ ہر کتاب میں انہوں نے تعارفی مضامین لکھے۔ اور لوگوں سے فرمائش کرتے ہوئے مضامین لکھوا کر بھی کتابوں میں شامل کئے۔ مجموعی طور پر اردو کتابوں کی ترتیب کے ذریعے انہوں نے بھوپال اور مدھیہ پردیش کے اردو کارناموں کو ادب کی تاریخ میں محفوظ کر دیا۔

حواشی

۱۔ پروفیسر آفاق احمد۔ ہاتھ اور پودے مرتبہ۔ اندرونی سرورق۔ بھوپال ۱۹۵۲ء

۲۔ پروفیسر آفاق احمد۔ ہاتھ اور پودے مرتبہ۔ سالانہ رپورٹ۔ ص۔ ۹۔ ۱۰

۳۔ مجروح سلطانپوری۔ پیغام۔ ہاتھ اور پودے مرتبہ پروفیسر آفاق احمد۔ ص ۱۲

۴۔ پروفیسر آفاق احمد۔ متاع دیدہ تر۔ کاروان غزل از۔ باسطؔ بھوپالی۔ بھوپال ۱۹۶۲ء۔ ص۔ ۱۶۱۔ ۱۶۲

۵۔ پروفیسر آفاق احمد۔ پیش گفتار۔ مضامین کا مجموعہ نگارشات۔ از۔ حکیم سید قمر الحسن۔ بھوپال ۸۶ء ص۔ ۱۰۔ ۱۵

۶۔ حکیم سید قمر الحسن۔ مضمون تخلص بھوپالی۔ مشمولہ نگارشات۔ ص۔ ۳۰۔ ۳۲

۷۔ پروفیسر آفاق احمد۔ پریم چند شناسی۔ بھوپال ۱۹۹۴۔ ص۔ ۱۱۔ ۱۲

۸۔ ڈاکٹر مسعود حسین خان۔ مضمون۔ گودان تا گئودان۔ مشمولہ پریم چند شناسی مرتبہ پروفیسر آفاق احمد۔ ص۔ ۲۳

۹۔ ڈاکٹر جعفر رضا۔ مضمون۔ پریم چند اردو یا ہندی ادیب۔ مشمولہ پریم چند شناسی مرتبہ پروفیسر آفاق احمد۔ ص۔ ۴۹۔ ۵۱

۱۰۔ ڈاکٹر ظہیر احمد صدیقی۔ مضمون۔ پریم چند کی افسانہ نگاری۔ مشمولہ پریم چند شناسی مرتبہ پروفیسر آفاق احمد۔ ص۔ ۶۹

۱۱۔ ڈاکٹر ابن فرید مضمون۔ فسانہ نگار پریم چند عمرانی مطالعہ۔ مشمولہ پریم چند شناسی مرتبہ پروفیسر آفاق احمد۔ ص۔ ۷۳۔ ۷۷

۱۲۔ ڈاکٹر شمیم نکہت مضمون۔ پریم چند کی تخلیقات میں عورت کا مقام۔ مشمولہ پریم چند شناسی مرتبہ پروفیسر آفاق احمد۔ ص۔ ۱۰۲۔ ۱۰۵

۱۳۔ ڈاکٹر یوسف سرمست۔ مضمون۔ پریم چند کے ناولوں میں رومانیت۔ مشمولہ پریم چند

شناسی مرتبہ پروفیسر آفاق احمد۔ص۔۱۰۷۔۱۱۹
۱۴۔ ڈاکٹر سعید عارفی۔ مضمون۔ پریم چند اور فرقہ پرستی۔مشمولہ پریم چند شناسی مرتبہ پروفیسر آفاق احمد۔ص۔۱۲۰۔۱۳۱
۱۵۔ ڈاکٹر سید حامد حسین۔ مضمون۔اردو افسانے کو پریم چند کی دین۔مشمولہ پریم چند شناسی مرتبہ پروفیسر آفاق احمد۔ص۔۱۳۳۔۱۳۸
۱۶۔ پروفیسر اظہر راہی۔ مضمون۔منشی پریم چند اور اردو۔مشمولہ پریم چند شناسی مرتبہ پروفیسر آفاق احمد۔ص۔۱۴۴
۱۷۔ پروفیسر آفاق احمد۔پیش لفظ۔ مدھیہ پردیش میں اردو زبان و ادب۔ بھوپال ۱۹۹۶ء۔ ص ۷۔۸
۱۸۔ پروفیسر سید ظل الرحمٰن۔ مضمون۔مدھیہ پردیش میں علمی تصانیف۔مشمولہ۔مدھیہ پردیش میں اردو زبان و ادب۔ص۔۲۳
۱۹۔ ڈاکٹر سید حامد حسین۔ مضمون۔مدھیہ پردیش میں اردو طنز و مزاح۔مشمولہ۔مدھیہ پردیش میں اردو زبان و ادب۔ص۔۲۸
۲۰۔ پروفیسر انیس سلطانہ۔مضمون۔بھوپال میں اردو تحقیق کا سوا سو سالہ سفر۔مشمولہ۔مدھیہ پردیش میں اردو زبان و ادب۔ص۔۵۲
۲۱۔ ڈاکٹر محمد نعمان خاں۔ مضمون۔آزادی کے بعد بھوپال میں اردو نظم۔مشمولہ۔مدھیہ پردیش میں اردو زبان و ادب۔ص۔۶۰
۲۲۔ عارف عزیز۔مضمون۔بھوپال میں اردو صحافت۔مشمولہ۔مدھیہ پردیش میں اردو زبان و ادب۔ص۔۱۷
۲۳۔ ڈاکٹر نسیم شہنوی۔مضمون۔سیہور میں اردو زبان و ادب۔مشمولہ۔مدھیہ پردیش میں اردو زبان و ادب۔ص۔۸۷۔۸۸

۲۴۔ شان فخری۔ مضمون۔ سرونج میں اردو زبان و ادب کا جائزہ۔ مشمولہ۔ مدھیہ پردیش میں اردو زبان و ادب۔ ص۔۱۱۰

۲۵۔ ڈاکٹر عزیز اندوری۔ مضمون۔ اندور کی شاعری ابتدا تا حال۔ مشمولہ۔ مدھیہ پردیش میں اردو زبان و ادب۔ ص۔۱۲۶

۲۶۔ مظفر حنفی۔ مضمون۔ کھنڈوہ میں اردو ادب۔ مشمولہ۔ مدھیہ پردیش میں اردو زبان و ادب۔ ص۔۱۴۱

۲۷۔ ڈاکٹر محمد شفیع۔ مضمون۔ برہان پور میں اردو زبان و ادب کا جائزہ۔ مشمولہ۔ مدھیہ پردیش میں اردو زبان و ادب۔ ص۔۱۴۷

۲۸۔ پروفیسر وسیم الدین۔ مضمون۔ جاورہ میں اردو زبان و ادب۔ مشمولہ۔ مدھیہ پردیش میں اردو زبان و ادب۔ ص۔۱۵۹

۲۹۔ وقار صدیقی۔ مضمون۔ گوالیار اور ملحقہ علاقوں میں اردو زبان و ادب کا جائزہ۔ مشمولہ۔ مدھیہ پردیش میں اردو زبان و ادب۔ ص۔۱۶۶

۳۰۔ ڈاکٹر محمد اشفاق عارف۔ مضمون۔ جبل پور میں اردو زبان و ادب۔ مشمولہ۔ مدھیہ پردیش میں اردو زبان و ادب۔ ص۔۱۸۶

۳۱۔ مقصود احمد مکی۔ مضمون۔ چھتیس گڑھ میں اردو زبان و ادب کا جائزہ۔ مشمولہ۔ مدھیہ پردیش میں اردو زبان و ادب۔ ص۔۲۱۲

۳۲۔ پروفیسر آفاق احمد۔ پیش گفتار۔ مجلس ممنون۔ بھوپال 1998ء۔ ص۔۱۲۔۱۵

۳۳۔ خواجہ احمد فاروقی۔ مضمون۔ ممنون حسن خاں۔ مشمولہ مجلس ممنون مرتبہ۔ ص۔۲۸۔۳۰

۳۴۔ شیخ محمد اقبال۔ خط بنام ممنون حسن خاں۔ مشمولہ مجلس ممنون مرتبہ۔ ص۔۸۹

۳۵۔ ممنون حسن خاں۔ مضمون۔ کلام اقبال کے محاسن۔ مشمولہ مجلس ممنون مرتبہ۔ ص۔۱۳۹

☆ باب چہارم

پروفیسر آفاق احمد بہ حیثیت افسانہ نگار

پروفیسر آفاق احمد اردو کے نامور محقق، مرتب، نقاد، ماہر اقبالیات اور ادیب ہونے کے علاوہ ایک اچھے افسانہ نگار بھی ہیں۔ انہوں نے بہت کم افسانے لکھے ہیں۔ لیکن جو بھی افسانے لکھے وہ فن افسانہ نگاری کے معیار پر پورے اترتے ہیں۔ ان کے افسانوں کے دو مجموعے شائع ہوئے ہیں " پرشور خاموشی ۱۹۹۱ء میں اور راج گوپال اچاریہ کی کہانیوں کے مجموعے پر مشتمل مجموعہ "اک کرن اجالے کی" ان کی کہانیوں کے ترجمے انگریزی، ہندی، پنجابی اور ہندی میں ہو چکے ہیں۔ اس افسانوی مجموعہ اور پروفیسر آفاق احمد کی افسانہ نگاری کے جائزے سے قبل آیئے دیکھیں کہ افسانہ نگاری کا فن کیا ہے اور اردو میں افسانہ نگاری کی روایت کیا ہے۔

انسان اور کہانی کا تعلق: کہانی کہنا اور سننا ہر زمانے میں انسانوں کا محبوب مشغلہ رہا ہے۔ یہ بات انسان کی فطرت میں داخل ہے کہ وہ اپنے جیسے انسانوں کے احوال جانتا رہے اور ایک دوسر کے دکھ درد کو بانٹ کر ذہنی سکون حاصل کر سکے۔ ہم نے بچپن میں یہ کہانی سنی کہ ایک شخص کے کچھ بیٹے تھے جو آپس میں مل کر نہیں رہتے تھے۔ جب وہ شخص مرنے کے قریب تھا تو اس نے اپنے تمام بیٹوں کو بلایا اور انہیں ایک مثال کے ذریعے نصیحت کرنے کی خاطر ان کے ہاتھ میں ایک ایک پتلی سی لکڑی دی اور ہاتھ سے توڑنے کے لئے کہا سب لڑکوں نے اپنے ہاتھ میں دی گئی لکڑی آسانی سے توڑ دی۔ بعد میں اس شخص نے اسی طرح کی لکڑیوں کو ایک گٹھے کی شکل میں جمع کیا اور انہیں توڑنے کے لئے کہا کوئی بیٹا بھی وہ لکڑیوں کا گٹھا نہیں توڑ سکا۔ اس مثال سے اس شخص نے اپنے بیٹوں سے کہا کہ یہی حال زندگی کا ہے کہ اگر تم الگ الگ رہو تو کمزور ہو جاؤ گے اور کوئی بھی تمہیں نقصان

پہونچا سکتا ہے اس کے برخلاف اگر تم اس لکڑی کے گٹھے کی طرح جڑے ہوئے اور متحد رہو تو تمہیں کوئی بھی نقصان نہیں پہونچا سکتا۔ اس لئے میں چاہتا ہوں کہ تم سب مل کر رہو۔ یہ ایک کہانی ہے جو ہم میں سے اکثر نے سنی ہے۔ اسی طرح آج کے دور میں بھی بے شمار کہانیاں جنم لے رہی ہیں۔ ہم اکثر اخبار میں پڑھتے ہیں کہ جہیز کے مطالبے پر لڑکی کو جلا دیا گیا۔ غریبی سے بیزار ہو کر ایک خاندان کی خودکشی وغیرہ۔ آج انسان مشینی زندگی گذار رہا ہے اور اس کے پاس اتنا وقت نہیں کہ رک کر سماج میں ہو رہے کسی واقعے پر غور کر سکے۔ لیکن دور حاضر کا کہانی لکھنے والا چاہتا ہے کہ وہ اپنے اطراف ہو رہے واقعات کو آج کے دور کی کہانی کے فن کے ذریعے اس طرح پیش کرے کہ آج کے دور کا مصروف انسان بھی کچھ وقت نکالے اور سماج میں ہو رہے واقعات پر غور کرے۔ ان ہی حالات میں جو کہانی وجود میں آئی اسے افسانہ کہا گیا۔

افسانے کی تعریف: افسانہ قصہ یا کہانی کی جدید قسم ہے۔ پہلے زمانے میں کہانی کو بیانیہ انداز میں پیش کیا جاتا تھا کہ ایک ملک میں ایک راجا تھا وہ بہت نیک تھا۔ رعایا کا خیال رکھتا تھا۔ روزانہ رات میں بھیس بدل کر اپنی رعایا کا حال جانتا تھا۔ وغیرہ۔ لیکن دور حاضر کے افسانے میں موجودہ سماج سے زندگی کی کسی ایک حقیقت کو اجاگر کرتی کہانی کو افسانے کی تکنیک کے ذریعے اس انداز میں پیش کیا جاتا ہے کہ افسانہ پڑھنے والے قاری کے ذہن پر اس کا گہرا اثر پڑتا ہے۔ افسانہ اردو ادب کی نثری صنف ہے۔ لغت کے اعتبار سے افسانہ مختصر کہانی کو کہتے ہیں لیکن ادبی اصطلاح میں افسانہ زندگی کے کسی ایک واقعے یا پہلو کی وہ خلاّقانہ اور فنی پیش کش ہے جو عموماً کہانی کی شکل میں پیش کی جاتی ہے۔ ایسی تحریر جس میں اختصار اور ایجاز بنیادی حیثیت رکھتے ہیں۔ وحدتِ تاثر اس کی سب سے اہم خصوصیت ہے۔ ناول زندگی کا کل اور افسانہ زندگی کا ایک جز پیش کرتا ہے۔ جبکہ ناول اور افسانے میں طوالت کا فرق بھی ہے۔ افسانے کے لئے اس بات کو ضروری سمجھا گیا کہ وہ مختصر ہو اور ایک نشست میں مکمل پڑھا جا سکے۔ کیونکہ بیسویں اور اکیسویں صدی میں زندگی کی رفتار تیز ہو گئی ہے اور روز مرہ کی بھاگ دوڑ میں اچھی کہانیوں کے مطالعے کا ذوق رکھنے کے باجود انسان کے پاس اتنا

وقت نہیں رہا کہ وہ طویل قصے پڑھے۔ ناول میں زندگی کے کسی واقعہ یا واقعات کا طویل بیان ہوتا ہے۔ کئی کردار ہوتے ہیں۔ اور ناول کو مکمل پڑھنے کے لئے کافی وقت درکار ہوتا ہے۔ افسانے کے اختصار کی وجہ سے اس میں کردار بھی کم ہوتے ہیں اور کسی ایک پہلو کی طرف شدت سے زور دیا جاتا ہے۔ مثال کے طور پر موجودہ دور کے ایک افسانے کا انجام اس طرح ہوا کہ چار بہنوں کی ذمہ داری نبھانے والی ایک بڑی بہن سب کی شادیوں کے بعد اپنی شادی کا ارادہ کرتی ہے جب لوگ اسے دیکھنے آتے ہیں تو اس کے بالوں کو دیکھ کر کہتے ہیں کہ تمہارے سر میں تو چاندی آگئی ہے اب تمہاری شادی کیسے ہوگی۔ لفظ چاندی کو استعمال کرتے ہوئے افسانہ نگار نے یہ تاثر دیا کہ ایک لڑکی اپنی جوانی کی قربانی دیتی ہے اور سب بہنوں کی شادی کے بعد اپنی شادی کا ارادہ کرتی ہے تب تک اس کے سر کے بال سفید ہونے لگتے ہیں۔ اس طرح افسانے کے ذریعے افسانہ لکھنے والا افسانہ نگار قاری کے دل و دماغ پر گہرا اثر چھوڑتا ہے۔ اس کے لئے افسانہ نگار کو افسانہ کے فن سے بخوبی واقف ہونا ضروری ہے۔ افسانے کی بہت سی تعریفیں کی جاسکتی ہیں۔ جیسے ہر وہ نثری تخلیق جس میں پلاٹ ہو، کردار ہوں اور کہانی کا اُتار چڑھاؤ ہو۔۔۔ "افسانہ" کی تعریف میں آتی ہے۔ افسانہ دوسری طرح کی کہانیوں سے اسی لحاظ سے منفرد اور ممتاز ہے کہ اس میں واضح طور پر کسی ایک چیز کی ترجمانی اور مصوری ہوتی ہے۔ جیسے ایک یا چند کردار، ایک واقعہ، ایک ذہنی کیفیت، ایک جذبہ، ایک مقصد، مختصر یہ کہ افسانے میں جو کچھ بھی ہو، ایک ہو۔ افسانے کی یہ خاصیت ہوتی ہے کہ یہ اپنے اختتام پر قاری کے ذہن پر واحد تاثر قائم کرتا ہے، وحدتِ تاثر کہلاتا ہے۔

افسانے میں کہانی' کرداروں' مکالموں اور الفاظ کے سوچ سمجھ کر استعمال کیا جاتا ہے۔ اور چونکا دینے والے انجام کے ساتھ قاری کو متاثر کیا جاتا ہے۔ افسانے کو کامیاب بنانے کے لئے کسی قصے یا کہانی کو فنکاری کے ساتھ پیش کرنا ضروری ہوتا ہے۔ چنانچہ داستان یا ناول کی طرح افسانے کے بھی اجزاے ترکیبی ہیں۔ اور ان اجزاء کے باہم جڑے رہنے سے ایک افسانہ کامیابی سے ہمکنار ہوتا ہے۔

افسانے کے اجزائے ترکیبی: ایک افسانہ جن اجزا سے مل کر مکمل ہوتا ہے اسے افسانے کے اجزائے ترکیبی کہتے ہیں۔وہ اس طرح ہیں۔

1) موضوع 2) پلاٹ 3) کردار 4) مکالمے 5) زماں ومکاں اور منظر نگاری 6) تکنیک 7) انجام اور وحدت تاثر 8) اسلوب 9) عنوان۔

اردو افسانے کی روایت: اردو کے افسانوی ادب میں داستان اور ناول کے بعد جس صنف کو مقبولیت ملی وہ افسانہ ہے۔اردو میں Short Story کو افسانہ کہا گیا ہے۔اس میں زندگی کے کسی ایک پہلو کو اجاگر کیا جاتا ہے۔ناول کے مقابلے میں افسانہ مختصر ہوتا ہے۔ بیسیوں صدی کے آغاز میں جبکہ صنعتی انقلاب نے زندگی کو مشینی بنا دیا تھا۔انسان وقت کی کمی کا شکار ہونے لگا اور کم وقت میں ادبی تفریح کا سامان تلاش کرنے لگا۔ایسے ماحول میں افسانہ کو مقبولیت ملی۔ناول کی طرح افسانہ میں بھی کہانی پلاٹ' کردار' منظر نگاری' مکالمہ نگاری وغیرہ عناصر پائے جاتے ہیں۔

اردو افسانے کے ابتدائی نقوش فورٹ ولیم کالج کے تحت لکھی گئی داستانوں میں بھی نظر آنے لگے تھے۔کیونکہ ان میں افسانے کے عناصر پائے جاتے ہیں۔تاہم افسانہ نگاری کی شعوری کوشش بیسویں صدی کے شروع میں ہوئی۔سجاد حیدر یلدرم نے ابتداء میں ترکی افسانوں کا اردو میں ترجمہ کرنا شروع کیا۔1900ء میں انہوں نے ''نشہ کی پہلی ترنگ'' کے عنوان سے اردو کا پہلا افسانے لکھا۔1907ء میں پریم چند کا افسانہ ''دنیا کا سب سے انمول رتن'' 'زمانہ' میں شائع ہوا۔ یلدرم رومانیت کے علمبردار تھے۔ پریم چند اصلاح وحقیقت پسندی کے نقیب تھے۔اس طرح یلدرم اور پریم چند کو اردو میں افسانہ نگاری کی دو جہتوں کا امام کہا جاسکتا ہے۔ ابتدائی دور کے افسانوں میں ہندوستانی سماج اور یہاں کے سیاسی و معاشرتی حالات بیان کئے گئے۔ انگریزی تہذیب کا مذاق اُڑایا گیا۔ پریم چند نے اپنے افسانوں میں دیہاتی زندگی کو پیش کیا۔کسانوں اور مزدوروں کے مسائل بیان کئے طبقاتی

تقسیم مذہبی اجارہ داری وغیرہ کے خلاف انہوں نے آواز اٹھائی۔ پریم چند کا شاہکار افسانہ ''کفن'' ہے۔ جو اردو افسانہ میں سنگ میل کی حیثیت رکھتا ہے۔ اس افسانے کا موضوع مفلسی سے پیدا ہونے والی بے حسی ہے۔

افسانہ کے کردار باپ بیٹے' گھیسو اور مادھو ہندوستان کی غربت و افلاس کی تصویر پیش کرتے ہیں۔ پریم چند ایک عہد ساز افسانہ نگار تھے انہوں نے اپنے فن کے ذریعہ دیگر افسانہ نگاروں کو بھی متاثر کیا۔ پریم چند کے رنگ میں سدرشن' اعظم کریوی' سہیل عظیم آبادی اور علی عباس حسینی نے افسانے لکھے۔ سدرشن نے شہر کے متوسط گھرانوں کے مسائل کو اپنے افسانوں میں بیان کیا۔ ان کے اہم افسانے'' شاعر' مصور' ایک نامکمل کہانی' باپ وغیرہ ہیں۔ علی عباس حسینی نے اپنے افسانوں میں انسانی نفسیات ازدواجی زندگی کے مسائل اور دیگر سیاسی وسماجی مسائل پر توجہ دی ہے۔ ان کے اہم افسانے رفیق تنہائی' کڑوا گھونٹ' آئی۔سی۔ایس (ICS)' ہار جیت وغیرہ ہیں۔ اعظم کریوی نے سیدھے سادھے اسلوب میں پریم چند کی طرح اپنے افسانوں میں حقیقت نگاری کو پیش کیا۔ انکے اہم افسانے ہیرو' انصاف' دکھیا' کنول اور لاج ہیں۔

پریم چند کی حقیقت نگاری سے ہٹ کر اردو کے کچھ افسانہ نگار رومانی افسانے بھی لکھتے رہے۔ ان میں سجاد حیدر یلدم' نیاز فتح پوری' سلطان حیدر جوش' اور مجنوں گورکھپوری شامل ہیں۔ یہ افسانہ نگار قاری کو حسین خوابوں کی سیر کراتے تھے۔ 1936ء میں اردو میں ترقی پسند تحریک کا آغاز ہوا۔ لندن میں مقیم چند نوجوان ہندوستانی ادیبوں سجاد ظہیر' رشید جہاں' احمد علی اور محمود الظفر نے روایت سے ہٹکر کچھ افسانے لکھے۔ یہ دس افسانے تھے جو 1932 میں'' انگارے'' کے نام سے شائع ہوئے۔ ان افسانوں میس فرائڈ' مارکس' جیمز جوائس اور DH.Lawrence کے نظریات پیش کئے گئے۔ اور مذہبی قیود و بند پر بھی آواز اٹھائی گئی۔ روایت سے بغاوت کرنے والے افسانوں کے اس مجموعے کی کاپیاں ضبط کر لی گئیں۔ لیکن انگارے کی اشاعت نے اردو افسانے کو نیا موڑ دیا۔ 1936 میں لکھنو میں پریم چند کی

صدارت میں ترقی پسند تحریک کا پہلا اجلاس منعقد ہوا۔ اس میں حقیقت نگاری کو اجاگر کرنے پر زور دیا گیا۔ ترقی پسند تحریک سے کئی افسانہ نگار ابھرے۔ جن میں منٹو، بیدی، عصمت، کرشن چندر، احمد ندیم قاسمی، خواجہ احمد عباس اور عزیز احمد شامل ہیں۔ کرشن چندر کے مشہور افسانے ان داتا، کالو بھنگی، مہالکشمی کا پل، گڈھا، آدھے گھنٹے کا خدا، فٹ پاتھ کے فرشتے وغیرہ مشہور ہیں۔

راجندر سنگھ بیدی نے اپنے افسانوں میں پنجاب کے دیہاتوں کی تصویر پیش کی۔ عورت کے تقدس کو اجاگر کیا۔ ان کے افسانوں کے مجموعے دانہ و دوام، کوکھ جلی، مکتی بودھ، گرہن، اپنے دکھ مجھے دے دو، ہاتھ ہمارے قلم ہوئے، وغیرہ ہیں۔ ان کے مشہور افسانے لاج ونتی، اپنے دکھ مجھے دے دو، گرم کوٹ، چشم بدور، گرہن، بھولا وغیرہ ہیں۔ اس دور کے اہم افسانہ نگار ''سعادت حسن منٹو'' ہیں۔ جن پر ترقی پسندی رجعت پسندی اور جنس پرستی کا لیبل لگایا گیا۔ ان کا ایک مشہور نفسیاتی افسانہ ''ٹوبہ ٹیک سنگھ'' ہے۔ منٹو نے اپنے افسانوں میں الفاظ کو بڑی خوبی سے استعمال کیا ہے۔ منٹو کے طرز پر خواتین کے مسائل کو اجاگر کرتے ہوئے عصمت چغتائی نے بھی اردو افسانے میں شہرت حاصل کی۔۔ عصمت کا ایک مشہور افسانہ ''چوتھی کا جوڑا'' ہے۔ احمد ندیم قاسمی نے اپنے افسانوں میں پنجاب کی معاشرت کو پیش کیا۔ اس دور کے دیگر افسانہ نگاروں میں حیات اللہ انصاری، غلام عباس، خواجہ احمد عباس ممتاز شیریں، ممتاز مفتی، اختر حسین رائے پوری، حسن عسکری، اوپندر ناتھ اشک وغیرہ مشہور ہیں۔

عصمت کے علاوہ خاتون افسانہ نگاروں میں خدیجہ مستور اور ہاجرہ مسرور مشہور ہوئیں۔ عزیز احمد ایک اور ترقی پسند افسانہ نگار تھے۔ آزادی کے بعد اردو افسانہ کا موضوع بدلا، اور زندگی کے دیگر مسائل پر افسانے لکھے جانے لگے۔ قراۃ العین حیدر نے اپنے افسانوں میں اودھ کی مٹتی جاگیر کا نوحہ سنایا تو انتظار حسین نے ہجرت کے کرب کو بیان کیا۔

1960ء کے بعد اردو افسانے میں نئے تجربے ہوئے اور جدیدیت عصری ہیت' علامتی و تدریجی افسانے لکھے گئے۔جدید افسانہ نگاروں میں بلراج کومل' سریندر پرکاش' کمار پاشی' دیوندر اسر' نیر مسعود' عوض سعید' اکرام باگ' سلام بن رزاق طارق چھتاری' اقبال متین' جیلانی بانو' علی ظہیر' بیگ احساس اور آفاق احمد وغیرہ شامل ہیں۔اکیسویں صدی میں افسانچہ کے نام سے کہانی کی مختصر ترین صورت کو پیش کرنے کی کوشش کی جارہی ہے جس میں چند جملوں میں کہانی کا اہم تاثر دیا جارہا ہے۔

پروفیسر آفاق احمد بہ حیثیت افسانہ نگار: اردو افسانہ کا فن اور روایت کے جائزے کے بعد آیئے دیکھیں کہ پروفیسر آفاق احمد نے افسانہ نگاری کے میدان میں کیا جوہر دکھائے ہیں۔ان کے افسانوں کا مجموعہ ''پرشور خاموشی'' کے عنوان سے مدھیہ پردیش اردو اکاڈمی کے زیر اہتمام 1991ء میں شائع ہوا۔کتاب کے آغاز میں پیش لفظ کے عنوان سے فضل تابش سکریٹری مدھیہ پردیش اردو اکیڈیمی بھوپال نے اردو کتابوں کی اشاعت کے اغراض و مقاصد بیان کئے اور اس امید کا اظہار کیا کہ پروفیسر آفاق احمد کی کتاب فروغ اردو کا ذریعہ بنے گی۔''یہ کتاب'' کے عنوان سے پروفیسر آفاق احمد نے اپنی کہانیوں کا تعارف پیش کیا ہے۔اس ضمن میں وہ لکھتے ہیں۔

> ''دراصل یہ کتاب انتخاب ہے پچھلے کئی دہوں میں لکھی
> ہوئی میری کہانیوں کا۔۔ بہت سی کہانیاں مجھے ایس ناکارہ
> اولاد کی طرح لگیں جنہیں عاق کرنے میں ہی عافیت ہے۔
> چند پر بڑا پیار آیا اور انہیں میں نے اس کتاب میں شامل کیا۔''[1]

افسانوی مجموعہ ''پرشور خاموشی'' میں پروفیسر آفاق احمد کے آٹھ منتخب افسانے شامل ہیں۔ جن کے نام اس طرح ہیں۔

پرشور خاموشی۔سوسن کا پھول۔پلکوں کا بوجھ۔تصویر درد کیا جانے۔بیوپاری چلے گئے۔موتیا کی کلیاں۔باندر چوا۔چاندنی کے دیس میں۔

پرشور خاموشی: افسانہ پرشور خاموشی افسانہ بھی ہے اور پروفیسر آفاق احمد کے افسانوی مجموعے کا عنوان بھی۔ یہ ایک نفسیاتی افسانہ ہے جس میں دو کرداروں کے مکالموں سے انسانی نفسیات اجاگر کرنے کی کوشش کی گئی ہے۔ افسانے کا ماحول ایک پہاڑی تفریح گاہ ہے۔ جہاں افسانہ نگار راوی بن کر ایک پہاڑی گائیڈ لڑکی کے ہمراہ پہاڑوں کی سیر کو جاتا ہے۔ راوی لڑکی سے اس کی زندگی کے بارے میں جاننے کی کوشش کرتا ہے تو وہ لڑکی کہتی ہے کہ اس کی زندگی میں غم ہیں تاریکیاں ہیں اور پریشانیاں ہیں۔ راوی پہاڑی علاقے کے اتار چڑھاؤ اور موڑ کی طرف اشارہ کرتے ہوئے لڑکی سے کہتے ہیں کہ فطرت کے ان مناظر کی طرح انسانی زندگی میں بھی موڑ آتے ہیں۔ ملاحظہ ہو راوی اور گائیڈ لڑکی کی گفتگو:

> ''زندگی میں ان موڑوں کے سوا دیکھا ہی کیا ہے۔ جب مڑے ایک نئی موت کو منتظر پایا۔ اب دیکھنا ہی چھوڑ دیا ہے کہ روز روز کون مرے۔ ایک بار انسان مر جائے تو سارے دکھوں سے چھوٹے۔ تم کیا جانو بار بار مرنے کی اذیت کیسی ہوتی ہے''

۲؎

اس افسانے میں کہانی سے زیادہ انسانی نفسیات کی اہمیت ہے۔ اور افسانہ نگار نے فطرت کے مناظر کو استعمال کرتے ہوئے انسانوں کی نفسیات کو پیش کرنے کی کوشش کی ہے اور وہ اس کوشش میں کامیاب بھی رہے ہیں۔

سوسن کا پھول: پروفیسر آفاق احمد کا ایک افسانہ ''سوسن کا پھول'' ہے۔ اس افسانے میں دو محبت کرنے والوں کی نفسیات کو پیش کیا گیا ہے۔ دو محبت کرنے والے کچھ دن کی محبت اور ملاقاتوں کے بعد بچھڑ جاتے ہیں۔ عاشق زمانہ شناس ہے وہ جانتا ہے کہ اس دنیا میں محبت کے بعد محبوب کا قرب ہمیشہ نہیں ملتا۔ انسان کو کچھ پانے کے لئے کچھ کھونا پڑتا ہے۔ چنانچہ جب وہ آپس میں بچھڑ جاتے ہیں تو عاشق اپنی محبوبہ کو خط لکھتا ہے اور اس میں زندگی اور زمانے سے متعلق بہت سی نصیحتیں کرتا ہے۔

افسانے کی ساری فضا میں دوست کی طرف سے دوست کو نصیحت کرنے کا ماحول ملتا ہے۔

"تمہیں میرا خط وعظ لگے گا۔ تمہیں اس کا انداز اجنبی اجنبی سا محسوس ہوگا۔ کسی بھی انسان کی زندگی پھولوں کی سیج نہیں ہے۔ کانٹوں کا بچھونا بھی ہے۔ اب یہ کام ہمارا ہے کہ پھول چن لیں اور مگن ہو جائیں۔ اس وقت جب کہ میں تم سے یہ گفتگو کر رہا ہوں تو مجھے کچھ عجیب سا لگ رہا ہے۔ عجیب سا یوں کہ تم تو خود ایک پھول ہو۔ اب میرے نصیب کے تمہاری خوشبو میرے مشام جان کو معطر نہ کر سکی۔ اور تمہاری خوش طالع کہ ایک فضول سے انسان سے پیچھا چھوٹ گیا۔ چلو اچھا ہوا۔ جو راستے دنوں بعد بدلتے وہ جلد ہی بدل گئے۔ اب جب کہ راستے بدل گئے ہیں تو ہمیں بھی وہی کرنا ہے۔ جو دور دراز منزلوں کے مسافر کیا کرتے ہیں۔ آگے دیکھ کر سفر پر روانہ ہو جاتے ہیں۔ پیچھے اس لئے نہیں دیکھتے کہ دیکھ کر کیا کریں۔ وہاں تو دھول کا ایک بادل اڑ رہا ہے۔ اس کے پار تو کچھ نظر آنے کا نہیں۔ سہانی یادیں ان کی زادراہ ہوتی ہیں"[۳]

اس افسانے میں بھی پروفیسر آفاق احمد کا نفسیاتی رنگ غالب دکھائی دیتا ہے۔ اور وہ دو محبت کرنے والوں کی جدائی کو عشق کی تڑپ کے ساتھ پیش کرنے کے بجائے زندگی کے حقائق کی روشنی میں دیکھنے کی ترغیب دیتے ہیں۔ ان کا یہ افسانہ موجودہ دور کی عشقیہ داستانوں کے کرداروں کے لئے اچھا سبق ہے۔

پلکوں کا بوجھ

افسانوی مجموعہ "پرشور خاموشی" میں شامل پروفیسر آفاق احمد کا تحریر کردہ ایک افسانہ "پلکوں کا بوجھ"

ہے۔ یہ ایک عشقیہ افسانہ ہے۔ جس میں کالج کے زمانے کے ماحول کو پیش کیا گیا ہے۔ کالج میں لڑکے اور لڑکیاں ہیں۔ نیلو اور اس کی سہیلیاں اور ایک خوبرو نوجوان نجم ہے۔ جو ہاکی کا کھلاڑی ہے۔ لڑکے لڑکیاں مختلف تعلیمی اور کھیل کود کی سرگرمیوں میں حصہ لیتی ہیں۔ نیلو کو انجانا احساس ہوتا ہے کہ وہ کہیں نجم سے محبت تو نہیں کرتی۔ نجم شرمیلا نوجوان ہے۔ دوسال کے ختم پر جب کالج کو چھٹیاں ہونے والی تھیں ایک ملاقات میں نجم نیلو کو ایک ڈائری دیتا ہے جس میں نیلو سے ملاقاتوں پر اس کے دل کے تاثرات لکھے ہوتے ہیں۔ ڈائری دیکھ کر نیلو کو احساس ہوتا ہے کہ واقعی نجم اس سے پیار کرتا ہے اور اس کے بارے میں اس کی غلط فہمی مناسب نہیں۔ نجم کی ڈائری کی تحریریں بیان کرتے ہوئے پروفیسر آفاق احمد لکھتے ہیں:

> ''اس کی دی ہوئی ڈائری میری ہتھیلی پر موجود تھی۔ میں دھڑکتے دل اور سلگتی آنکھوں کو لئے ایک تنہا گوشے میں چلی گئی۔ پہلے تو لفظ دھندلے لگے مگر پھر صاف ہوتے گئے۔ اس نے ایک دن لکھا تھا۔۔
>
> وہ آئے بزم میں اتنا تو میر نے دیکھا
> پھر اس کے بعد چراغوں میں روشنی نہ رہی
>
> یہ اس دن کے لئے تھا جب اس نے پہلی بار مجھے دیکھا تھا۔ پھر دو دن بعد اس نے لکھا تھا۔۔ کسی گیت کو اپنی واردات دل سنانے کو منتخب کیا تھا۔۔ اے میرے دل زار! آج یہ سب مجھ سے پوچھ میں بتادوں گا۔ آج میں نے ان سے بات جو کر لی ہے۔'' یہ اس دن کے لئے لکھا تھا جب اس نے پہلی بار مجھ سے بات کی تھی''۔ ؎

افسانے میں کردار نگاری اہم نہیں ہے۔ البتہ جذبات نگاری بہت ہے۔ نیلو کے جذبات

کو ماحول اور منظر نگاری کے ساتھ بیان کیا گیا ہے۔ پروفیسر آفاق احمد چونکہ خود ہاکی کے ایک اچھے کھلاڑی تھے چنانچہ نجم کے روپ میں انہوں نے اپنے آپ کو اس افسانے میں پیش کر دیا اور اس کے بہترین مظاہرے سے ہیرو کی خوبیوں میں اضافہ کیا۔ محبت اس افسانے کا مرکزی موضوع ہے اور اس افسانے میں مشرق کی محبت کے جذبے کی پاکی کو بیان کیا گیا ہے کہ کردار راست محبت کا اظہار نہیں کرتے بلکہ تحریر کے ذریعے اپنے جذبات کی ترسیل کرتے ہیں۔

تصویر درد کیا جانے

افسانوی مجموعہ ''پرشور خاموشی'' میں شامل پروفیسر آفاق احمد کا تحریر کردہ اگلے افسانے کا نام ''تصویر درد کیا جانے'' ہے۔ اس افسانے میں ایک نئی تکنیک استعمال کی گئی ہے۔ مختلف خطوط کو افسانے میں شامل کیا گیا ہے ہر خط میں مکتوب نگار مکتوب الیہ کو کچھ باتیں لکھتا ہے جس میں ایک کہانی ہوتی ہے۔ اس طرح مختلف کہانیوں پر مشتمل خطوط کو ایک افسانے کی شکل دی گئی ہے۔ ایک خط اس طرح ہے۔

موضع سمرائی

۱۲۔ نومبر

پوجیہ باباجی۔ نمستے

بعد پرنام کے عرض ہے کہ پچھلے دنوں میں نے آپ کو جس لڑکی کے بارے میں لکھا تھا وہ اب پوری طرح میرے قابو میں آ گئی ہے۔ بھگوان نے چاہا تو دو ایک دن میں آپ کے چرنوں میں ہوگی۔ لڑکی دیکھ کر آپ خوش نہ ہو جائیں تو میرا ذمہ۔ لیکن باباجی! لڑکی نئی ہے۔ اس لئے آسانی سے نہ مانے گی۔ پھر بھی آپ کسی اچھے سے گاہک سے بندوبست کر رکھیں۔ کسی نہ کسی طرح اس پری کو شیشے میں اتار لیں گے۔ میں نے آپ کا پریچے اس لڑکی سے ایک دھرماتما کی حیثیت سے کرایا ہے۔ بس تب سے پیچھے پڑی ہے کہ میں اسے آپ سے ملا دوں۔ یہ سب آپ کو اس لئے لکھ رہا ہوں کہ آپ ہر بات سے اچھی طرح واقف ہو جائیں۔ ورنہ کہیں معاملہ بیچ میں بگڑ گیا تو سب کیے کرائے پر پانی پھر جائے گا۔ اچھا تو پورا واقعہ سنیے۔ آپ جانتے ہیں اپنا کام پھیری لگانا ہے۔ کاندھے لٹکتی

جھولی سر پر پیٹی اور اس میں بھرا ہوا بناؤ سنگھار کا پورا سامان۔ پھر بھلا اپنی آو بھگت کیوں نہ ہو۔ جس راستے سے آواز لگاتے نکل جائیں دروازے کھلنا بند ہونا شروع ہو جاتے ہیں۔ اے پھیری والے ادھر آنا۔ او بندے والے۔ ارے او مہندی والے بھیا۔۔ بس جس چیز کی ضرورت ہوئی اس نے وہی نام دیا۔ اور ہم پہنچ گئے۔ دھندا جو ٹھہرا۔ اب اس میں تاک جھانک ہو جائے تو کون دیکھتا ہے۔ گوری کالی، بنی سنوری، بھدی موٹی، بوڑھی، جوان ہر قسم کی عورتیں روز نظروں کے سامنے گھوما کرتی ہیں۔ کتنی ہی ان میں مستقل گاہک بن جاتی ہیں اور اکثر وہاں اپنی خاطر مدارت بھی خوب ہوتی ہے۔۔۔ ہمدردی کے چند بولوں نے غیریت کے سارے پردے اٹھا دیئے۔ اس نے سب کچھ مجھے بتا دیا۔ کیسے اس کی شادی ہوئی۔ کونسا ظلم ہو گا جو اس کے میاں نے روا نہ رکھا ہو۔ لیکن آج اس کی وجہ سے کسی اور کی جان پر بن آئی ہے۔ اور مجبوری کی انتہا یہ ہے کہ وہ اتنی دور بیٹھی کچھ نہیں کر سکتی۔ اس سے اچھا موقع کب ملتا۔ میں نے تب ہی بابا جی آپ کی کرامات گنانا شروع کر دیں۔ آپ کیا نہیں کر سکتے۔ کتنی اجڑی زندگیوں کو آپ نے بنایا ہے۔ کتنے بچھڑوں کو ملایا ہے۔ اور کتنے لوگ ہیں جن کے غم آپ کے چرنوں کو چھوتے ہی دور ہو گئے ہیں۔ وہ آپ کی کرامات کو مان گئی ہے۔ وہ میرے پیچھے پڑی ہے کہ کیسے ہی ہو میں اسے آپ کے پوتر چرنوں میں پہنچا دوں۔ آپ اس کے پریمی کی جان بچائیں گے۔ اس کے دکھوں کو سکھوں میں بدل دیں گے۔ من ہی من میں اس نے آپ کو دیوتا سمان مان رکھا ہے۔ اسے یقین ہے کہ آپ کے جس دوار سے آج تک کوئی بھکاری خالی جھولی نہیں لوٹا ہے وہاں پہنچ کر اس کے دکھوں کا بھی انت ہو جائے گا۔ عن قریب وہ آپ کی ٹاٹ کی کٹیا میں ہو گی۔ اس کا پتی اپنے اسکول کے لڑکوں کو لے کر دو دن کے لئے شرم دان کرانے دوسرے گاؤں جانے والا ہے۔ امید ہے آپ سارا انتظام کر رکھیں گے۔ کتنے پاپڑ بیلے تو یہ مال ہاتھ لگا ہے۔ ہم نہال نہ ہو جائیں تو میرا ذمہ۔ آپ کا سیوک بھولا! ۵

اس خط میں پیش کردہ کہانی سے اندازہ ہوتا ہے کہ پروفیسر آفاق احمد نے سماج کا گہرائی سے مطالعہ کیا ہے اور اپنے ارد گرد پھیلی سماجی اونچ نیچ اور برائیوں کو افسانے کا روپ دیا ہے۔ ایک خط

میں ایک کہانی اسی طرح سارے خطوط میں سماجی برائیوں پرمبنی کہانیوں کو بیان کیا گیا ہے اورصرف افسانہ کا عنوان ''تصویر درد کیا جانے'' کے ذریعے تمام خطوط کوایک افسانے میں جوڑنے کی کوشش کی گئی ہے کہ درد تو اندر ہے وہ تصویر سے کیا ظاہر ہوگا۔

بیوپاری چلے گئے

افسانوی مجموعہ ''پرشور خاموشی'' میں شامل پروفیسر آفاق احمد کا تحریر کردہ اگلے افسانے کا نام ''بیوپاری چلے گئے'' ہے۔ یہ افسانہ تقسیم ہند کے بعد کے کربناک حالات کو بیان کرتا ہے۔ تقسیم نے کتنے گھر اجاڑے کتنی محبتوں کا خون کیا اس کی ایک جھلک اس افسانے میں ملتی ہے۔ سیدھے سادھے انداز میں افسانہ نگار نے شاہینہ اور گردش کی محبت کو بیان کیا ہے۔ گردش اپنے دوست نجمی کے گھر آیا جایا کرتا ہے۔ اسے دیکھ کر سامنے گھر سے شاہینہ اس پر فریفتہ ہوجاتی ہے اور ایک خط کے ذریعے اپنی محبت کا اظہار کرتی ہے دونوں کی ملاقاتیں ہوتی ہیں تب ہی تقسیم ہند کا سانحہ ہوتا ہے اور شاہینہ گردش کو یہ خبر سناتی ہے کہ اس کے والد اسے لے کر پاکستان منتقل ہو رہے ہیں۔ اپنا کرب بیان کرتے ہوئے شاہینہ کہتی ہے:

> ''ایک دن شاہینہ کی لبوں کی پنکھڑیاں لرزنے لگیں۔ ''ہم پاکستان جارہے ہیں۔ کل صبح تڑکے۔'' اس کی آواز رندھنے لگی۔ وہ گردش کے شانے پر سر رکھ کر رونے لگی۔ گردش اس تازہ افتاد کے لئے تیار نہ تھا۔ لیکن۔ یہ سب کچھ اتنی جلدی کیوں کر ہوا؟ وہ ہچکیاں لے کر رونے لگی۔ ''آج کل پاکستان کی جاسوسی کے الزام میں گرفتاریاں ہورہی ہیں۔ کسی دشمن نے ابا جان کے خلاف جھوٹی مخبری کردی ہے۔ ممکن ہے کل تک ہاں کل تک وہ پکڑ لیے جائیں گے''۔ ''شاہینہ!'' خاموشی ۔مسلسل خاموشی۔ بہت دیر تک دونوں روتے رہے پھر گردش

پاگلوں کی طرح چیخنے لگا۔ ''نہیں شاہینہ۔ تم نہیں جاؤ گی''۔
دوسرے دن ہچکولے کھاتا ہوا ایک ٹانگا اسٹیشن کی طرف جا رہا
تھا۔ پھر ریل گاڑی رینگنے لگی تھی۔ گردش دور پلیٹ فارم کے
ایک گوشے میں اپنی محبت کا جنازہ اپنے کاندھوں پر اٹھائے بجھا
بجھا سا کھڑا تھا۔ رینگتی ریل گاڑی سے ایک سفید رومال لہرایا
اور جانے والی کے پیار کی خوشبو کا آخری تحفہ لیے اڑ کر اس کے
پاس آ گیا۔ وہی خوشبو جس کا ایک تیز جھونکا چند ماہ پہلے گردش
کے پورے وجود کو معطر کر گیا تھا۔ ''مت جاؤ شاہین''۔ اس کے
لاشعور میں کوئی پکارا۔ لیکن وہ تو جا چکی تھی۔ سرکلف کی بنائی ہوئی
لکیروں کے اس پار جہاں اسی طرح کی آزادی کا ایک بت اور
نصب کیا گیا تھا۔ اور جہاں سے کوئی شانتی اپنے کسی شیل سے
جدا ہو کر ادھر آ رہی ہوگی۔ اس آزادی کے بیوپار میں تاج محل
پر چھٹکی ہوئی چاندنی نے ہی دم نہیں توڑا تھا۔ نربدا کی لہروں کے
سہانے گیت کی لے ہی نہیں ٹوٹی تھی۔ جہلم کی خوبصورتی بھی
سسک رہی تھی۔ شالامار کے لالے بھی سوکھ رہے تھے''۔ 6

اس افسانے میں پروفیسر آفاق احمد نے تقسیم ہند کو ایک بیوپار قرار دیا جب کہ انگریزوں نے سازش کے تحت ہندو مسلم میں پھوٹ ڈالی اور ملک کی تقسیم کے ساتھ یہاں کی قومی یکجہتی کو بھی پارہ پارہ کر دیا۔ تقسیم کے موضوع پر بہت افسانے لکھے گئے۔ اور تمام افسانوں میں درد و کرب بیان کیا گیا ہے۔ کیوں کہ یہ کوئی خوشی کا موقع نہیں تھا۔ نہ صرف زمین پر سرحدیں لگا دی گئیں بلکہ دلوں پر اور تہذیبوں پر بھی سرحدیں لگا دی گئیں۔ اس افسانے میں سیدھے سادھے بیانیہ انداز میں افسانے کو پیش کیا گیا ہے اور دو کرداروں کی معصوم محبت کے المیہ انجام کو پیش کیا گیا ہے۔

موتیا کی کلیاں

افسانوی مجموعہ ''پرشور خاموشی'' میں شامل پروفیسر آفاق احمد کا تحریر کردہ اگلے افسانے کا نام ''موتیا کی کلیاں'' ہے۔ یہ افسانہ بھی تقسیم ہند کے اثرات کے تحت لکھا گیا ہے۔ البتہ اس افسانے میں سرحد کے اس پار رہنے والے دیارام کی کہانی پیش کی گئی ہے جو وہاں تنہا تھا اور اپنے پڑوس میں رہنے والے سلیم کے ساتھ زندگی گذار رہا تھا۔ تقسیم کے بعد پاکستان سے ہندو لوگ ہندوستان واپس آرہے تھے۔ سلیم کے تبادلے کے بعد دیارام بے چین ہوگیا تو لوگ اسے ہندوستان لے آئے اور بھوپال کے قریب پناہ گزینوں کی بستی میں چھوڑ دیا۔ دیارام چھوٹا موٹا کاروبار کر کے زندگی بسر کرنے لگا۔ اس کی ملاقات افسانہ نگار سے ہوتی ہے۔ وہ اس کا دکھ درد سنتا ہے دیارام کو افسانہ نگار میں اپنا سلیم دکھائی دیتا ہے۔ عید کے موقع پر ہر سال جس طرح وہ سلیم کو پھول کا گجرہ دیتا ہے افسانہ نگار کو بھی دے کر اپنی تسلی کرتا ہے۔ افسانے میں بیانیہ کے انداز میں کہانی کو پیش کیا گیا ہے اور تقسیم کے کرب کو اجاگر کیا گیا ہے۔ تقسیم کے حالات کی منظرکشی کرتے ہوئے پروفیسر آفاق احمد لکھتے ہیں:

> ''ان ہی دنوں غلامی کی سیاہ رات رخصت ہوئی اور شفق پر آزادی کا سونا پگھلنے لگا۔ ۱۴۔اگست کو جب آزادی کا سبز پرچم لہرایا تو اس جشن کو منانے والوں میں دیارام بھی رحیم خاں سے پیچھے نہیں رہا۔ ''گھبرانا نہیں دیارام۔ پاکستان صرف مسلمانوں کا نہیں۔ تمہارا دوسروں کا سب کا ہے۔ رحیم خاں نے اسے گلے لگا کر یقین دلایا۔ کیسی باتیں کرتے ہو رحیم خاں۔ پاکستان کی دھرتی تو میری ماں کے سمان ہے۔ اور ماں کی گود میں بھی کوئی گھبرایا ہے؟''۔ دیارام بڑی دیر تک رحیم خاں کے گلے سے لگا رہا۔ دونوں کی آنکھوں میں آنسو تھے۔ لیکن ان آنسوؤں میں ڈر خوف یا غم نہیں تھا۔ بلکہ وہ ایک طرح کے

اعتماد بھروسے اور خوشی کے نقیب تھے۔''۷

پروفیسر آفاق احمد کے اس افسانے کی ایک خوبی یہ ہے کہ وہ خود ہندوستانی ہیں۔لیکن انہوں نے افسانے کے پلاٹ کے تقاضے کے اعتبار سے پاکستان کی آزادی کو آزادی لکھا۔جب کہ ہندوستان میں رہ کر انہوں نے سابقہ افسانے میں تقسیم ہند لکھا تھا۔افسانے میں جان ڈالنے کے لئے فنی تقاضوں کو ملحوظ رکھنا ان کے کامیاب افسانہ نگار ہونے کی نشانی ہے۔اس افسانے میں سلیم کی زبانی انہوں نے مسلمان قوم کے اس کردار کی عکاسی بھی کی کہ لوگ جان دیں گے لیکن دوسرے کی جان بچائیں گے۔

باندر چوا

افسانوی مجموعہ ''پرشور خاموشی'' میں شامل پروفیسر آفاق احمد کا تحریر کردہ اگلے افسانے کا نام ''باندر چوا'' ہے۔باندر چوا افسانہ نگار کے بموجب بھوپال کا ایک دیہات ہے۔جہاں کبھی بندر اور چوہے بہت ہوا کرتے تھے بعد میں وہاں ایک بستی آباد ہوگئی ہے۔یہ افسانہ ہندوستان کی آزادی اور بھوپال ریاست کے ہند یونین میں شامل ہونے کے بعد کے حالات کی ہے۔باندر چوا کے لوگوں کو پتہ ہی نہیں چلا کہ ہندوستان آزاد ہوگیا اور وہ اب بھوپال کے نواب کے عوام نہیں بلکہ ہندوستان کے شہری ہیں۔جب الیکشن کا زمانہ آتا ہے تو لوگ باندر چوا کے عوام کو گاڑی میں بٹھا کر شہر لے جاتے ہیں۔ ان سے ووٹ ڈلواتے ہیں اور انہیں بغیر گاڑی میں بٹھائے پیدل گاؤں جانے مجبور کرتے ہیں۔ گاؤں میں ترقیاتی پروگرام کے لئے لوگ آتے ہیں اور وہاں کے کسانوں سے حالات پوچھتے ہیں تو کسان کہتا ہے کہ ہمیں ووٹ ڈالنے گاڑی میں بٹھا کر لے جایا گیا تھا لیکن واپس نہیں لایا گیا۔ہمیں تو نواب صاحب کا زمانہ اچھا لگتا ہے۔افسانہ نگار یہ کہانی سنا کر کہتے ہیں کہ یہ ایک دیہات کی کہانی نہیں بلکہ ساری ہندوستان کے دیہاتوں کی کہانی ہے جہاں آزادی کے بعد ترقی ہونے میں کافی دیر ہوئی تھی۔افسانہ نگار تبصرہ کرتے ہوئے لکھتے ہیں:

''بھوپال کا گاؤں باندر چوا ہندوستان کے ہر شہر کا گاؤں

ہے۔ اور ہر گاؤں کا باسی وہ دیہاتی ہے جسے آج تک یہ نہیں
معلوم کہ راج کس کا ہے؟ آزادی کب آئی ہے؟ لیکن یہ بات
طے ہے کہ کل وہ اسے ضرور جانے گا۔۔۔ اس دیہاتی کی کھوئی
ہوئی معصوم مسکراہٹ کی دولت بھی ہوگی‘‘۔ ۸

چاندنی کے دیس میں

افسانوی مجموعہ ’’پرشور خاموشی‘‘ میں شامل پروفیسر آفاق احمد کا تحریر کردہ آخری افسانے کا نام ’’چاندنی کے دیس میں‘‘ ہے۔ یہ انگریزی ادب سے ماخوذ افسانہ ہے۔ جس میں ایک دور دراز جنگلی علاقے میں رہنے والے باپ بیٹی کی کہانی کو بیان کیا گیا ہے۔ باپ بیٹی کی پرورش کرتا ہے اور اسے زندہ رہنے کا ہنر سکھاتا ہے۔ باپ کے انتقال کے بعد بیٹی تنہا ہو جاتی ہے اور اپنا کام خود کرتی ہے۔ جوان ہونے پر اس کا سابقہ کئی مردوں سے پڑتا ہے۔ مرد اس سے محبت کا ڈھونگ رچاتے ہیں اور بعد میں دھوکہ دے دیتے ہیں۔ آخر میں وہ جم نامی مرد سے شادی کرتی ہے جس سے اسے ڈیوی نامی لڑکا پیدا ہوتا ہے جس کی پرورش کو ہی وہ اپنی زندگی کا مقصد بنا لیتی ہے۔ چونکہ یہ افسانہ انگریزی سے لیا گیا ہے اس لئے اس میں پروفیسر آفاق احمد نے اپنی افسانہ نگاری کا روایتی رنگ نہیں دکھایا۔

پرشور خاموشی کے زیادہ تر افسانے ۵۰ اور ۶۰ کی دہائی میں لکھے گئے۔ اس وقت کے سماجی اور سیاسی حالات کا اثر ان افسانوں میں دکھائی دیتا ہے۔ اسی طرح نوجوانی کے اثرات کے تحت بھی انہوں نے عشقیہ اور محبت بھرے افسانے لکھے۔ ان کے افسانوں میں منظر نگاری، مکالمہ نگاری، پلاٹ کی مضبوطی اور بیانیہ سب کچھ فنی اعتبار سے درست ہے اور وہ اپنے پہلے افسانوی مجموعے کے ذریعے ہی ایک کامیاب افسانہ نگار کے طور پر ابھرتے ہیں۔ لیکن بعد میں انہوں نے افسانہ نگاری کے سفر کو جاری نہیں رکھا اور تحقیق و تنقید کے میدان میں آگے بڑھے۔

شہر زندہ ہے

پروفیسر آفاق احمد کا ایک مشہور افسانہ ’’شہر زندہ ہے‘‘ ہے۔ ان کا یہ افسانہ ’’پرشور خاموشی‘‘ میں شامل

نہیں ہے۔اس افسانے میں انہوں نے بھوپال کے فرقہ وارانہ فسادات کو موضوع بنایا ہے۔فرقہ وارانہ فسادات کے موضوع پر دیپک کنول کا افسانہ سنتا کی گوری، نعیم کوثر کا اقرارنامہ، خورشید حیات کا افسانہ انسانیت کے دشمن، اور بشیر مالیرکوٹلوی کا پرمیشور سنگھ نمائندہ افسانے تسلیم کئے جاتے ہیں۔

افسانہ ''شہر زندہ ہے'' کا موضوع فرقہ وارانہ فسادات ہے۔اور افسانے کے مرکزی کردار راوی یعنی خود افسانہ گار آفاق صاحب ہیں۔جب بھوپال میں فرقہ وارانہ فساد ہوتا ہے تو ڈاکٹر شری واستو کا فون راوی کے پاس آتا ہے۔کہ وہ ان کی لڑکیوں کو اسکول سے اپنے گھر لے آئیں۔ جلدی جلدی میں شری واستو اپنی لڑکیوں کے نام اور کلاس وغیرہ بتا رہے تھے۔اور ساتھ ہی انہوں نے یہ بھی کہا تھا کہ ہم آکر آپ کے گھر سے اپنی لڑکیوں کو لے جائیں گے۔اتنے میں فون کٹ جاتا ہے۔اور راوی یہ بھی نہیں پہچان پاتا کہ یہ ڈاکٹر شری واستو کون ہیں۔لیکن بہر حال یہ سوچ کر کہ وہ کوئی بھی ہوں لیکن جب انہوں نے راوی پر اعتماد کیا ہے تو ہمیں ان کی لڑکیوں کو اپنے گھر لے آنا چاہئے۔یہ سوچ کر وہ فوراً گھر سے نکلتے ہیں۔اور ان کی لڑکیوں کو اپنے گھر لے آتے ہیں۔اور ساتھ ہی ایک اور لڑکی کو جس نے خود ہی راوی سے لے چلنے کے لئے کہا تھا اور ساتھ ہی شری واستو کی لڑکی نے بھی کہا تھا کہ انکل اسے بھی لیتے چلیں یہ ہمارے محلے میں ہی رہتی ہے۔جب راوی ان لڑکیوں کو اپنے گھر لے آتا ہے تو اس کی بیوی اس لڑکی کو پہچان لیتی ہے ان میں ایک لڑکی دیپا نام کی تھی۔اس کی ماں راوی کی بیوی کی دوست تھی۔دیپا کا بھائی آتا ہے اور جلدی میں اپنی بہنوں کے ساتھ پڑوسی کی لڑکی کو بھی اپنے ساتھ اسکوٹر پر بٹھا کر لے چلا جاتا ہے۔اور دیپا کا بھائی راوی کا شکریہ ادا کرتا ہے۔راوی کو یقین نہیں ہوتا کہ ہمارا شہر بھوپال جو کہ محبت اور بھائی چارہ کا شہر ہے اس میں ایک انسان دوسرے انسان کا گلا کاٹ سکتا ہے۔لیکن حقیقت سے فرار ممکن نہیں۔راوی کے پاس رام پرکاش کا فون آتا ہے۔

''سرشہر میں دنگا ہو گیا ہے۔کرفیو لگ گیا ہے۔آپ کے یہاں
کیا حالت ہے؟سنتوش کرفیو پاس بنوانے کے لئے گئے

ہوئے ہیں۔ہمیں ساتھ نکلنا ہے۔'' وہ جلدی جلدی کہہ رہا تھا۔

میں سن رہا تھا۔مگر میرے منہ سے ایک لفظ نہیں نکل رہا تھا۔''

سر آپ سن رہے ہیں؟ بھوپال کو مٹنے نہیں دیا جائے گا۔9

کوشش کرنے والوں کی کوشش کے باوجود بھی فساد کو نہیں روکا جاسکا۔اور وہی ہوا جو فسادات کے موقع پر ہوتا ہے۔اس افسانے میں آفاق صاحب نے بھوپال گیس سانحہ کا بھی ذکر کیا ہے۔وہ بھی ایک سانحہ تھا لیکن اس وقت سب انسانیت کا دکھ درد سمجھ کر ایک دوسرے کی مدد کے لئے آگے آرہے تھے۔لیکن اس بار فسادات کے سبب لوگ ذات پات اور مذہب کے نام پر لڑ رہے تھے۔آفاق صاحب نے افسانہ ''شہر زندہ ہے'' میں فسادات کے تذکرے کے ساتھ ساتھ انسانیت کی بنیاد پر ہمدردی اور آپسی بھائی چارے کو بھی پیش کیا ہے۔اس افسانہ کی زبان بالکل سلیس اور عام فہم ہے۔اور انداز دلکش دامن کو کھینچ لیتا ہے۔

جب ہم افسانہ ''شہر زندہ ہے'' کا مطالعہ کرتے ہیں تو یہ کہنا پڑتا ہے کہ اس کہانی کا خالق بڑا اور معتبر کہانی کار ہے۔جسے افسانہ کہنے کا فن آتا ہے۔آفاق صاحب نے افسانے معمہ بننے نہیں دیا۔بلکہ بڑی سادگی کے ساتھ کہانی بیان کی ہے۔یہ افسانہ لوگوں میں فرقہ وارانہ ہم آہنگی پیدا کرنے کی غرض سے لکھا۔اول تا آخر کہانی اپنے تخلیق کار کے تابع رہتی ہے۔اور افسانے میں کہیں بھی فنی جھول دکھائی نہیں دیتا۔اور اس افسانے کے ذریعے آفاق صاحب ایک فنکار کے طور پر پیش ہوتے ہیں۔

پروفیسر آفاق احمد کی افسانہ نگاری کی خصوصیات: پروفیسر آفاق احمد اردو کے ان افسانہ نگاروں میں ہیں جو بہت کم لکھتے ہیں مگر جب لکھتے ہیں تو بہت سوچ سمجھ کر دیکھ بھال کر۔کیونکہ وہ رسمی افسانہ نگار نہیں ہیں۔وہ اپنے افسانوں کا مواد زندگی سے حاصل کرتے ہیں۔اور پھر پرکھ کر اسے عوام کے سامنے لاتے ہیں۔یہی وجہ ہے کہ ان کا ہر افسانہ روزمرہ کی زندگی کے ہلکے پھلکے واقعات پر مبنی ہوتا ہے۔مگر وہ اختتام پر قاری کو غور وفکر کی دعوت دے جاتا ہے

ان افسانوں میں نئے افسانے کی تکرار ختم کرنے اور اور افسانے میں افسانہ پن پیدا کرنے کی پروفیسر آفاق احمد نے بہت چابکدستی سے کوشش کی ہے تاکہ اردو افسانے پر چھایا ہوا جمود کم ہوسکے۔''پرشور خاموشی'' میں شامل تمام افسانے اس بات کا کھلا ثبوت ہیں کہ اردو افسانے میں نئے سے نئے موضوعات کو اپنانے کی غیر معمولی صلاحیت ان میں موجود ہے۔ یہی وجہ ہے کہ پروفیسر صاحب کے افسانے ذات کی تلاش تک محدود نہیں ہیں بلکہ وہ کائنات اور گردونواح کا پتہ بھی دیتے ہیں۔ ان کے ہر افسانے میں خارجی حقیقت ابھر کر سامنے آتی ہے۔ باندر چوا۔ اور بیوپاری چلے گئے۔ طنزیہ اور استعاراتی افسانوں کی خوبصورت مثال ہیں۔ اور موضوع اور تکنیک کے اعتبار سے بہت انوکھے ہیں۔ آپ کے افسانوں میں گتھیاں نہی ہیں اور موضوعات ہلکے پھلکے ہیں۔ بعض موضوعات تو ایسے ہیں جن پر بہت کم قلم اٹھایا گیا ہے۔ جیسے باندر چوا۔ تصویر دور کیا جانے۔ وغیرہ وغیرہ۔ اور ان تمام افسانوں کے کردار عام انسانی کردار ہیں۔

پروفیسر آفاق احمد کی افسانہ نگاری کے بارے میں ہارون ایوب لکھتے ہیں:

''پروفیسر آفاق احمد اردو کے ان افسانہ نگاروں میں ہیں جو بہت کم لکھتے ہیں مگر جب لکھتے ہیں تو بہت سوچ سمجھ کر دیکھ بھال کر۔ کیونکہ وہ رسمی افسانہ نگار نہیں ہیں۔ وہ اپنے افسانوں کا مواد زندگی سے حاصل کرتے ہیں۔ اور پھر پرکھ کر اسے عوام کے سامنے لاتے ہیں۔ یہی وجہ ہے کہ ان کا ہر افسانہ روزمرہ کی زندگی کے ہلکے پھلکے واقعات پر مبنی ہوتا ہے۔ مگر وہ اختتام پر قاری کو غور وفکر کی دعوت دے جاتا ہے۔ حال ہی میں آپ کے افسانوں کا ایک انتخاب ''پرشور خاموشی'' مدھیہ پردیش اردو اکاڈمی بھوپال نے شائع کیا ہے۔ اس میں ۸۔ افسانے شامل ہیں۔ جو مختلف اوقات میں لکھے گئے ہیں۔ پروفیسر صاحب خود

اپنے افسانوں کے بارے میں فرماتے ہیں۔ ''دراصل یہ کتاب انتخاب ہے پچھلے کئی دہوں سے لکھی ہوئی میری کہانیوں کا' بہت سی کہانیاں مجھے ایسی ناکارہ اولاد کی طرح لگیں جنہیں عاق کرنے میں ہی عافیت ہے۔ چند پر بڑا پیار آیا۔ اور انہیں میں نے اس کتاب میں شامل کرلیا۔''

یہ الفاظ اس بات کا ثبوت ہیں کہ انتخاب بھی بہت سوچ سمجھ کر کیا گیا ہے۔ ان افسانوں میں نئے افسانے کی تکرار ختم کرنے اور اور افسانے میں افسانہ پن پیدا کرنے کی پروفیسر آفاق احمد نے بہت چابکدستی سے کوشش کی ہے تا کہ اردو افسانے پر چھایا ہوا جمود کم ہو سکے۔ ''پرشور خاموشی'' میں شامل تمام افسانے اس بات کا کھلا ثبوت ہیں کہ اردو افسانے میں نئے سے نئے موضوعات کو اپنانے کی غیر معمولی صلاحیت ان میں موجود ہے۔ یہی وجہ ہے کہ پروفیسر صاحب کے افسانے ذات کی تلاش تک محدود نہیں ہیں بلکہ وہ کائنات اور گردونواح کا پتہ بھی دیتے ہیں۔ ان کے ہر افسانے میں خارجی حقیقت ابھر کر سامنے آتی ہے۔ باندر چوا۔ اور بیوپاری چلے گئے۔ طنزیہ اور استعاراتی افسانوں کی خوبصورت مثال ہیں۔ اور موضوع اور تکنیک کے اعتبار سے بہت انوکھے ہیں۔ آپ کے افسانوں میں گتھیاں نہیں ہیں اور موضوعات ہلکے پھلکے ہیں۔ بعض موضوعات تو ایسے ہیں جن پر بہت کم قلم اٹھایا گیا ہے۔ جیسے باندر چوا۔ تصویر دور کیا جانے۔ وغیرہ وغیرہ۔ اور ان تمام

افسانوں کے کردار عام انسانی کردار ہیں۔'' ۱۰

پروفیسر آفاق احمد کی زبان میں ایک خاص قسم کی شعریت ہے۔ جو ان کی اپنی ہے۔ راجندر سنگھ بیدی نے ایک جگہ لکھا ہے کہ افسانہ اور شعر میں کوئی زیادہ فرق نہیں ہے۔ شعر صرف چھوٹی بحر میں ہوتا ہے۔ اور افسانہ ایک طویل اور مسلسل بحر میں۔ پروفیسر آفاق احمد اسی مسلسل طویل بحر کے قائل ہیں۔ اور انہوں نے بعض بہت خوبصورت طویل افسانے اردو ادب کو دئے ہیں۔ جیسے پلکوں کا بوجھ۔ غرض آج کا افسانہ اپنے افسانہ نگار سے جس زبان و بیان کی قدرت کا مطالبہ کرتا ہے۔ وہ قدرت پروفیسر آفاق احمد کے قلم میں موجود ہے۔ جس کی بناء پر انہوں نے اردو ادب کو سوسن کے پھول۔ پلکوں کا بوجھ۔ پرشور خاموشی۔ باندر چورا۔ اور چاندنی کے دیش میں جیسے لا جواب افسانے دئے ہیں۔ جو اردو ادب میں ہمیشہ قدر و منزلت کی نگاہ سے پڑھے جائیں گے۔ پروفیسر آفاق احمد کا افسانوی مجموعہ ''پرشور خاموشی' ایک ایسا مجموعہ ہے۔ جس نے افسانے کی روایت کو آگے بڑھایا ہے۔ اس کے ہر افسانے میں روح عصر پوری طرح جلوہ گر ہے۔ یقیناً یہ افسانوی مجموعہ اردو افسانوی ادب میں ایک اضافہ ہے۔ کیونکہ یہ کئی طرح سے دعوت فکر دیتا ہے۔ اور بے باک رویے کے ساتھ قاری کے سامنے آیا ہے۔

حواشی

۱۔ پروفیسر آفاق احمد۔ پرشور خاموشی۔ یہ کتاب۔ ص۔ ۹۔ بھوپال ۱۹۹۱ء

۲۔ پروفیسر آفاق احمد۔ پرشور خاموشی۔۔ ص۔ ۱۶

۳۔ پروفیسر آفاق احمد۔ پرشور خاموشی۔۔ ص۔ ۲۳

۴۔ پروفیسر آفاق احمد۔ پرشور خاموشی۔۔ ص۔ ۵۰۔ ۵۱

۵۔ پروفیسر آفاق احمد۔ پرشور خاموشی۔۔ ص۔ ۶۷۔ ۶۸

۶۔ پروفیسر آفاق احمد۔ پرشور خاموشی۔۔ ص۔ ۸۵

۷۔ پروفیسر آفاق احمد۔ پرشور خاموشی۔۔ ص۔ ۸۷

۸۔ پروفیسر آفاق احمد۔ پرشور خاموشی۔۔ ص۔ ۹۸

۹۔ پروفیسر آفاق احمد۔ افسانہ شہر زندہ ہے۔ انٹرنیٹ

۱۰۔ (ڈاکٹر ہارون ایوب۔ بحوالہ۔ انتساب۔ پروفیسر آفاق احمد نمبر۔ شمارہ نمبر ۸۶ سنہ ۲۰۱۲ء۔ ص۔ ۲۶۔ ۲۷)

☆ باب پنجم

پروفیسر آفاق احمد بہ حیثیت شاعر

پروفیسر آفاق احمد ایک اچھے شاعر بھی تھے۔شاعری کا شوق لڑکپن سے ہی تھا۔انہوں نے بہ حیثیت شاعر مشاعروں میں کم ہی کلام سنایا۔تاہم شوقیہ شاعری کر لیتے تھے۔ان کے کلام میں نظمیں اور غزلیں ہیں۔ان کے کلام سے انتخاب پیش ہے۔

مناجات

خدایا شکر تو نے
مجھے دل کی دولت عطا کی
دھڑکنے کو اس کی ادائیں سکھائیں
مجھے اس کو قابو میں رکھنے کے سب گر بتائے
مگر اب یہی میرا دل
مجھے اپنی آنکھیں دکھانے لگا ہے
خدایا تیرا شکر تو نے
میرے چہرے کو آنکھوں سے روشن کیا
ان آنکھوں کو نور بصارت سے اجلا کیا
اجلے جلوؤں سے ان کو منور کیا
انہیں اعتبار چشم بینا دیا
مگر اب وہی میری آنکھیں

وہ سب دیکھتی ہیں
جو نہیں دیکھنا چاہتی ہیں
خدایا تیرا شکر تو نے
مجھ کو سننے کی طاقت عطا کی
مجھے کان بخشے
گوش بر آواز رہنے کا ان کو سلیقہ دیا
مگر آوازوں کے جنگل میں اے میرے مالک
میرا دم گھٹ رہا ہے
خدایا تیرا شکر تو نے
زبان گویا کی دولت سے مجھ کو نوازا
حوصلہ اس کو حق بات کہنے کا بخشا
(تکلم پہ پھولوں کی خوشبو کو صدقے کیا)
مگر اب وہی کلمہ حق کی خوگر زبان
مصلحت کا عذاب سہتی ہے
اے خدا میری بصارت کے مالک
اے خدا میری سماعت کے مالک
خداوند قدوس میری زباں کے
مجھے اس بصارت سے محروم کر دے
مجھے اس سماعت سے محروم کر دے
مجھے اس طاقت سے محروم کر دے
مجھے وہ سب دیکھنے سننے اور کہنے پہ

آمادہ کرنے کی کوشش ہے جاری
جو میں دیکھنا نہیں چاہتا ہوں
جو میں سننا نہیں چاہتا ہوں
جو میں کہنا نہیں چاہتا ہوں
اگر یہ نہیں ہے تو پھر
مجھ کو وہ طاقت گفتار دے
وہ گوش برآواز دے
وہ چشم بینا عطا کر
جو مصلحت کے سارے پہرے اٹھا کر
زمانے کے رخ کو بدل دے

غزل

اگرچہ ظلم بے حد ہو چکے تھے
مگر ہم فصل الفت بو چکے تھے
گواہی دیتے کیا بارش کے قطرے
وہ خود اپنی پہچان کھو چکے تھے
جنہیں سونپی تھی ہم نے قسمت
انہیں تو ہم کبھی کا رو چکے تھے
زباں خنجر کی کچھ کہتی تھی لیکن
وہ دھبے آستیں کے دھو چکے تھے
کریں کس منہ سے ہم ان کی شکایت
ہم اپنی رہ میں کانٹے بو چکے تھے

ستارے جگنو اور ہم جاگتے تھے
شجر صحرا کے سارے سوچکے تھے
چلے ہیں اٹھ کے پھر وہ سوئے منزل
جو راہی اپنی ہمت کھوچکے تھے
گئے تھے ان سے ملنے ہم بھی لیکن
مگر آفاق صاحب سوچکے تھے

پروفیسر آفاق احمد کی شاعری کے دیگر نمونے دستیاب نہیں ہوسکے۔ تاہم ان کی مناجات اور غزل کے مطالعے سے اندازہ ہوتا ہے کہ وہ ایک پختہ کار شاعر تھے۔ نظم اور غزل دونوں میں اظہار پر قادر تھے۔ غزل کے روایتی موضوعات پر انہوں نے شعر کہے اور اپنے خیالات کو پیش کیا۔ ان کی مناجات حالات کی ترجمان ہے جس میں انسانیت کی گرتی ہوئی حالت پر شاعر افسوس کرتا ہے اور خدا سے دعا گو ہے کہ یا تو اس کے حواس کو چھین لے یا اسے اتنی طاقت دے کہ وہ انسانیت کی برائیوں کا جواب دے سکے۔ مجموعی طور پر آفاق صاحب کی شاعری انہیں ایک معتبر شاعر کے طور پر پیش کرتی ہے۔

☆ باب ششم

پروفیسر آفاق احمد بہ حیثیت ماہر اقبالیات

پروفیسر آفاق احمد ماہر اقبالیات کے طور پر کافی مشہور ہیں۔اقبال شناسی کے ضمن میں ان کا اہم کام مجلس اقبال کے نام سے کتابوں کی ترتیب ہے۔شہر بھوپال کو اقبال سے خاص مناسبت رہی تھی۔ اقبال پہلی بار 9 مئی 1931ء کو بھوپال تشریف لائے تھے۔ اور 31 جنوری 1935ء تا 8 اپریل 1936ء تین مرتبہ انہوں نے بھوپال کا دورہ کیا تھا۔اور اس دوران انہوں نے تقریباً چار ماہ اس شہر میں قیام کیا تھا۔پہلی مرتبہ وہ ایک مشاورتی اجلاس کے ضمن میں بھوپال آئے تھے۔ اجلاس میں اقبال کے علاوہ مولانا شوکت علی اور دیگر شریک تھے۔دوسری مرتبہ انہوں نے سر راس مسعود کی کوٹھی میں قیام کیا۔ بعد میں حمیدیہ ہاسپٹل میں بھی ان کے علاج کے سلسلے میں وہ یہاں آئے۔اقبال نے قیام بھوپال کے دوران کچھ نظمیں بھی کہی تھیں۔جن میں نگاہ،امید،صبح اور مومن وغیرہ شامل ہیں۔

اہل بھوپال نے اقبال کی سرزمین بھوپال سے لگاؤ کو یادگار بنادیا چنانچہ پروفیسر آفاق احمد کے وطن بھوپال میں شاعر مشرق علامہ اقبال کے نام سے حکومت مدھیہ پردیش نے ''کل ہند علامہ اقبال ادبی مرکز'' قائم کیا تھا۔ اس مرکز کے قیام کا اعلان 12 مارچ 1982ء کو ہوا۔اس ادارے کے تاسیسی اراکین میں علی سردار جعفری، ماہر اقبالیات آل احمد سرور، جگن ناتھ آزاد، ڈاکٹر خواجہ احمد فاروقی، قرۃ العین حیدر، نثار احمد فاروقی، شمس الرحمٰن فاروقی، ابومحمد سحر اور پروفیسر آفاق احمد شامل تھے۔اس ادارے کا مقصد اقبال پر تحقیقی کام کو فروغ دینا، ہندوستانی زبانوں میں اقبال کے کلام کو منتقل کر کے شائع کرانا اور اقبال کے فن اور شخصیت پر ہر سال سمینار منعقد کرانا شامل ہے۔'' کل ہند علامہ اقبال ادبی مرکز'' بھوپال کے تحت ہر سال اقبال یادگاری سمینار منعقد ہوتے رہے اور

ان سمیناروں میں پڑھے گئے مقالات کتابی شکل میں شائع ہوتے رہے۔ یہ خاص نمبر اقبال شناسی اور فکر اقبال کو عام کرنے اور اسے دوسری نسل تک پہونچانے میں اہم کردار ادا کرتے ہیں۔

علامہ اقبال ادبی مرکز کے تحت منعقد ہونے والے ادبی سمیناروں میں پڑھے گئے مقالات کا پہلا مجموعہ بیاد مجلس اقبال' کے نام سے 1990ء میں شائع ہوا۔ اس مجموعے کو اقبال کے ایک پرستار ممنون حسن خان نے ترتیب دیا۔ بعد میں اسی نام سے دوسری جلد ممنون حسن خان نے اور تیسری جلد پروفیسر آفاق احمد نے ترتیب دی۔ اسی دوران اطلاع ملی کے پاکستان میں ڈاکٹر عبدالحمید یزدانی نے اسی نام سے کتاب شائع کی ہے تو ناموں کی یکسانیت بدلنے کی خاطر ممنون حسن خان اور پروفیسر آفاق احمد نے اتفاق رائے سے اقبال یادگاری سمیناروں میں پڑھے جانے والے مقالوں پر مبنی کتابوں کا نام صرف ''مجلس اقبال'' رکھا۔ اور اس نام سے مزید 6 کتابیں منظر عام پر آئیں جسے یکے بعد دیگرے پروفیسر آفاق احمد نے مرتب کیا۔ ذیل میں مجلس اقبال کی پروفیسر آفاق احمد کی جانب سے منعقدہ کتابوں کا تعارف پیش کیا جا رہا ہے۔ ایک سمینار میں پڑھے گئے مقالوں کو جمع کرنا اور انہیں کتابی شکل دینا بھی ایک اہم تالیفی کام ہے۔ اور چونکہ یہ کام پروفیسر آفاق احمد نے اقبال کے فن کے حوالے سے کیا ہے۔ اس لئے ان کتابوں میں پیش کردہ مواد کا جائزہ پروفیسر آفاق احمد کی اقبال شناسی کو واضح کرتا ہے۔ اور انہیں ماہر اقبال کے طور پر پیش کرتا ہے۔

بیاد مجلس اقبال حصہ سوم

بیاد مجلس اقبال حصہ سوم کے نام سے پروفیسر آفاق احمد کی مرتبہ تیسری کتاب مارچ 1993ء کو اقبال ادبی مرکز بھوپال سے شائع ہوئی۔ کتاب کا انتساب ممنون حسن خان کے نام کیا گیا۔ جو بھوپال میں اقبال کے قریبی رفیق تھے۔ بیاد مجلس اقبال کی ابتدائی دو جلدوں کے مرتب ممنون حسن خان نے گذارش احوال واقعی کے عنوان سے کتاب کی اشاعت کی غرض و غایت بیان کی۔ پروفیسر آفاق احمد کا تعارف کراتے ہوئے ممنون حسن خان لکھتے ہیں:

مقالات اقبال کی زیر نظر تیسری جلد کو پروفیسر آفاق احمد

نے مرتب کیا ہے۔ پروفیسر آفاق احمد کو کسی تعارف کی ضرورت نہیں ہے وہ آل انڈیا علامہ اقبال ادبی مرکز کے سینیر رکن ہیں۔ اردو کے مشہور ہر دلعزیز استاد ہیں۔ معروف ادیب اور نقاد ہیں۔ نامور افسانہ نویس اور دانشور ہیں۔ اقبال کے شیدائی ہیں۔ بڑی پیاری شخصیت کے حامل ہیں۔ وہ ہمارے شہر غزل' گہوارہ علم و دانش' دارالاقبال بھوپال کی گل رنگ تہذیب 'دل آویز شرافت' بے باک صداقت اور دلکش مروت کی بھرپور نمائندگی کرتے ہیں۔ امید ہے کہ آل انڈیا علامہ اقبال ادبی مرکز کی اس کوشش کو جو دراصل اقبال کے پیغام انسانیت کو عام کرنے کی ایک ناتمام کوشش ہے علمی و ادبی حلقوں میں پسند کیا جائے گا۔[۲]

'حرف آغاز' کے عنوان سے پروفیسر آفاق احمد نے مجلس اقبال کی اشاعت اور بھوپال میں اقبال مرکز کے قیام کی تفصیلات پیش کیں۔ پروفیسر آفاق احمد اس ضمن میں لکھتے ہیں:

''اقبال صدی کے دوران برف پگھلی اور آزاد ہندوستان میں اقبال کے سلسلے میں جس بے اعتنائی اور تنگ دلی کا مظاہرہ کیا گیا تھا اس کے ازالے کا سلسلہ شروع ہوا۔ اسی زمانے میں بھوپال میں مدھیہ پردیش اردو اکیڈیمی کی تشکیل عمل میں آئی تو اس نے اپنی سرگرمیوں کا آغاز اقبال کے نام پر ایک تاریخی مشاعرے اور پرشکوہ سمینار کی شکل میں کیا۔۔۔ مجھے اس بات پر ہمیشہ ناز رہے گا کہ ان دونوں تقریبات کی ترتیب و تہذیب کی پوری ذمہ داری مجھے سونپی گئی تھی۔۔۔ آخر میں اس سمینار

کے مقالات کا مجموعہ ترتیب دینے کی ذمہ داری مجھے تفویض کی
گئی۔12 مارچ 1982ء کو بھوپال میں اقبال شناسی کے ایک
نئے دور کا آغاز ہوا جب مدھیہ پردیش کے وزیر اعلیٰ جناب
ارجن سنگھ نے یہ تاریخ ساز اعلان کیا کہ صوبہ میں اقبال ادبی
مرکز قائم کیا جائے گا۔شیش محل کے اس حصہ میں جہاں اقبال
نے قیام کیا اقبال میوزیم بنایا جائے گا۔اس کے سامنے کھرنی
والا میدان کو اقبال کے نام سے موسوم کیا جائے گا۔۔یہ تینوں
تجویزیں عزیز قریشی صاحب کی تھیں جنہیں وزیر اعلی ارجن
سنگھ جی نے نہ صرف قبول کیا بلکہ عزیز قریشی صاحب سے کہا
کہ ان کی طرف سے وہی یہ خوش خبری جلسہ میں موجود لوگوں
تک پہونچا دیں۔ بالآخر ادبی مرکز کا قیام عمل میں آیا اور ممنون
حسن خاں صاحب اسکے چیرمین کے منصب پر فائز ہوئے۔''

؎۳

بیاد مجلس اقبال جلد سوم میں کل 15 مضامین شامل ہیں جن کے نام اور مصنفین کے نام
اس طرح ہیں۔

1)	اقبال اور پریم چند	پروفیسر جگن ناتھ آزاد
2)	کلام اقبال کی پیروڈی	ڈاکٹر سیدہ جعفر
3)	غالب اور اقبال کی مکتوب نگاری	ڈاکٹر خلیق انجم
4)	علامہ اقبال اور وحدت قومی	ڈاکٹر نثار احمد فاروقی
5)	اقبال کا نظام فن	ڈاکٹر عبدالمغنی
6)	کلام اقبال میں لفظ و معنی کا ارتباط	ڈاکٹر عبدالحق

7)	اقبال کی صناعی	ڈاکٹر امیر اللہ خان شاہین
8)	سفال ہند سے میناو جام پیدا کر	جناب شیخ سلیم احمد
9)	اقبال کی فیضانی یادوں کے سائے	جناب ممنون حسن خان
10)	اقبال اور ابوالکلام آزاد	پروفیسر عبدالقوی دسنوی
11)	مکالمات اقبال	ڈاکٹر سید حامد حسین
12)	وطن۔اقبال کی نظر میں	پروفیسر فضل تابش
13)	تہذیب عصر حاضر قدروں کا بحران اور اقبال	ڈاکٹر عزیز اندوری
14)	اقبال کے اردو کلام کی تفہیم میں شرحوں کی اہمیت	ڈاکٹر فرزانہ رضوی
15)	اقبال کے اردو کلام میں ارضی مقامات کی اہمیت و معنویت	ڈاکٹر پری بانو

بیاپہ مجلس اقبال جلد سوم کی ترتیب کے ضمن میں کتاب کے مرتب پروفیسر آفاق احمد لکھتے ہیں کہ:

''اس مجموعے میں وہ مقالات شامل ہیں جو اقبال مرکز کے زیر اہتمام منعقد ہونے والی مختلف مجلسوں میں پڑھے گئے ہیں۔ مجھے یقین ہے کہ اس مجموعہ کے ذریعے اقبال کی شاعری اور فکر و فلسفہ کے کتنے ہی گوشے سامنے آئیں گے۔اور علامہ اقبال کو بھوپال سے اور بھوپال کو علامہ سے جو تعلق تھا اور مضبوط ہوگا۔۔۔اس مجموعے میں موضوعات کا جو تنوع ہے وہ دامن دل کو ضرور کھینچے گا۔''[۴]

بیاپہ مجلس اقبال جلد سوم میں شامل مضامین کے جائزے سے اندازہ ہوگا کہ پروفیسر آفاق احمد نے اقبال شناسی کے ضمن میں ان کتابوں کی ترتیب سے کس قدر اہم خدمت انجام دی ہے۔ بیاپہ مجلس اقبال جلد سوم میں شامل پہلے مضمون کا عنوان ''اقبال اور پریم چند'' ہے جسے ماہر اقبال جگن

ناتھ آزاد نے لکھا۔ جگن ناتھ آزاد کے بارے میں کہا جاتا ہے کہ انہوں نے ہندوستان میں اقبال کا نام ایسے وقت بلند کیا جب کہ اقبال کا نام لینا مصیبت کو اپنے آپ پر لانے کے مماثل تھا اور ہندوستان میں مخالف اقبال مہم عام تھی۔ لیکن جگن ناتھ آزاد نے ایسے ماحول میں اپنی تحریروں اور شاعری کے ذریعے اقبال کی فکر کو عام کیا۔ اس مضمون کے آغاز میں جگن ناتھ آزاد لکھتے ہیں کہ پریم چند اور اقبال ہم عصر تھے۔ دونوں نے ایک ہی زمانے میں سانس لی اور بڑی حد تک دونوں کے سوچنے کا انداز ایک ہی رہا۔ پریم چند کے افسانوں اور اقبال کی شاعری سے ایک قسم کے موضوعات پیش کرتے ہوئے اس مضمون میں جگن ناتھ آزاد نے یہ ثابت کرنے کی کوشش کی کہ اقبال نے اپنی شاعری اور پریم چند نے اپنے افسانوں سے ہندوستان کی اس دور کی سچی تصویر پیش کی اور مسائل کو اجاگر کیا۔ اس ضمن میں وہ لکھتے ہیں:

> ''پریم چند اور اقبال دونوں نے جب لکھنا شروع کیا تو ہندوستان بہ یک وقت ایک مثبت اور منفی دور سے گذر رہا تھا۔ پرانی قدریں ٹوٹ رہی تھیں۔ نئی قدریں اپنے قدم جما رہی تھیں۔ ایک عجیب بحرانی دور تھا۔ انگریز ہندوستان میں ایک نئے سماج کو جنم دے رہے تھے۔ آئین نو سے لڑنا طرز کہن پہ اڑنا   منزل یہی کٹھن ہے قوموں کی زندگی میں والا مرحلہ بھی سامنے تھا۔ اور آبادی کا ایک حصہ یورپی اثرات کو قبول بھی کر رہا تھا۔۔۔۔ اس ضمن میں اقبال اور پریم چند کی نگاہیں ہندوستان کے عوام کی طرف گئیں۔ مفلس عوام کی طرف اور مزدوروں اور کسانوں کی بہبودی میں ان دونوں کے مستقبل کی درخشانی نظر آئی۔ ۔۔۔ اقبال اور پریم چند دونوں ہندوستان کے ضمیر کی آواز تھے۔۔ اقبال اور پریم چند دونوں

ہندوستان کا کھویا ہوا سرمایہ تلاش کر کے انہیں واپس کر رہے
تھے کہیں تعلیم خودی کی صورت میں کہیں ہندوستان کی جنگ
آزادی سے قلمی تعاون کی صورت میں، کہیں بغاوت پر آمادہ
کر کے اور کہیں اشترا کی نظام کی حمایت کر کے۔ ۵

جگن ناتھ آزاد کا یہ مضمون تقابلی مطالعے کی اچھی مثال ہے۔ بیاد مجلس اقبال جلد سوم میں شامل دوسرے مضمون کا عنوان '' کلام اقبال کی پیروڈی'' ہے۔ جسے پروفیسر سیدہ جعفر نے لکھا۔ مضمون نگار دکنی کی نامور محقق سمجھی جاتی ہیں لیکن تاریخ ادب کے بشمول اردو ادب کے مختلف گوشوں پر ان کی تحریریں قدر کی نگاہ سے دیکھی جاتی ہیں۔ پیروڈی کے ضمن میں انہوں نے لکھا کہ کسی شعری اکتساب یا نثر پارے کی مضحک نقالی کو پیروڈی کہتے ہیں جس سے پڑھنے یا سننے والا تبسم سے دوچار ہوتا ہے اور اسے کچھ دعوت فکر بھی ملتی ہے۔ انہوں نے پیروڈی کی اہمیت بھی اجاگر کی اور اسے صرف ہنسی مذاق کی چیز قرار نہیں دیا۔ اقبال کی شاہکار نظم شکوہ کی پیروڈی دلاور فگار نے لکھی۔ جس کی مثال پیش کرتے ہوئے پروفیسر سیدہ جعفر نے لکھا کہ اس پیروڈی میں ایک ملازم تنخواہ کے ضمن میں اپنے آجر سے سوال کرتا ہے۔ پیروڈی کے دو بند اس طرح ہیں:

کیوں غلط کار بنوں غرض فراموش بنوں
طعنے بیگم کے سنوں اور ہمہ تن گوش رہوں
کیوں نہ تنخواہ طلب کر کے سبک دوش رہوں
ہم نوا میں کوئی بدھو ہوں کہ خاموش رہوں
جراءت آمیز میری تاب سخن ہے مجھ کو
شکوہ تنخواہ کا خاکم بدہن ہے مجھ کو

آ گیا عین پڑھائی میں جو قرضے کا خیال
ماسٹر بھول گیا ماضی و مستقبل و حال

آ گیا یاد کہ بھوکے ہیں میرے اہل وعیال

کیسے ٹیگوؔر و اسدؔ کیسے کبیرؔ و اقبالؔ

گیٹےؔ وشیلیؔ و خیامؔ و ولیؔ ایک ہوئے

ذہن افلاس میں پہنچے تو سب ہی ایک ہوئے ۶؎

دلاور فگار کے علاوہ پروفیسر سیدہ جعفر نے اپنے مضمون میں اقبال کی شاعری پر پیروڈی لکھنے والے دیگر شعرا محبوب ما ںبھوی، گوپی چند امن اور دیگر کی مثالیں پیش کیں۔ مضمون کے آخر میں پیروڈی کی افادیت اور امکانات بیان کرتے ہوئے پروفیسر سیدہ جعفر لکھتی ہیں:

> اردو شاعری میں پیروڈی اور برسک کے ترقی کے اچھے امکانات موجود ہیں۔ نقادوں کو پیروڈی کی طرف توجہ کرنے کی ضرورت ہے۔ کیوں کہ یہ محض وقتی تفریح و تفنن کی چیز نہیں ہے۔ وہ ادبی اکتسابات کی بیزار کن یکرنگی، ان کے سرے پن اور تھکا دینے والی یکسانیت کی کمزوریوں کو بے نقاب کرکے ادبی شعور کو پختگی اور تہہ داری عطا کرتی ہے۔۔۔ اچھی پیروڈی میں ناگوار اور تلخ طنز یا تخریب کے عناصر کار فرما نہیں ہوتے۔ یہ دل آزاری کا نہیں دل لگی اور دلنوازی کا فن ہے۔ اور اس کا طنز لطیف اور خوشگوار ہوتا ہے۔ پیروڈی جس کو حدف تنقید بناتی ہے۔ وہ اس کے وار سے مضطرب نہیں ہوتا ہے۔ اعلیٰ درجے کی پیروڈی اتنی ہی قابل قدر ہوتی ہے جتنی کہ وہ تخلیق جس کی پیروڈی کی گئی ہو۔ ۷؎

بیاد بہ مجلس اقبال جلد سوم میں شامل تیسرے مضمون کا عنوان ''غالب اور اقبال کی مکتوب نگاری'' ہے۔ جس کے مصنف ڈاکٹر خلیق انجم ہیں۔ جنہوں نے مکاتیب غالب کو چار جلدوں میں

مرتب کر کے شائع کیا۔ غالب کی مکتوب نگاری کے حوالے سے انہوں نے بہت کام کیا ہے۔ اس مضمون میں انہوں نے مکتوب نگاری کی اہمیت واضح کی اور اسے ایک لطیف فن قرار دیا۔ غالب اور اقبال کے خطوط کا تقابلی مطالعہ کرتے ہوئے ڈاکٹر خلیق انجم اپنے مضمون میں لکھتے ہیں:

''غالب اور اقبال دونوں اردو شاعری کے اہم ستون ہیں۔ مفکر اور دانشور کی حیثیت سے یقیناً علامہ کا درجہ بلند ہے۔ لیکن اردو نثر میں جو مقام غالب کو حاصل ہے وہ اقبال کو نہیں ہے۔ غالب کے خطوط کی زبان اور اسلوب نہ صرف مکتوباتی ادب کا اعلیٰ ترین نمونہ ہیں بلکہ پوری اردو نثر کا قابل فخر سرمایہ ہیں۔ غالب کی غیر معمولی مقبولیت کا راز ان کی اردو شاعری کے ساتھ اردو خطوط بھی ہیں۔۔۔ غالب نے خطوط کے ذریعے خلوت کو جلوت بنایا۔۔۔ علامہ اقبال کو بے بس کر دینے والی قابل رحم تنہائی کا کبھی سامنا نہیں کرنا پڑا۔ اس لئے ان کے خطوط تنہائی دور کرنے ذریعہ نہیں ہیں۔ بلکہ ضرورت کے تحت لکھے گئے ہیں۔۔۔ خطوط نویسی غالب کے دل بہلانے کا ذریعہ تھا اور علامہ کے لئے یہ ایک سماجی ذمے داری تھی۔ اس لئے ان کے خطوط میں ادبی شان پیدا نہیں ہوئی۔۔۔ علامہ نے عطیہ فیضی کو بھی جو خطوط لکھے ہیں ان میں ادبی شان پیدا نہیں ہوسکی۔۔۔ علامہ نے شوقیہ خطوط بہت کم لکھے ہیں۔ جب کہ غالب نے بیشتر شوقیہ خطوط مکتوب الیہم کے خطوط کے جواب میں لکھے ہیں۔۔۔ غالب اور اقبال کے خطوط کے بارے میں ایک دلچسپ حقیقت یہ بھی ہے کہ ان دونوں کے

تمام خطوط کو یکجا مرتب کرنے کا کام ہندوستان میں ہوا۔ ۸

ڈاکٹر خلیق انجم نے تجزیاتی اور تقابلی انداز میں غالب اور اقبال کی مکتوب نگاری کی مختلف خصوصیات بیان کیں۔ جس سے قاری کو ان دو شاعروں کی مکتوب نگاری کے ضمن میں اہم معلومات حاصل ہوتی ہیں۔

بیا بہ مجلس اقبال جلد سوم میں شامل چوتھے مضمون کا عنوان ''علامہ اقبال اور وحدت قومی'' ہے۔ جس کے مصنف پروفیسر نثار احمد فارقی ہیں۔ وطن پرستی اردو شاعری کا اہم موضوع رہی ہے اور ایک ایسے دور میں جب ہندوستان انگریزوں کی غلامی سے چھٹکارے کی جدوجہد کر رہا تھا اردو شاعروں چکبستؔ اور اقبالؔ نے اپنی شاعری کے ذریعے قوم میں وطن سے محبت کے جذبے کو پروان چڑھایا۔ وطن سے محبت کے لئے ضروری ہے کہ کثرت میں وحدت کی اعلیٰ مثال والے ملک ہندوستان میں قومی وحدت قائم ہو۔ چنانچہ اس مضمون میں مضمون نگار نے اقبال کی کی قومی اور وطنی شاعری کی مختلف مثالوں کے ذریعے وحدت قومی کو پیش کیا۔ اقبال کی شاعری کے اس پہلو کی وضاحت کرتے ہوئے ڈاکٹر نثار احمد فاروقی لکھتے ہیں:

> ''علامہ کی شاعری نہ ادب برائے ادب ہے نہ برائے تفنن ہے۔ یہ ان کے اصلاحی لفظ و خیالات کا اظہار ہے۔ قوم و وطن کو بیدار کرنے کا وسیلہ ہے۔ وہ اسے اپنے عہد کی مغرب زدگی، دہریت، الحاد، استعماریت اور تہذیبی جارحیت کے خلاف اعلان جنگ سے تعبیر کرتے ہیں۔۔۔ علامہ اقبال چاہتے ہیں کہ تنگ نظری اور تعصب دور ہو، عادلانہ اور منصفانہ ماحول بنے جس میں کمزور انسان کو بھی اس کا واجب حق ملے اور کمزور ترین اقلیت بھی اپنی تہذیبی و مذہبی شناخت کو محفوظ رکھ سکے۔۔۔ علامہ اقبال سچے محبّ وطن تھے۔ اپنے دیس کا ہر ذرہ

ان کی نگاہوں میں دیوتا تھا۔ وہ تقسیم ہند کے حامی نہیں تھے۔
بلکہ ایک عادلانہ سماج چاہتے تھے۔ جس میں کوئی گروہ استحصال
کا شکار نہ ہو۔ سب کی مذہبی اور تہذیبی روایات پھلیں
پھولیں۔ تمام عمر انہوں نے اپنی تحریر و تقریر میں اتحاد، تنظیم
، فکری ہم آہنگی، امن و آشتی اور اخوت و مساوات کا درس دیا۔

9

بیاد مجلس اقبال جلد سوم میں شامل پانچویں مضمون کا عنوان ''اقبال کا نظام فن'' ہے۔ جس کے مصنف ڈاکٹر عبدالمغنی ہیں۔ اس مضمون میں انہوں نے اقبال کی فکر اور ان کی شاعری کے موضوعات کے حوالے سے اپنے خیالات کا اظہار کیا ہے۔ اس ضمن میں وہ لکھتے ہیں:

''اقبال کے نظام فن کی سب سے نمایاں مثال ان کے سب سے اہم موضوع تصور خودی پر ان کے افکار کی ہم آہنگی ،ہمواری اور استواری ہے۔ عام طور پر سمجھا اور سمجھایا جاتا ہے کہ اسرار خودی اور رموز بے خودی کے درمیان کوئی کشمکش اور آویزش ہے یا یہ کہ رموز کی تصنیف اسرار کی انتہا پسندی میں توازن پیدا کرنے کے لئے ہوئی۔ یہ خیال بالکل غلط ہے اور صرف اس بناء پر قائم کرلیا گیا ہے کہ کچھ لوگوں نے اسرار کی تصنیف کے بعض پہلوؤں پر نزاع برپا کی تھی۔ جس کے بعد گویا جواب کے طور پر رموز کی تصنیف ہوئی۔۔۔۔ اقبال نے عصر حاضر کے مسائل کو وسائل فن میں تبدیل کر دیا اور واقعات سے استعارات کا کام لیا۔ قدیم و جدید دونوں تاریخ کے اشارات کلام اقبال میں سموئے ہوئے ہیں۔ وہ بہ یک وقت

حقیقت پسند بھی ہیں۔ مثالیت پسند بھی۔ ان کی جمالیات ان کا اخلاقیات سے ہم آہنگ ہے۔ یہی ترکیب وتوازن ہے جس نے اقبال کی شاعری کو آفاقی اقدار کا آئینہ بنا دیا ہے۔ یہ شاعری ایک نغمہء انسانیت ہے۔ اس نے وسطی ومغربی ایشیا میں بیداری کی ایک تحریک پیدا کرنے کے ساتھ ساتھ عام انسان کو ارتقاء کے شیریں ترین خواب دکھائے اور ان کی عملی تعبیر کے لئے راستہ بھی دکھایا۔ حوصلہ بھی بڑھایا۔ اقبال کے اشعار سے قلب میں گرمی، دماغ میں روشنی، روح میں بالیدگی اور اعصاب میں چستی پیدا ہوتی ہے۔ اس طرح ان کا نظام فن انسان کے پورے نظام ہستی پر اثر انداز ہوتا ہے۔ یہ ایک کامل شاعری ہے جو مکمل انسان کو اپیل کرتی ہے۔ لہٰذا اس کا مطالعہ بھی ابتداء سے انتہا تک مکمل طور پر کیا جانا چاہئے۔ منظّم طور پر کیا جانا چاہئے۔ تاکہ دنیا کہ عظیم ترین شاعری کی پوری اہمیت معلوم ہو سکے۔ اقبال کے نظام فن کی تشریح کے لئے ایک نظام تنقید کی ضرورت ہے۔ [10]

اقبال کے نظام فن کی تشریح کے لئے ڈاکٹر عبدالمغنی نے اقبال کی غزلوں اور نظموں کا انتخاب کیا ہے۔ ان کی غزل

ستاروں سے آگے جہاں اور بھی ہیں　　　ابھی عشق کے امتحاں اور بھی ہیں
لوٹ پیچھے کی طرف اے گردش ایام تو　　　ہاں دکھا دے اے تصور پھر وصبح وشام تو

یہ اور اس قسم کے دیگر اشعار غزلوں اور نظموں کے انتخاب کے ذریعے اقبال کے نظام فن کی تشریح کی کوشش کی گئی ہے۔

بیاد بہ مجلس اقبال جلد سوم میں شامل چھٹویں مضمون کا عنوان ''کلام اقبال میں لفظ و معنی کے ارتباط کی صورتیں'' ہیں۔ جس کے مصنف ڈاکٹر عبدالحق ہیں۔ اس مضمون میں انہوں نے کلام اقبال میں الفاظ کے انتخاب اور ان کے وسیع تر مفاہیم کی جانب توجہ دلائی ہے۔ ڈاکٹر عبدالحق لکھتے ہیں:

> ''لفظ و معنی کا یہ دلنشین ارتباط صرف اظہار کی بے پناہ قوت کا اعجاز نہیں بلکہ تخلیق کا پراسرار رمز ہے۔ جس میں مفکر شاعر کا خلوص۔۔۔ اقبال کے فلسفیانہ تصورات بھی ایک عظم ثقافتی میراث سے متعلق ہیں۔ جن کے لئے پیرایہ اظہار کے سانچے بھی اسے سے مستعار ہیں۔ اسی رعایت سے مناسبت پیدا کرنے کے لئے ذخیرہ الفاظ کا انتخاب بھی قابل قدر ہے۔ ایسے الفاظ کی تعداد بہت ہے اور یہ پوری تخلیقی فضا پر سایہ نشین ہیں۔ سبیل، ابن سبیل، ہجوم تخیل، جلوہ گیر، پیام اجل، فقیہ حرم۔۔ بال جبریل ان کے فلسفہ و شعر کا سب سے پختہ اور بالیدہ مجموعہ ہے۔ اس کتاب کی عام فضا اور پورا منظر نامہ اسی تہذیبی اظہار سے عبارت ہے۔۔۔ اقبال کے مطالعہ میں لفظ و معنی کا ارتباط بڑا متنوع اور دلنشین صحیح مگر اس کو فکر و تہذیب کے تناظر سے ماورا دیکھنے کی کوشش بے سود ہے۔ یہی ان کا اصرار بھی ہے۔ پیغام اہم ہے اور یہ ثانوی۔ ایک موقر ناقد نے صحیح لکھا ہے کہ اقبال کے یہاں زبان و بیان کی غلطی نکال کر مطمئن ہو جانا اس قوم کی توہین ہے۔ وہ اس لازوال قوت کو نہیں دیکھتی جو قوموں کی تقدیر بدل سکتی ہے۔ [11]

بیاد بہ مجلس اقبال جلد سوم میں شامل ساتویں مضمون کا عنوان ''اقبال کی صناعی'' ہے۔ جس

کے مصنف ڈاکٹر امیر اللہ خان شاہین ہیں۔اس مضمون میں انہوں نے کلام اقبال میں لفظوں کی فنکاری اوراظہار بیان کی خوبیوں کو اجاگر کیا ہے۔اس سلسلے میں وہ لکھتے ہیں:

> اقبال نے اردو کے سب سے بڑے شاعر فطرت میر انیسؔ کے بعد محاکات کا وہ کمال دکھایا ہے جس میں انیسؔ بار بار یاد آتے ہیں۔۔۔ اقبال نے جن تشبیہوں اور استعاروں کا استعمال کیا ہے۔ان پر اقبالیات میں بڑا چرچا ہو چکا ہے۔ان کی تشبیہیں نادر و نایاب تو ہیں دور از کار نہیں ہیں۔انہوں نے تلمیحوں سے جو کام لیا ہے پوری اردو شاعری میں کوئی دوسری مثال موجود نہیں ۔اسکے علاوہ انہوں نے بعض لفظوں کو جو نئی معنویت عطا کی ہے وہ آپ اپنا جواب ہے۔خودی کو انہوں نے لفظ سے اصطلاح اور پھر ایک پورا فلسفہ بنا دیا ہے۔۔۔۔ اقبال کی تربیت ذہنی کا سب سے بڑا مرکز اور سر رشتہ ہدایت قرآن کریم اور پیغمبر عربی ﷺ کا اسوہ مبارہ ومقدسہ ہے۔اس حقیقت نفس الامری کے اعتراف بھی وہ بڑے سحر کارانہ اور صناعانہ انداز میں کرتے ہیں۔وہ اپنے لطیف جذبات کو بڑی دل آویزی ودل سوزی کے ساتھ پیش کرتے ہیں۔ ۱۲

بیاںبہ مجلس اقبال جلد سوم میں شامل آٹھویں مضمون کا عنوان ''سفال ہند سے مینا و جام پیدا کر'' ہے۔جس کے مصنف جناب شیخ سلیم احمد ہیں۔اس مضمون میں انہوں نے اقبال کی شاعری کے ہندوستانی عناصر پر روشنی ڈالی ہے۔مضمون نگار نے لکھا کہ پاکستان میں اقبال کو قومی شاعر کا درجہ دیا گیا اور انہیں نظریہ پاکستان کا بانی قرار دیا گیا لیکن اقبال کی شاعری میں موجود وطن پرستی اور ہندوستانی مقامات کے اشارے اس بات کی اہمیت دکھاتے ہیں کہ ہندوستان کے حوالے سے اقبال

کے کلام کا جائزہ لیا جائے۔ اقبال کی ہندوستان پرستی پر اظہار خیال کرتے ہوئے مضمون نگار کہتے ہیں:

''علامہ ہندی نژاد تھے۔ ایک برہمن زادہ۔ ہندوستانیت ان کے خون میں رچی بسی تھی وہ آخر ایام تک ہندوستانی رہے۔ بلکہ آخیر زمانے میں تو پھر سے اپنے ابتدائی زمانہ کی طرف لوٹ آئے۔ اس کی مثال ان کی آخری تصنیف جاوید نامہ ہے۔۔۔ حب الوطنی کے دور میں اقبال نے ہمالہ' ترانہ ہندی' ہندوستانی بچوں کا قومی گیت' نیا شوالہ' صدائے درد اور تصویر درد جیسی شاہکار وطنی نظمیں لکھیں۔ جو دنیا کے بہترین ادب پاروں کے مد مقابل رکھی جاسکتی ہیں۔ ان نظموں سے ہندو مسلم اتحاد اور تہذیبی ہم آہنگی کی ایک خوشگوار فضا پیدا ہوئی تھی۔ تاریخ کا یہ بہت بڑا اگر ہے کہ اگر علامہ اسی طرح حب الوطنی کے نغمے لکھتے رہتے تو کیا حالات کے رخ کو موڑا جاسکتا تھا۔۔۔ علامہ کی شاعرانہ عظمت سے قطع نظر یہ سچ ہے کہ علامہ نے اپنی پوری قوتیں اتحاد اسلامی کے لئے وقف کردیں۔ مگر افسوس اتحاد اسلامی کے اس مشن کو پورا کرنے میں وہ ناکام رہے۔۔۔'' ۱۳؎

بیاباں مجلس اقبال جلد سوم میں شامل نویں مضمون کا عنوان ''اقبال کی فیضانی یادوں کے سائے'' ہے۔ اس مضمون کو ممنون حسن خان نے لکھا۔ جنہوں نے بیاباں اقبال کی ابتدائی دو جلدیں مرتب کی تھیں۔ اس مضمون میں انہوں نے اقبال کے ساتھ اپنی یادوں کو بیان کیا ہے۔ اقبال نے بھوپال میں قیام کیا تھا اور ممنون حسن خان کو اقبال کے ساتھ رہنے اور وقت گذارنے کا موقع ملا تھا۔ انہوں نے اقبال کے صبح و شام ان کے رہن سہن' غذائی عادات' نشست و برخاست دوستوں

کے ساتھ رہنا اور دیگر باتوں کو بیان کیا ہے۔اقبال کی غذائی عادات اور ان کے صبح کے معمولات بیان کرتے ہوئے ممنون حسن خان لکھتے ہیں:

''جہاں تک مجھے یاد ہے حضرت علامہ کے ساتھ بہت ہی کم سامان ہوتا تھا۔ بستر کے لئے ایک بہت معمولی دری' دو سفید چادریں' دو تین جوڑے کپڑے' تہ بند چند بنیائن' ایک پنجابی کوٹ' ایک انگریزی سوٹ علی بخش کے پاس ان کا پنجابی حقہ اور تمبا کو ضرور ہوتی تھی ۔۔ سادگی کا یہی حال ان کے کھانے کا تھا۔ صرف دوپہر کا بہت ہی معمولی کھانا تناول فرماتے تھے۔رات کو دلیہ دودھ کے ساتھ۔ کبھی کچھ بھی نہیں ۔ان کی خوراک کی مقدار بہت کم ہوتی تھی۔ بریانی اور سیخ کباب بہت مرغوب تھے۔ جو لیڈی مسعود ان کے لئے بھیجا کرتی تھیں۔ غالب کی طرح حضرت علامہ کو آم بہت پسند تھے۔حضرت علامہ بہت کم سوتے تھے۔ بہت صبح بستر سے اٹھ جاتے تھے۔۔ غسل کرتے ۔نماز ادا کرتے اور پھر تلاوت قران حکیم فرماتے۔ گلے کی تکلیف کی وجہ سے وہ قرآن شریف بلند آواز سے نہیں پڑھ سکتے تھے۔خاموشی سے مطالعہ کرتے تھے۔اس دوران وہ اس قدر روتے تھے کہ قرآن کریم کے اوراق ان کے آنسوؤں سے تر ہو جاتے۔صبح کے ناشتے میں کشمیری چائے کے ساتھ دو تین بسکٹ نوش فرماتے تھے۔اس کے بعد علی بخش صاحب سے حقہ تیار کر کے پیش کرتے تھے جس سے حضرت علامہ دیر تک لطف اندوز ہوتے تھے۔۔[۱۴]

اس مضمون میں ممنون حسن خان نے اقبال کی شخصیت کے دیگر پہلو بھی پیش کئے۔ یہ مضمون اقبال کے ایک دلچسپ خاکہ لگتا ہے۔

بیاپہ مجلس اقبال جلد سوم میں شامل دسویں مضمون کا عنوان ''اقبال اور ابوالکلام آزاد'' ہے۔ جس کے مصنف عبدالقوی دسنوی ہیں۔ مضمون کے آغاز میں مضمون نگار نے انیسویں صدی کے آخری ربع میں پیدا ہونے والی تین اہم شخصیات اقبال۔ سید سلیمان ندوی اور ابوالکلام آزاد کا ذکر کیا اور کہا کہ ان شخصیات نے اپنے کارناموں سے ملک کی عظیم خدمات انجام دیں۔ اس مضمون میں عبدالقوی دسنوی نے اقبال کی شاعری اور ابوالکلام آزاد کی صحافتی تحریروں کے حوالے سے دونوں کے نظریات اور افکار کا تقابلی مطالعہ پیش کرنے کی کوشش کی ہے۔ اس ضمن میں مضمون نگار لکھتے ہیں:

> ''اقبال اور مولانا آزاد کی تحریروں کے مطالعے کے دوران اکثر مقامات ایسے آتے ہیں جہاں محسوس ہوتا ہے کہ اقبال اور آزاد دوری کے باجود ایک دوسرے کے بہت قریب تھے۔ البتہ سیاسی سفر میں دونوں کے خیالات میں اختلاف پایا جاتا ہے۔۔۔ اقبال ایک طویل سیاسی شعور کے مالک ضرور تھے لیکن وہ عملی سیاست سے ہمیشہ دور رہے۔ جلسوں کی صدارت کرنا یا وقتی بیانات دینا الگ بات ہے مولانا آزاد کی سیاسی زندگی تقریباً نصف صدی پر محیط ہے۔ اور ان کی ساری زندگی کا اصل ہے۔ اقبال کی زندگی کا حاصل ان کی شاعری ہے۔ سیاست نہیں ہے۔۔۔ ۱۵''

مضمون نگار نے اقبال اور آزاد کے خطوط اور دیگر تحریروں کے حوالے سے ان دونوں کے افکار کی یکسانیت اور دیگر خصوصیات بیان کی ہیں۔ بیاپہ مجلس اقبال جلد سوم میں شامل گیارھویں مضمون کا عنوان ''مکالمات اقبال'' ہے۔ جس کے مصنف ڈاکٹر سید حامد حسین ہیں۔ اس مضمون میں

اقبال کے کلام سے مکالماتی مثالوں کو پیش کیا گیا ہے۔ مضمون نگار نے لکھا کہ اقبال کی چھوٹی بڑی ۴۵ نظموں میں مکالماتی انداز پایا جاتا ہے۔ مضمون نگار نے مکالمات کے تین انداز بیانیہ' مباحث اور تاثرات کا بیان قرار دئے ہیں۔۔ کلام اقبال میں مکالمات کو پیش کرتے ہوئے مضمون نگار لکھتے ہیں:

> ''اقبال کی اردو منظومات میں مکالمات کا ان تینوں اشکال میں تخلیقی استعمال نظر آتا ہے۔ جن کا اوپر ذکر کیا گیا ہے۔ بیانیہ انداز کے ایک وسیلے کی شکل میں اقبال نے مکالمات کو ان چھوٹی چھوٹی حکایتوں پر مشتمل منظومات میں استعمال کیا ہے جو زیادہ تر بچوں کے لئے لکھی گئی ہیں۔ جیسے ایک مکڑا اور مکھی۔ ایک پہاڑ اور گلہری۔ ایک گائے اور بکری۔ ہمدردی۔ ماں کا خواب۔ ایک پرندہ اور جگنو وغیرہ۔ ان میں بیشتر ماخوذ ہیں۔ اور ان کا اصل سے مقابلہ کر کے اقبال کے مکالمات کے بارے میں کچھ کہا جا سکتا ہے۔۔۔ اقبال کی شاعری کا ایک خاص لہجہ پیامبری کا ہے۔ اس کے لئے تخاطب کا انداز ہمیشہ بڑا کارآمد ہوتا ہے۔ اقبال کی شاعری میں خطابت کا یہ رنگ جا بجا نمایاں ہے۔ افراد ملت کو بیدار کرنا اور باشعور بنانا ان کے اولین منصب میں سے ہے۔ اور اس کے لئے وہ جا بجا اپنے سامعین و قارئین اور ابنائے ملت کو متوجہ کرنے کا موقع نہیں گنواتے۔ خطابت کا یہ انداز ایک طرفہ مکالمہ ہی ہے۔ جس میں مخاطب اپنا رول خاموشی کے ذریعے ادا کرتا ہے۔[۱۶]

بیاد مجلس اقبال جلد سوم میں شامل بارھویں مضمون کا عنوان ''وطن اقبال کی نظر میں'' ہے۔ جس کے مصنف پروفیسر فضل تابش ہیں۔ اس مضمون میں انہوں نے اقبال کی شاعری میں حب وطن کے جذبات کی پیشکشی کو بیان کیا ہے۔ اس ضمن میں وہ لکھتے ہیں:

''حب الوطنی کی ان کی شاعری اس وقت کے تقاضوں کے عین مطابق ہونے کی وجہ سے علامہ اقبال اور بھی زیادہ مقبول ہوئے۔ اور زیادہ سے زیادہ شہرت پاتے گئے۔ لیکن علامہ اقبال نے ایک قدم اور آگے بڑھایا اور ترانہ ملی لکھ کر وطن میں محدود ہونے کے بجائے تمام دنیا کو اپنا میدان عمل بنالیا۔ بہ ظاہر یہ عمل عجیب ہی نہیں متضاد بھی نظر آتا ہے۔۔۔ علامہ اقبال نے وطن کی غیر سائنسی پرستش سے آزادی حاصل کی۔ لیکن وہ اپنی سرزمین سے محبت کرنے میں کسی بھی ہندوستانی سے کم نہیں تھے۔۔۔ اقبال وطن کو مثالی حیثیت سے دیکھنے یا دکھانے کے بجائے جیسا وہ ہے اسی طرح وہ اسے دیکھتے اور دکھاتے ہیں۔۔۔ ۱۷''

بیاد مجلس اقبال جلد سوم میں شامل تیرھویں مضمون کا عنوان ''تہذیب عصر حاضر۔ قدروں کا بحران اور اقبال'' ہے۔ جس کے مصنف ڈاکٹر عزیز اندوری ہیں۔ اس مضمون میں انہوں نے عہد اقبال اور موجودہ دور میں قدروں کی پامالی کا تذکرہ کرتے ہوئے فکر اقبال سے روشنی حاصل کرنے کی بات کی ہے۔ اقبال کو اعتدال پسند قرار دیتے ہوئے مصنف لکھتے ہیں:

''اقبال نہ تو رسوم و قیود کے پابند تھے اور نہ جدید و قدیم روایات کے مقلد۔ اسی لئے ان کے افکار میں ان کے ذہن کی آزادی اور مشرب الخیالی کی تمام وسعتیں شامل رہی

تھیں۔انہوں نے انسانی انفرادیت کو جن مختلف اشکال میں دیکھنے کی کوشش کی ان میں عقل کے مقابلے میں عشق کے جذبہ کو ہمیشہ اولیت حاصل رہی۔ان کے نزدیک جذبہ عشق تکمیل حیات کا سب سے مضبوط وسیلہ تھا۔عشق کے جذبہ کی قدامت پرستی اقبال کو گوارا نہیں ہوئی۔ اس لئے ان کے ہاں عشق روایت کے مقابلے میں وجدان کی صورت میں ابھرا۔عشق کے بے خطر آتش نمرود میں کود جانے والی کیفیت ایک ایسے جذبہ شوق کا پتہ دیتی ہے جس کی وجدانی اہمیت سے انکار نہیں کیا جاسکتا۔۔۔اقبال نے اپنے عہد کے بحران کو اس تضاد اور تصادم کے آئینے میں دیکھنے کی کوش کرتے تھے جب احساس مروت کو مشینی دور کے آلات کچل رہے تھے۔ان کے نزدیک اس عمل کا بنیادی سبب سائنس کا حد سے متجاوز ارتقائی عمل تھا۔ جو زندگی کو آسان بنانے کی آڑ میں نہ صرف روحانی جذبوں کو بلکہ استغراقی کیفیتوں کو ختم کر کے تخریبی صورتوں کو فروغ دے رہا تھا۔ جب کہ اقبال زندگی کی سادگی اور اس کے جوش عمل کے قائل تھے۔۔۔۔اقبال نے فقر کے تصور کو جذبہ عشق اور عشق کی سرشاری کو خودی کے نشونما سے مربوط کر کے ایک ایسی کیفیت کو پیش کرنے کی کوشش کی جس کی تفصیل اردو شاعری میں پہلے سے موجود نہیں تھی۔۔۔اقبال نے برق رفتار عمل جدید کے در پردہ چھپی زندگی کی ساری تاریکیوں کو بے نقاب کرنے کی کوشش کی۔اور اپنی اس کوشش کے لئے انہوں نے

قدیم رویوں کواس طرح تازہ کر دیا کہ وہ اپنے عہد کے جدید
تقاضے بن گئے۔ ۱۸

بیاپہ مجلس اقبال جلد سوم میں شامل چودھویں مضمون کا عنوان ''اقبال کے اردو کلام کی تفہیم میں شرحوں کی اہمیت'' ہے۔جس کی مصنفہ ڈاکٹر فرزانہ رضوی ہیں۔اس مضمون میں کلام اقبال کی تفہیم میں ان کے کلام کی لکھی گئی شرحوں کی اہمیت بیان کی گئی ہے۔شرح کلام اقبال لکھنے والے اہم شارحین میں مولانا غلام رسول مہر۔ پروفیسر یوسف سلیم چشتی ۔نریش کمار شاد وغیرہ شامل ہیں۔ان شرحوں کی اہمیت بیان کرتے ہوئے ڈاکٹر فرزانہ رضوی لکھتی ہیں:

''اقبال کے اردو کلام کے شارحین کا یہ کارنامہ ہر طرح سزاوار تحسین ہے کہ انہوں نے علامہ اقبال کے جہان فکر کی سیر کرانے کی سعی مشکور فرمائی۔ان حضرات نے علامہ کے ہر عہد وہ زمانے کے ہر رنگ کے کلام کی خواہ وہ بچوں کے لئے تخلیق کیا گیا ہو یا بڑوں کے لئے وطن دوستی کے جذبہ کا حامل ہو یا عالم اسلام کی شیرازہ بندی کے منصوبہ عمل پر مشتمل ہو۔۔۔نزاکت اور ندرت خیال اور رفعت ودقت فکر کے ہر پیچ وخم کوسلجھانے اور سمجھانے کی کامیابی حاصل کی ہے۔ یہ شرحیں ہمارے سرمایہ اقبالیات کا ایک اہم حصہ ہیں۔ اور ایک ایسے وقت میں لکھی گئی ہیں جب کہ ان کی واقعی ضرورت محسوس کی جارہی تھی۔ان سے طالب علموں اور کلام اقبال کے شیدائیوں نے بکثرت استفادہ کیا ہے۔ اور وہ آئیندہ بھی کرتے رہیں گے۔۔۔کلام اقبال کی یہ شرحیں نہ لکھی گئی ہوتیں تو شائد علامہ اقبال کی عظمت کا اعتراف صاحبان علم اور صاحبان ذوق سخن

تک محدود رہتا۔ ١٩

بیاں یہ مجلس اقبال جلد سوم میں شامل پندرھویں مضمون کا عنوان ''اقبال کے اردو کلام میں ارضی مقامات کی اہمیت و معنویت'' ہے۔ جس کی مصنفہ ڈاکٹر پری بانو ہیں۔ یہ ان کے پی ایچ ڈی مقالے کا موضوع ہے۔ مضمون میں تحقیقی انداز میں اقبال کی شاعری میں مقامات کے ذکر کو پیش کیا گیا ہے۔ مضمون نگار نے لکھا کہ اقبال کے کلام میں کل ۴۶۹ مقامات کا ذکر ملتا ہے۔ کلام اقبال میں مقامات کی نشاندہی کو بیان کرتے ہوئے پری بانو لکھتی ہیں:

> ''کلام اقبال کے مطالعے سے مجموعی طور پر جو تاثر قائم ہوتا ہے وہ یہ ہے کہ انہوں نے اپنے پیغام کی ترسیل کے لئے جن چیزوں سے مدد لی اور جن کے ذریعے انہیں قابل قبول بنانے کی کوشش کی ہے ان میں وہ مقامات ارضی بھی شامل ہیں جن کا ذکر ان کی شاعری میں بار بار آیا ہے۔ اقبال نے اپنے تاریخی شعور اور اپنی قوت مشاہدہ سے کام لے کر ان مقامات کا ذکر کیا ہے اور یہ کہنا غلط نہ ہوگا کہ جب وہ ان مقامات کا ذکر کرتے ہیں تو صرف ماضی کے نوحہ کناں ہی نظر نہیں آتے بلکہ حال سے اکتساب کر کے اس مستقبل کی بھی بشارت دیتے ہیں جو عالم انسانیت کا نصیب بننے والا ہے''۔ ٢٠

بیاں یہ مجلس اقبال جلد سوم کے آخر میں چند ضمیمے شامل ہیں جس میں جسٹس جاوید اقبال اور دیگر کے خطوط شامل ہیں۔ اس مجموعے کے مطالعے سے اندازہ ہوتا ہے کہ پروفیسر آفاق احمد نے اقبالیات پر مضامین یکجا کرتے ہوئے ایک ذخیرے کو محفوظ کر دیا۔ مطالعہ اقبال کے ضمن میں یہ مضامین اہمیت کے حامل ہیں۔

مجلس اقبال حصہ چہارم

مجلس اقبال کے نام سے پروفیسر آفاق احمد کی مرتبہ چوتھی کتاب 1994ء میں بھوپال کے اقبال ادبی مرکز سے شائع ہوئی۔ مجلس اقبال کے تمام پیش لفظ میں پروفیسر آفاق احمد نے ان الفاظ میں کتاب کی اشاعت کے اغراض ومقاصد بیان کئے ہیں۔

''کل ہند علامہ اقبال ادبی مرکز بھوپال مدھیہ پردیش سرکار کے ذریعے اقبال کی یاد میں قائم کیا گیا ادارہ ہے۔اس ادارے کے مقاصد میں اقبال پر تحقیقی کام کے ساتھ دوسری ہندوستانی زبانوں میں اقبال کے کلام کو منتقل کر کے چھپوانا ہے۔اسی کے ساتھ اقبال کے فن اور شخصیت پر ہر سال سمینار منعقد کئے جاتے ہیں۔ان تقریبات میں پڑھے گئے مقالات کو بھی شائع کرنا مرکز کے مقاصد میں ہے۔ایسے ہی مقالات میں سے کچھ اس بار شائع کئے جا رہے ہیں۔امید ہے کہ اقبال شناسی کے لئے یہ کتاب بھی مددگار ہوگی۔یہ کتاب اس سلسلے کی چوتھی کڑی ہے۔'' ۲۱

مجلس اقبال جلد چہارم کا انتساب پروفیسر آفاق احمد نے بھوپال کے آخری نواب حمید اللہ خان کے نام کیا۔حرف آغاز میں پروفیسر آفاق احمد نے بھوپال میں منعقدہ اقبال سمینار کی اہم خصوصیات بیان کیں۔وہ لکھتے ہیں:

''علامہ اقبال کے 116 ویں یوم پیدائش پر منعقدہ سمینار کئی لحاظ سے کافی اہم رہا۔ایک تو یہ کہ اس کی صدارت برکت اللہ یونیورسٹی کے وائس چانسلر پروفیسر کے سی نائر کر رہے تھے۔دوسری طرف اس میں جو مقالات پڑھے گئے وہ اقبال

کی شاعری اور فکر و فلسفہ دونوں کی نمائندگی کرتے تھے۔
پروفیسر نائر نے اس سمینار کی نبض پر ہاتھ رکھتے ہوئے کہا کہ ''ڈاکٹر اقبال بیسویں صدی کے ایک اہم شاعر ہی نہیں تھے بلکہ سوشل ریفارمر بھی تھے۔ جنہیں مذہب اور علاقے کی حد بندیوں میں قید نہیں کیا جاسکتا۔ جیسے جیسے وقت گذرتا جارہا ہے ان کی عظمت و معنویت میں اضافہ ہورہا ہے۔'' پروفیسر نائر نے مزید کہا کہ '' اقبال بنیادی طور پر انسانیت پرست تھے۔خودی کے ذریعے انہوں نے کائنات کی تفہیم کی اور فطرت کو نئے سرے سے آراستہ کرنے کا زبردست کام کیا۔''

۲۲

اقبال کے کلام اور فکر میں قومی یکجہتی کے عناصر کی تلاش کا تذکرہ کرتے ہوئے پروفیسر آفاق احمد نے ان سمیناروں میں ہونے والے مباحث اور مفکرین کی آرا کو پیش کیا ہے۔ وہ اس ضمن میں لکھتے ہیں۔:

''یہ کہنا غلط نہیں ہوگا کہ ان سمیناروں کے ذریعے قدروں کے بحران کے تناظر میں اقبال کے کلام سے روشنی حاصل کرنا اور موجودہ دور میں اس کی معنویت کے بارے میں گفتگو کرنے کا سلسلہ عام ہوا۔ یہی نہیں بلکہ اردو والوں سے ہٹ کر دوسری زبانوں والے اقبال کے بارے میں کس طرح سوچتے ہیں اس کا اظہار ہوا۔ ڈاکٹر ملک راج آنند' ڈاکٹر شومنگل سنگھ سمن اور ڈاکٹر ونے دوبے کے مقالات اس سلسلے کی کڑی تھے۔ اقبال پر الزام تراشیوں کے طویل سلسلے کا یہ مثبت جواب شومنگل سمن

ہی دے سکتے تھے کہ ''میں جتنا اقبال کو پڑھتا ہوں میرا یہ عقیدہ پختہ ہوتا جاتا ہے کہ آج کے بحرانی، کٹر پن، تنگ نظری اور مذہبی جنون کے دور میں اقبال جیسے وسیع المشرب انسان کی ضرورت تھی۔ جو ہمیں برائیوں کے خلاف جدوجہد کا حوصلہ بخشتا ہے۔ علامہ کا بلند تخیل، ان کی جمالیاتی حس اور انسانی ذہن و دل کے رموز کا ادراک آنے والی نسلوں کے لئے روشنی کا لازوال ذریعہ ہیں''۔ ۲۳

مجلس اقبال حصہ چہارم میں پروفیسر آفاق احمد نے کل گیارہ مقالے شامل کئے۔ مقالوں اور مقالہ نگاروں کے نام اس طرح ہیں۔

1)	اقبال کے کلام میں خطابت اور شاعری	پروفیسر جگن ناتھ آزاد
2)	اقبال کی فطرت نگاری	ڈاکٹر عبدالمغنی
3)	اقبال اور تقسیم ہندوستان	ڈاکٹر خلیق انجم
4)	عصری بحران اور اقبال کی شاعری	محترمہ زاہدہ زیدی
5)	اقبال کی معنویت	شہباز حسین
6)	عورت اقبال کی نظر میں	پروفیسر ظہیر احمد صدیقی
7)	کلام اقبال میں عمرانی حرکیت	ڈاکٹر ابن فرید
8)	مثنوی اسرار خودی ایک مطالعہ	ڈاکٹر عبدالباقی
9)	مطالعہ اقبال کی ایک جہت	ڈاکٹر مختار شمیم
10)	علامہ اقبال اور آغا حشر کاشمیری	ڈاکٹر محمد شفیع
11)	علامہ اقبال اور بھرتری ہری	ڈاکٹر محمد نعمان

مجلس اقبال حصہ چہارم میں شامل پہلا مقالہ ماہر اقبالیات پروفیسر جگن ناتھ آزاد کا ہے۔

مقالے کا عنوان ''اقبال کے کلام میں خطابت اور شاعری'' ہے۔ اس مقالے میں انہوں نے اقبال کے مختلف اشعار، نظموں اور واقعات کے ذریعے کلام اقبال میں خطابت کے پہلو کو مدلل اور تحقیقی انداز میں پیش کیا ہے۔ پروفیسر جگن ناتھ آزاد اس ضمن میں لکھتے ہیں:

''پہلی بات تو یہ ہے کہ یہ طے کر کے اپنی بات شروع کرنا کہ خطابت اور شاعری میں بیر ہے۔ اور خطابت شاعری نہیں ہوسکتی۔ دنیا بھر کی شاعری سے اپنی ناواقفیت کا اظہار کرنے کے مترادف ہے۔ اچھی اور قابل قدر شاعری بلکہ بڑی شاعری بھی براہ راست انداز میں بھی ہمارے سامنے ہے۔ خطابت کے انداز میں بھی علامتی انداز میں بھی۔۔۔ اقبال کے یہاں تو مکالماتی شاعری جسے اصولاً خطابت کے زیر عنوان آنا چاہئے۔ ان کی نہایت بلند پایہ شاعری ہے۔ اس ضمن میں آپ کوئی بھی نظم دیکھ لیں۔ اردو کی یا فارسی کی۔ مثنویوں کے حصے دیکھ لیں۔ یا سارا جاوید نامہ۔ مثالیں کیسی ہی دی جائیں۔ مثنوی اسرار و رموز سے شروع کریں تو اس میں گنگا کا خطاب ہمالہ سے دیکھ لیا جائے یا پیش کش بہ حضور ملت اسلامیہ دیکھ لیں۔ بانگ درا کی پہلی نظم دیکھ لیں یہ دراصل ہمالہ سے خطاب ہی ہے۔ میں نے جب بانگ درا کے پہلے حصے پر اس مضمون کے عنوان کی روشنی میں نظر ڈالی تو دیکھا کہ 49 نظموں میں سے 34 ایسی ہیں جو خطابیہ یا مکالماتی عنوان کے تحت آتی ہیں۔'' [۲۴]

اس مضمون میں اقبال کے کلام میں خطابت کے عناصر تلاش کرتے ہوئے جگن ناتھ آزاد نے ناقد اقبال کلیم الدین احمد پر بھی خوب نکتہ چینی کی جنہوں نے اپنی تحریروں میں اقبال کے کلام میں

خطیبانہ انداز پر تنقید کی تھی۔

مجلس اقبال حصہ چہارم میں شامل دوسرا مقالہ ''اقبال کی فطرت نگاری'' کے عنوان سے شامل ہے۔ جس کے مصنف ڈاکٹر عبدالمغنی ہیں۔ اس مضمون میں انہوں نے اقبال کے کلام سے مختلف انتخابات پیش کیے جس میں اقبال نے مناظر قدرت بیان کیے۔ انہوں نے اقبال کو فطرت کا پرستار قرار دیتے ہوئے لکھا کہ:

''مفکر شاعر اس کے حسن کا شیدا ہونے کے ساتھ ساتھ اس کی افادیت سے بھی واقف ہے۔ لہٰذا وہ ایک طرف کی جمالیات کی بہترین نقاشی کرتا ہے تو دوسری طرف اس کی اخلاقیات کی نشاندہی۔ اس کے علاوہ اقبال نے مظاہر فطرت کو اپنے نقوش کلام اور وسائل ابلاغ کے طور پر بھی بہ کثرت استعمال کیا ہے۔ یہ گویا فکر وفن کا توازن اور دونوں کی ہم آہنگی ہے۔ اقبال کی نگاہ میں انسان اور فطرت کا باہمی رشتہ یہ ہے کہ انسان کو مظاہر فطرت کے ماحول میں رہ کر ان مظاہر سے لطف اندوز بھی ہونا ہے اور ان کا مشاہدہ ومطالعہ کر کے ان سے ہر قسم کی روحانی و مادی ترقیات کا کام بھی لینا ہے۔ اقبال فطرت کو خالق نہیں مخلوق تسلیم کرتے ہیں۔ اور اسی لئے منشائے خداوندی کے مطابق اس کی تسخیر اور پر تصرف چاہتے ہیں۔

۲۵

مضمون نگار ڈاکٹر عبدالمغنی نے اقبال کی فطرت نگاری کو مشہور انگریزی شاعر ورڈز ورتھ کی فطرت نگاری کی توسیع قرار دیا ہے۔

مجلس اقبال حصہ چہارم میں شامل تیسرے مقالے کا عنوان ''اقبال اور تقسیم ہندوستان''

ہے۔جس کے مصنف نامور محقق ونقاد ڈاکٹر خلیق انجم ہیں۔اقبال غیر منقسم ہندوستان کے شہری تھے۔ جدو جہد آزادی کے عروج کا زمانہ انہوں نے دیکھا۔ایک طرف انہوں نے ترانہ ہندی جیسی شاہکار نظم اہل ہند کے لئے لکھی۔لیکن دوسری طرف محققین اور نقادوں نے ان کے کلام میں تقسیم ہند کے عناصر بھی تلاش کئے۔چنانچہ خلیق انجم نے 1885ء سے ہندوستان کی جدو جہد آزادی تحریک کے اہم پہلوؤں کو اجاگر کیا اور اس مضمون میں تقسیم ہند کے تعلق سے لوگوں کی آرا کو پیش کیا۔اس ضمن میں وہ لکھتے ہیں:

> ''مسلم لیگ کا اکیسواں سالانہ اجلاس جو 1930ء میں الہ آباد میں ہوا۔اس کی صدارت علامہ اقبال نے کی تھی۔مسلم لیگ کے اس اجلاس کے خطبہ صدارت کی بنیاد پر اقبال کے پاکستانی مداح اقبال کو تصور پاکستان کا خالق اور معمار پاکستان کہہ کر ان کی تعریف کرتے ہیں۔اور ہندوستان کے فرقہ پرست انہیں ہندوستان کو دو حصوں میں تقسیم کا ذمہ دار قرار دیتے کر معتوب کرتے ہیں۔حقیقت یہ ہے کہ اس معاملے میں اقبال نہ مدح کے سزاوار ہیں نہ قدح کے۔انہوں نے کوئی نئی بات نہیں کی۔ ہندوستان کو تقسیم کرنے کی تجویز ہرگز اقبال کی نہیں ہے۔انہوں نے تو صرف یہ کہا تھا کہ ہندوستان کے سیاسی نظام میں مذہبی اکثریتوں کی بنیاد پر صوبوں کی دوبارہ تقسیم کی جانی چاہیے۔میں نے خطبہ الہ آباد شروع سے آخر تک تین چار مرتبہ پڑھا۔اور اس نتیجے پر پہونچا کہ اقبال کو جس تجویز کے لئے مہتم کیا جاتا ہے وہ فرقہ پرستوں کے اپنے ذہن کی تخلیق ہے۔اس کا اقبال سے کوئی تعلق نہیں ہے۔''

۲۶

ڈاکٹر خلیق انجم نے اقبال کے خطبہ کے اقتباس اور بعد کے حالات کا منصفانہ انداز میں تجزیہ کیا اور کہا کہ اقبال تقسیم ہند کے نظریے کے خالق نہیں تھے۔ بلکہ ہندوستان کے بعض کٹر پسندوں نے اقبال کے بارے میں یہ تاثر قائم کیا۔ جس کا نقصان یہ ہوا کہ ایک عرصہ تک اقبال کا نام ہندوستان میں نہیں لیا جاسکا۔ بعد میں آل احمد سرور جگن ناتھ آزاد اور دیگر نے ہندوستان میں ایک مرتبہ پھر فکر اقبال کو عام کرنے کی سعی کی۔

مجلس اقبال حصہ چہارم میں شامل چوتھے مقالے کا عنوان ''عصری بحران اور اقبال کی شاعری'' ہے۔ جسے زاہدہ زیدی نے لکھا۔ اس مضمون میں انہوں نے عصری بحران کے حوالے سے موجودہ دور کی مادہ پرستی کا ذکر کیا ہے۔ اور اس کا حل انہوں نے کلام اقبال میں تلاش کرنے کی کوشش کی ہے۔ اس ضمن میں زاہدہ زیدی لکھتی ہیں:

> ''ہمارا یہ دور نہ صرف برق رفتار تبدیلیوں کا دور ہے بلکہ بہیمانہ تخریب کا دور بھی ہے۔ ایک نیوکلیائی جنگ کا خطرہ عالم انسانیت پر منڈلا رہا ہے۔ تیسری دنیا کہ بیشتر ممالک شدید اقتصادی، سماجی اور سیاسی بحران سے دوچار ہیں۔۔ تخریب کاری کا یہ سلسلہ انسانوں سے بڑھ کر چرند پرند اور شجر حجر تک پہونچ چکا ہے۔ اور جنگل اپنے باسیوں سے، پہاڑ اپنے پرشکوہ لباس سے اور زمین اپنی مادرانہ شفقت اور فیاضی سے محروم ہوتی جارہی ہے۔۔۔ اور اب اس پریشان کن صورت حال کا ایک سرسری جائزہ لینے کے بعد جب بھی اقبال کی شاعری کی طرف نظر کرتے ہیں تو ہمیں نہ صرف اس میں صورت حال کا عکس ملتا ہے بلکہ اس کے انتہائی تشویشناک اور ناقابل قبول

ہونے کا احساس بھی۔ اور ساتھ ساتھ ایسے اقدار اور آدرشوں کا
عرفان بھی جس کی مدد سے انسان مایوسی اور بے بسی کے غاروں
سے نکل کر ایک معنی اور با مقصد زندگی کی راہ پر گامزن ہوسکتا
ہے۔ ۲۷

زاہدہ زیدی نے اپنے مضمون کی تائید میں کلام اقبال سے کئی اشعار پیش کئے جیسے

تمہاری تہذیب اپنے خنجر سے آپ ہی خودکشی کرے گی
جو شاخ نازک پہ آشیانہ بنے گا ناپائیدار ہوگا

سلطانی جمہور کا آتا ہے زمانہ   جو نقش کہن تم کو نظر آئے مٹا دو

فرد قائم ربط ملت سے ہے تنہا کچھ نہیں   موج ہے دریا میں اور بیرون دریا کچھ نہیں

نہ سمجھو گے تو مٹ جاؤ گے اے ہندوستاں والو   تمہاری داستاں تک نہ ہوگی داستانوں میں

ان اشعار کے علاوہ بے شمار اشعار کلام اقبال میں ایسے ہیں جو ہر دور کے انسانوں کے مسائل کے حل کی لئے ظلمت میں روشنی کی کرن ثابت ہوسکتے ہیں۔

مجلس اقبال حصہ چہارم میں شامل پانچویں مقالے کا عنوان ''اقبال کی معنویت'' ہے۔ جسے شہباز حسین نے لکھا ہے۔ اقبال کے کلام کے بارے میں کہا جاتا ہے کہ اس میں ہر دور کے انسانوں کے لئے روشنی ہے زندگی کے مسائل کا حل ہے وغیرہ اس لئے اردو کے نقادوں نے کلام اقبال کی عصری معنویت ہر زمانے میں تلاش کی ہے۔ اپنے دور کا جائزہ لیتے ہوئے اقبال کے کلام کی عصری معنویت کی تلاش کے ضمن میں شہباز حسین لکھتے ہیں:

''آج کا انسان سکون کا متلاشی ہے۔ جو اسے میسر نہیں۔
وہ منشیات اور طرح طرح کے مشروبات میں پناہ ڈھونڈ رہا
ہے۔ اس کی متلاشی روح کا عکس نت نئے ڈیزائنوں اور
جمالیاتی قالبوں میں بھی نظر آتا ہے۔ لیکن گم شدہ حقیقت کا

سراغ نہیں ملتا۔حریت وآزادی' اختیار وہ ارادہ' سعی و پیکاراور تعمیر و ترقی کا دعویدار انسان تاریخی اور میکانیکی جبریت کے آگے سرنگوں ہے اور آفاق میں گم ہے۔ آج ابن آدم اپنی دریافت کردہ قوتوں کی قہرمانی کے آگے ہاتھ باندھے کھڑا ہے۔اوراپنے ہی تجربات کی ہلاکت خیزنتائج سےلرزہ براندام ہے۔اس پس منظر میں اگر اقبال کے افکار اور پیغام کے معنویت کا جائزہ لیا جائے تو اس کا بیشتر حصہ آج بھی اتنا ہی Relevent ہے جتنا خود ان کے زمانہ حیات میں تھا۔'' ۲۸

مجلس اقبال حصہ چہارم میں شامل چھٹے مقالے کا عنوان ''عورت اقبال کی نظر میں'' ہے۔ جس کے مصنف پروفیسر ظہیر احمد صدیقی ہیں۔اقبال نے اپنے کلام میں جابجا عورتوں کے تعلق سے بھی اپنے نظریات پیش کئے خاص طور سے ان کی تعلیم اور پردے کے تعلق سے ان کے خیالات اہم ہیں۔ پروفیسر ظہیر احمد صدیقی نے عورتوں سے متعلق اقبال کے مقبول عام اشعار کے حوالے سے ان کے نظریات پیش کئے۔اس ضمن میں وہ لکھتے ہیں:

''اقبال کے نزدیک عورت کا آئیڈیل حضرۃ سید النساء فاطمہ زہرہؓ کی مقدس زندگی ہے۔۔۔ اقبال کے نزدیک عورت کے لئے شرط ہے کہ وہ ایمان وعمل کی بہترین مثال ہو۔ یہ شرط ذکور اوراناث سب پر عائد ہوتی ہے۔مگر کچھ اوصاف ایسے بھی ہوتے ہیں۔ جو عورت کو مخصوص طور پر ضروری ہیں۔۔۔عورت کی عظمت کے سلسلے میں ماضی کی جن روایات کا ذکر اقبال نے کیا ہے وہ درست ہیں۔مگر سوالیہ نشان پھر بھی اپنی جگہ برقرار رہتا ہے کہ حکیم الامت نے ہر درد کا مداوا تو

تلاش کیا۔ انسانی زندگی کے ہر مسئلہ کو وضاحت اور استدلال کے ساتھ پیش کیا۔ سماج کا کوئی پہلو ان کی نظر سے اوجھل نہیں رہا۔ مذہب تعلیم خودی بے خودی فنون لطیفہ ان سب کے بارے میں اقبال کے نظریات میں کہیں کہیں اشکال نظر نہیں آتا ہے۔ مگر جب عورت کا ذکر آتا ہے تو ماضی کی روایات کا حوالہ دے کر صرف یہ کہہ گذر جاتے ہیں کہ

ع۔نہیں ممکن مگر اس عقدہ کی مشکل کی کشود ۲۹

ظہیر احمد صدیقی نے عورت سے متعلق اقبال کے نظریات میں کچھ کمی محسوس کی ہے جب کہ اقبال کے مشرقی عورت کے نظریات کافی مقبول رہے ہیں۔ مجلس اقبال حصہ چہارم میں شامل ساتویں مقالے کا عنوان ''کلام اقبال میں عمرانی حرکت'' ہے۔ جس کے مصنف ابن فرید ہیں۔ اس مضمون میں انہوں نے حرکت و عمل کے تعلق سے اقبال کے مختلف مقبول عام اشعار کی تفہیم کے ذریعے اقبال کے فلسفہ حرکت و عمل کو پیش کیا۔ ابن فرید حرکت و عمل کے بارے میں اقبال کے خیالات کی عکاسی کرتے ہوئے لکھتے ہیں:

''اقبال کے کلام کے مطالعے کے دوران اور ان کی نثری تحریروں سے استفادہ کرتے ہوئے یہ شعور نصیب ہوتا ہے کہ ان کے عمرانی نظام حیات میں ایک حرکیاتی توانائی ہے۔ جس کے مختلف عوامل فرد اور خدا اور رسول ﷺ پر ایمان اور صالح و مثبت زندگی پر کارفرمائی، خودی ملت کی پاسداری اور اس میں مثبت اقدار کا فروغ ایک سلک گہر کی طرح مربوط ہیں۔ ان میں سے کسی بھی عامل پر اگر غور کیا جائے تو اسے اپنے سیاق و سباق سے الگ کر کے مطالعہ نہ کیا جائے۔ بلکہ ایک مکمل نظام

اور متوازن و ہم آہنگ منشور حیات کی طرح مطالعہ کیا جائے تو
اقبال کے کلام میں کچھ معنویت پیدا ہو جائے گی۔۳۰

ابن فرید نے حرکت و عمل کے تعلق سے اقبال کے جن اشعار کا انتخاب کیا ان میں چند اشعار اس طرح ہیں۔

سکوں محال ہے قدرت کے کارخانے میں ثبات ایک تغیر کو ہے زمانے میں
افراد کے ہاتھوں میں ہے اقوام کی تقدیر ہر فرد ہے ملت کے مقدر کا ستارا

مجلس اقبال حصہ چہارم میں شامل آٹھویں مقالے کا عنوان ''مثنوی اسرار خودی۔ ایک مطالعہ'' ہے۔ جس کے مصنف ڈاکٹر عبدالباقی ہیں۔ مضمون کے آغاز میں ڈاکٹر عبدالباقی لکھتے ہیں کہ مثنوی اسرار خودی اقبال کے پیغام خودی کی تشریح ہے۔ مثنوی کے مختلف اشعار کی مدد سے مضمون نگار نے اقبال کے فلسفہ خودی کی وضاحت کی کوشش کی ہے۔ اقبال کی جانب سے بیان کردہ خودی کی وضاحت کرتے ہوئے ڈاکٹر عبدالباقی لکھتے ہیں:

''لفظ خودی کے متعلق آگاہ کر دینا ضروری ہے کہ یہ لفظ اس نظم میں بہ معنی غرور استعمال نہیں کیا گیا۔ جیسا کہ عام طور پر اردو میں مستعمل ہے۔ اس کا مفہوم محض احساس نفس یا تعین ذات ہے۔ مرکب لفظ بے خودی میں بھی اس کا یہی مفہوم ہے۔ اپنے موقف کی وضاحت میں انہوں نے اکبرالہ آبادی کو لکھا'' میں اس خودی کا حامی ہوں جو سچی بے خودی سے پیدا ہوتی ہے۔ یعنی جو نتیجہ ہے ہجرت الی الحق کرنے کا اور جو باطل کے مقابلے میں پہاڑ کی طرح مضبوط ہے۔ حقیقی اسلامی بے خودی میرے نزدیک اپنے ذاتی اور شخصی میلانات رجحانات و تخیلات کو چھوڑ کر اللہ تعالیٰ کے احکام کا پابند ہو جانا ہے۔ اس

طرح پر کہ اس پابندی کے نتائج سے انسان بالکل لا پرواہ
ہو جائے اور محض رضا و تسلیم کو اپنا شعار بنائے۔۔۔اقبال کہتے
ہیں کہ خودی کی نفی مفتوح قوموں کی اختراع ہے۔ اور فاتح
اقوام کے خلاف ایک خطرناک سازش ہے۔ اس طرح وہ
زبردست کو زیردست بنا دیتی ہے۔ جیسے بھیڑوں کے ایک گروہ
نے شیروں کے جور وستم سے عاجز ہو کر انہیں گوشت خوری
ترک کر کے گھاس چرنے کی ہدایت کی۔ ۱۳۱

مجلس اقبال حصہ چہارم میں شامل نویں مقالے کا عنوان ''مطالعہ اقبال کی ایک جہت'' ہے۔ جس کے مصنف ڈاکٹر مختار شمیم ہیں۔ اس مقالے میں فاضل مقالہ نگار نے کلام اقبال میں جغرافیائی عناصر سے بحث کی ہے۔ اقبال کے کلام میں مناظر فطرت کا جا بجا ذکر ملتا ہے اسی پہلو کو بیان کرتے ہوئے اقبال کے مختلف اشعار کی مدد سے انہوں نے اس پہلو کو اجاگر کرنے کی کوشش کی ہے اس ضمن میں ڈاکٹر مختار شمیم لکھتے ہیں:

''اقبال نے اپنی شاعری میں جغرافیائی وطبعی عناصر سے
بڑا کام لیا ہے۔ ان کے کلام کے سرسری مطالعہ سے ہی اندازہ
ہوتا ہے کہ انہوں نے بے شمار جغرافیائی علامتیں، اشارے
، تشبیہیں اور استعارے اس خوبی سے استعمال کئے ہیں کہ ان
کا کلام ابلاغ کی نئی حدوں کو چھونے لگتا ہے۔ وہ شہر ہو کہ ملک
' دریا ہو کہ پہاڑ، صحرا ہو کہ آبشار، جنگل ہو کہ میدان اجرام فلکی
ہوں کہ زمینی خواص غرض یہ کہ انہوں نے ان جغرافیائی
علامتوں اور اشاروں کو بڑی وسعت دی ہے اور ان میں عجیب
معنویت پیدا کی ہے۔ کہیں ان کے ذریعے سے انسانی زندگی

کی داستان بیان کی گئی ہے تو کہیں تشبیہ و استعارے کا رنگ
دے کر جہانِ شاعری کو نئے افق سے آشنا کیا۔'' ۳۲؎

ڈاکٹر مختار شمیم نے کلام اقبال میں جغرافیائی عناصر کو پیش کرتے ہوئے اقبال کے جو اشعار پیش کئے ان میں ایک یہ بھی ہے۔

اے آبِ رودِ گنگا وہ دن ہیں یاد تجھ کو
اترا ترے کنارے جب کارواں ہمارا

مجلس اقبال حصہ چہارم میں شامل دسویں مقالے کا عنوان ''علامہ اقبال اور آغا حشر کاشمیری'' ہے۔ اس مقالے کے مصنف ڈاکٹر محمد شفیع ہیں۔ جس میں انہوں نے اردو کے مشہور ڈرامہ نگار آغا حشر کاشمیری اور اردو کے مشہور شاعر شیخ محمد اقبال کے فن میں مماثلتیں تلاش کی ہیں۔ اس ضمن میں ڈاکٹر محمد شفیع لکھتے ہیں۔

''غور سے مطالعہ کرنے سے ایسا لگتا ہے کہ اقبال اور حشر ریل کی ان پٹریوں کی طرح ہیں جو اسٹیشن سے چلتی تو ایک دوسرے کے ساتھ ساتھ ہی ہیں۔ مگر آگے چل کر اپنی سمت بدل دیتی ہیں۔ لیکن جب کسی اسٹیشن پر ملنا ہوتا ہے تو سگنل کے پاس آکر ایک ہو جاتی ہیں۔ جس طرح دونوں کا بدن آہنی ہے اور ایک ہی سمت کو جا رہی ہیں ٹھیک اسی طرح اقبال و حشر بنیادی طور پر شاعر ہیں۔ جب راستے بدلے تو ایک فلسفے میں گم ہو گیا۔ دوسرا ڈرامے کے نشے میں کھو گیا۔ لیکن دونوں کے نظریے میں جو خمیر تھا وہ اسلامی تھا۔ دونوں نے اپنے خیالات کے اظہار کے لئے اردو کو وسیلہ بنایا۔ دونوں کی منزل بھی ایک ہی تھی۔ وہ یہ کہ ملک و قوم کی خدمت کر کے اسے سرخ رو کریں۔ اس دوران جو جس ماحول سے گذرا۔ اس لے وہ

اثرات قبول کیئے۔" ۳۳

اس مضمون میں ڈاکٹر محمد شفیع نے اپنی تحقیق سے ان مثالوں کو پیش کیا جو اقبال نے آغا حشر کاشمیری سے اور آغا حشر کاشمیری نے اقبال کے فن سے استفادہ کیا۔ مضمون نگار نے اس امید کا اظہار کیا کہ اس موضوع پر مزید تحقیق کی گنجائش ہے۔

مجلس اقبال حصہ چہارم میں شامل گیارہویں اور آخری مقالے کا عنوان "علامہ اقبال اور بھرتری ہری" ہے۔ جس کے مصنف ڈاکٹر محمد نعمان ہیں۔ اس مضمون میں اقبال کی فکر پر ہندوستانی مفکر بھرتری ہری کے اثرات کا جائزہ لیا گیا ہے۔ کلام اقبال کے بارے میں یہ مشہور ہے کہ اس میں مغربی اور ہندوستانی مفکرین کے نظریات سے استفادہ بھی شامل ہے۔ اقبال کے آبا و اجداد برہمن تھے۔ اس لئے اقبال نے ہندوستانی مذاہب اور ان کے پیروکاروں کی باتیں بھی اپنی شاعری میں پیش کی ہیں۔ اس سلسلے کی ایک کڑی بھرتری ہری ہے جو اپنے زمانے کا عیش پسند راجہ تھا بعد میں وہ جوگی اور سنیاسی بن گیا تھا۔ مضمون نگار نے بھرتری ہری کی اصل داستان زندگی بھی پیش کردی تاکہ قارئین اس کی اصل سے واقف ہوسکیں۔ مضمون نگار لکھتے ہیں کہ جاوید نامہ میں اقبال نے اپنے مرشد کامل رومیؒ کی رہنمائی میں عالم افلاک کا روحانی سفر طے کر کے مختلف ارواح رفتگان سے ملاقات کی انہیں میں ایک بھرتری ہری بھی شامل ہیں۔ رومی بھرتری ہری کا جس انداز میں تعارف اقبال سے کراتے ہیں اس ضمن میں ڈاکٹر محمد نعمان لکھتے ہیں:

> "اے ہندی النسل جادوگر! ہندوستان کے اس شاعر کو دیکھو، جس کے فیض سے شبنم کے قطرے موتی بن گئے۔ وہ نکتہ کو سنوارنے والا ہے۔ اس کا نام بھرتری ہری ہے۔ اس کی فطرت اس بادل کی مانند ہے جس میں آگ پوشیدہ ہے۔ اس نے باغ سے سوائے کلیوں کے اور کچھ نہ چنا۔ وہ صفات متضاد کامل ہے۔ رومیؒ اقبالؒ سے کہتے ہیں کہ خوشی کی بات ہے کہ

تمہارا نغمہ سن کر وہ تمہاری جانب متوجہ ہوگیا۔ وہ بادشاہ
بھی، شاعر بھی، درویش صفت انسان بھی، حالت فقر میں اس کا
مقام بہت بلند ہے وہ انوکھی فکر کی وجہہ سے آزاد طبعیت کا
مالک ہے۔اس کے دو حروف میں جہان معنی پوشیدہ ہے۔ وہ
زندگی کے حقائق سے آگاہ ہے وہ اگر جمشید ہے تو اس کا کلام
جام جمشید۔یعنی حقائق کا آئینہ۔ ۳۴

مجلس اقبال جلد چہارم میں شامل ان مضامین سے اندازہ ہوتا ہے کہ پروفیسر آفاق احمد نے مجلس اقبال کے سمیناروں میں پڑھے گئے مقالات کو کتابی شکل دے کر اقبالیات کے باب میں اہم اضافہ کیا ہے۔

مجلس اقبال جلد ششم

پروفیسر آفاق احمد کے زیر نگرانی مجلس اقبال جلد ششم کی اشاعت 1998ء میں عمل میں آئی۔کل ہند علامہ اقبال ادبی مرکز بھوپال کے صدر نشین مرزا فہیم بیگ نے پیش لفظ میں لکھا کہ اقبال کی یاد میں منائے جانے والے سمیناروں میں پڑھے گئے مقالات پر مشتمل یہ چھٹی کتاب پیش کی جارہی ہے۔اس کتاب میں حرف آغاز کے علاوہ آٹھ مقالات شامل ہیں۔جن کے نام اور مقالہ نگاروں کے نام اس طرح ہیں۔

1)	ڈاکٹر ذاکر حسین اور علامہ اقبال	پروفیسر جگن ناتھ آزاد
2)	اقبالیات: یورپ میں	ڈاکٹر نثار احمد فاروقی
3)	اقبال کو سمجھنے کے لئے	ڈاکٹر شمیم حنفی
4)	شعر اقبال کی اقداری جہات	ڈاکٹر قاضی عبید الرحمٰن ہاشمی
5)	اقبال اور اکبر	ڈاکٹر صغریٰ مہدی
6)	بچوں کے شاعر اقبال	ڈاکٹر محمد صابرین

7) جبریل وابلیس (ایک تجزیاتی مطالعہ) ڈاکٹر خالد محمود

8) ہم عصر زندگی میں اقدار کی شکست وریخت اور اقبال۔ پروفیسر نے دو بے

پروفیسر آفاق احمد نے مجلس اقبال جلد ششم کے حرف آغاز میں لکھا کہ اس کی پہلی دوسری اور پانچویں جلد ممنون صاحب نے ترتیب دی ہے۔ حرف آغاز میں مشمولات کا تعارف کرانے کے علاوہ ان مقالات کی اہمیت واضح کرتے ہوئے پروفیسر آفاق احمد لکھتے ہیں:

> ''آج مجلس اقبال کی چھٹی کتاب پیش کرتے ہوئے طمانیت کے عجیب احساس سے خود کو سرشار پا رہا ہوں کہ اس کتاب اور گذشتہ کتابوں کو ملا کر ایک ہزار سے زیادہ صفحات اشاعت پذیر ہو چکے ہیں۔ ان صفحات میں اقبال کی شخصیت اور ان کے فکر وفن کا وہ کون سا گوشہ ہے جس پر اقبال شناسوں نے روشنی نہیں ڈالی ہے۔ اور پھر بہت سے موضوعات تو ایسے ہیں جن پر ابھی تک کام نہیں ہوا تھا اور جو ایک مدت سے اس بات کا تقاضہ کر رہے تھے کہ کوئی اقبال شناس ان کو بھی اپنی تحریر کے دائرے میں لائے۔ ان میں خاص طور سے وہ سمینار اپنی معنویت ے لحاظ سے بے حد اہم تھا جس میں عصر حاضر میں قدروں کے بحران کو موضوع قرار دے کر علامہ اقبال کے تعلق سے اظہار خیال کا حق ادا کیا گیا۔'' ۳۵

مجلس اقبال جلد ششم میں شامل پہلے مضمون کا نام ''ڈاکٹر ذاکر حسین اور علامہ اقبال'' ہے۔ جس کے مضمون نگار ماہر اقبالیات جگن ناتھ آزاد ہیں۔ اس مضمون میں انہوں نے نظریات اور افکار کے اعتبار سے ڈاکٹر ذاکر حسین اور اقبال کے تقابلی مطالعہ پیش کیا۔ انہوں نے لکھا کہ ڈاکٹر ذاکر حسین اقبال سے بیس برس چھوٹے تھے۔ لیکن اپنی تحریروں میں انہوں نے بھی ایسی بہت سی

باتیں پیش کیں جو اقبال نے اپنی شاعری میں پیش کیں۔ تعلیمی مسائل میں دونوں کے خیالات میں پائی جانے والی یکسانیت کے ضمن میں جگن ناتھ آزاد لکھتے ہیں:

> ’’جہاں تک تعلیمی مسائل پر بات چیت کا تعلق ہے ڈاکٹر اقبال اور ڈاکٹر ذاکر حسین دونوں معلم بھی تھے اور مفکر تعلیم بھی۔ اس لئے بچوں کی تعلیم سے لے کر بڑوں کی تعلیم تک تمام مسائل پر انہوں نے نظر ڈالی ہے اور ان مسائل کے اکثر پہلوؤں پر دونوں کے افکار میں ایک حیرت انگیز مماثلت ملتی ہے۔۔۔۔ ڈاکٹر اقبال اور ڈاکٹر ذاکر حسین کا اس میں ایک کارنامہ یہ ہے کہ انہوں نے اپنی تمام مصروفیات میں سے وقت نکال کر بچوں کی زبان میں بھی بچوں کے لئے ادب تخلیق کیا۔ اقبال نے شعر میں اور ذاکر صاحب نے نثر میں۔ ذاکر صاحب کی کتاب ابو خاں کی بکری اور اقبال کی نظم لب پہ آتی ہے دعا بن کے تمنا میری۔ یا۔ ٹہنی پہ کسی شجر کی تنہا بلبل تھا کوئی اداس بیٹھا۔ یا۔ اک دن کسی مکھی سے کہنے لگا مکڑا۔ کو بچے کبھی فراموش نہیں کر سکتے۔ اگر چہ بچوں کے لئے ڈاکٹر اقبال اور ڈاکٹر ذاکر حسین نے زیادہ نہیں لکھا لیکن جتنا بھی لکھا ہے اس کی حیثیت روشنی کے اس مینار کی ہے جو راہ چلتے مسافروں کو رستہ دکھاتا رہتا ہے۔‘‘ ۳۶

مجلس اقبال جلد ششم میں شامل دوسرے مضمون کا نام ’’اقبالیات یورپ میں‘‘ ہے۔ جسے نثار احمد فاروقی نے لکھا ہے۔ اس مضمون اقبال کے حوالے سے یورپ میں ہوئے تحقیقی کام کا جائزہ پیش کیا گیا ہے۔ اس ضمن میں وہ لکھتے ہیں:

''ایک شاعراورایک مفکر کی حیثیت سے اقبال کا تعارف یورپ کی علمی دنیا سے ڈاکٹر نکلسن ہی نے کرایا۔ بعد میں کیمبرج یونیورسٹی کے ایک نامور فرزند آرتھر جان بیری نے اقبال کی کئی فارسی کتابوں کا انگریزی میں ترجمہ کیا۔ پروفیسر وکٹر کیرنن بھی ٹرینیٹی کالج کیمبرج کے تعلیم یافتہ ہیں انہوں نے اقبال کی اردو غزلوں اور نظموں کا انتخاب کرکے انگریزی میں ترجمہ کیا۔ یہ Poems of Iqbal کے نام سے شائع ہوا۔۔۔۱۹۴۸ء میں پہلی بار انگلستان میں یوم اقبال منایا گیا۔ ۱۹۷۷ء میں ڈاکٹر سعید درانی برمنگھم یونیورسٹی اور این اسٹیفنس سابق ایڈیٹر کی کوشش سے کیمبرج یونیورسٹی میں اقبال چیر آف اسلامک اسٹڈیز بھی قائم ہوگئی۔اسی طرح ۱۹۷۹ء میں ہائیڈل برگ یونیورسٹی میں اقبال چیر قائم ہوئی۔اس کے لئے پروفیسر انا میری شمیل اور منیر احمد شیخ نے کوشش کی۔'' ۳۷

مندرجہ بالا معلومات سے اندازہ ہوتا ہے کہ اقبال کی شہرت یورپ میں بھی رہی اور اس میں روز افزوں اضافہ ہوتا گیا۔ایک بڑے شاعر کی یہ نشانی ہے کہ اس کی مقبولیت عالمی سطح پر ہوتی ہے اور اس کے کلام کے تراجم دیگر زبانوں میں بھی کئے جاتے ہیں تاکہ عالمی سطح پر ایک شاعر کی فکر کو پہونچایا جاسکے۔مجلس اقبال جلد ششم میں شامل تیسرے مضمون کا نام ''اقبال کو سمجھنے کے لئے'' ہے۔ جس کے مصنف شمیم حنفی ہیں۔اس مضمون میں انہوں نے اقبال پر کی جانے والی تنقید، تحقیق اور تشریح کا جائزہ لیا اور مجموعی طور پر اس بات پر افسوس کا اظہار کیا کہ لوگوں نے اقبال کی فکر کی تعبیر کو اہمیت دینے کے بجائے اپنے خیالات کو اہمیت دی۔اقبال کو سمجھنے کے ضمن میں شمیم حنفی لکھتے ہیں:

''اقبال کی شاعری کا دائرہ محض اپنے تاریخی، حسی، جذباتی

رمز کی بنا پر اور یہ تعین بھی بس ایک حد تک ممکن ہے اقبال کی شاعری سے ہر مضمون اور بعض اوقات تو متضاد مضامین کے شعر نکالے جاسکتے ہیں۔مگر اس طرح صرف ایک سرا ہاتھ آتا ہے پوری اکائی نہیں۔اقبال کی شاعری سے وابستہ فکری مسئلوں کی طرح اس شاعری کی بیرونی اور داخلی ہیئت کے عام عناصر بھی ہمارے لئے بہ ظاہر اجنبی نہیں ہیں۔ مانوس تلمیحات، مانوس استعارے اور علامتیں، مانوس لفظیات، مانوس تاریخی، سماجی تہذیبی حوالے اور مانوس زمانی پس منظر کی وجہہ سے اقبال عام مطالعے میں بہ ظاہر پیچیدہ نہیں ٹھہرتے یا کم از کم ان کی شاعری بہت پیچیدہ نہیں ٹھہرتی۔۔۔سچ تو یہ ہے کہ اقبال کو معاندانہ اور معترضانہ تنقید نے اتنا نقصان نہیں پہونچایا جتنا کہ خالی خولی توصیفی اور عقیدت مندانہ قسم کی تحریروں نے۔ اقبال اردو کے سب سے بڑے شاعر یا کم سے کم اردو کے بلند ترین شاعروں میں سے ایک کا مرتبہ رکھتے ہیں۔ایک ہی سانس میں ان کا نام اگر لیا جاسکتا ہے تو صرف میر اور غالب کے ساتھ۔ان کی شاعری اپنا سب سے بڑا دفاع خود ہے کہ ایک منفرد اور بڑے شاعر کی حیثیت سے اقبال نے اپنے دفاع کے لئے بھی منفرد علامات اور اعلی امتیازات قائم کئے ہیں۔ ایسی صورت میں اقبال کے شارحین کی اکثریت جن میں یا تو ایسے لوگ ہیں جو شاعری کو ایک شاعری کے پیمانے کے سوا دوسرے پر پیمانے پر جانچنا چاہتے ہیں اور اس عمل میں صرف

> علوم کی کتابوں سے ماخوذ معلومات کا سہارا کافی سمجھتے ہیں یا پھر ایسے لوگ ہیں جن کا ذہن عامیانہ اور پرواز محدود ہے۔ اقبال کے شعور اور بصیرتوں کی اڑان کے ساتھ دینے کی صلاحیت سے محروم ہیں۔" ۳۸؎

مجلس اقبال جلد ششم میں شامل چوتھے مضمون کا نام "شعر اقبال کی اقداری جہات" ہے۔ اس مضمون کے مصنف قاضی عبیدالرحمٰن ہاشمی ہیں۔ اس مضمون میں انہوں نے کلام اقبال کی فنی، جمالیاتی، سیاسی، سماجی، مذہبی اور روحانی قدروں کو اجاگر کرنے کی کوشش کی ہے۔ اقبال کے مختلف اشعار کی مدد سے انہوں نے واضح کیا کہ کلام اقبال میں آفاقی اقدار پائی جاتی ہیں۔ کلام اقبال میں روحانی اور مذہبی اقدار کی اہمیت بیان کرتے ہوئے قاضی عبیدالرحمٰن ہاشمی لکھتے ہیں:

> اقبال اپنی ذات مشاہدے اور گہرے استغراق سے یہ تسلیم کرنے پر مجبور تھے کہ تمام بہترین اقدار کا سرچشمہ ایک سچا آفاقی دین ہی ہوسکتا ہے۔ جس سے مخلصانہ اور غیر مشروط وابستگی مسرت کی ضامن ہوسکتی ہے۔ بلکہ اس طور سے ہٹ جانے کی صورت میں انسانی زندگی کا قافلہ یوں بھٹکتا رہتا ہے کہ وہ کبھی منزل مراد تک نہیں پہونچتا۔ اس رمز سے باخبر تھے اور انہیں قلق تھا کہ انہوں نے جس معاشرے میں آنکھیں کھولیں وہ سیاسی، سماجی اور اقتصادی طور پر پابہ جولاں تو تھا ہی اس کے نوجوانوں کی خودی بھی اپنی موت آپ مر چکی تھی۔ ایک غیر متعین بھیانک مستقبل کے تصور نے ان نوجوانوں کی زندگیوں کو اتھاہ مایوسی اور بے پناہ غم سے بھر دیا تھا۔ لیکن اقبال نے افسردگی اور احساس شکست کے اس المناک ماحول میں

محض گریہ وزاری کو اپنا شعار بنانے کے بجائے روحانی ایقان
کے راستے سے ہی مسائل پر قابو حاصل کرنے کی کوشش کی۔
اس موڑ پر اقبال کی رہنمائی ان کے تصور عشق سے ممکن
ہوئی۔۔۔ اقبال نے اپنے انقلابی مذہبی و روحانی فکر کے
تعارف کا وسیلہ اس مانوس روایت کو بنایا۔'' ۳۹؎

مضمون کے آخر میں مضمون نگار نے اس بات کو اجاگر کیا کہ اقبال کے کلام سے اقدار کا حصول تہذیبی ورثے کے تحفظ کے مماثل ہے۔

مجلس اقبال جلد ششم میں شامل پانچویں مضمون کا نام ''اقبال اور اکبر'' ہے۔ جسے صغری مہدی نے لکھا۔ اس مضمون میں اقبال اور اکبر کے مختلف موضوعات پر کہے گئے اشعار کا تقابلی مطالعہ پیش کیا گیا ہے۔ مذہب، تعلیم، پردہ اور دیگر سماجی موضوعات پر اقبال اور اکبر دونوں نے فکر انگیز اشعار کہے ہیں۔ صغری مہدی اس ضمن میں لکھتی ہیں۔

''اکبر اور اقبال دونوں نے مغرب کی طرز زندگی ہی نہیں
طرز فکر کے فرق کو واضح کیا اور مغربی طرز کی خامیوں اور مادہ
پرستی کو طنز و مزاح کا نشانہ بنایا۔ ان دونوں نے مذہب کی اہمیت
پر زور دیا۔ تقلید مغرب کی مخالفت کی اور اس وقت رائج شدہ
تعلیم کے کھوکھلے پن کی طرف اشارہ کیا۔۔۔ اقبال اور اکبر
کے بنیادی تصورات اور خیالات ایک تھے دونوں کا تہذیبی
تصور بھی ایک تھا۔ دونوں مشرقی طرز فکر کے موئد اور مغربی
تہذیب کے ناقد ہیں۔ اقبال نے مغرب کی تنقیدی روایت
اکبر سے لی اور اکبر کے چھوڑے ہوئے دھندلے نقوش پر
انہوں نے اپنی شاعری کی بلند و بالا عمارت تعمیر کی۔'' ۴۰؎

مجلس اقبال جلد ششم میں شامل چھٹے مضمون کا نام ''بچوں کے شاعر اقبال ایک سرسری جائزہ'' ہے۔ جسے محمد صابرین نے لکھا ہے۔اس مضمون میں بچوں کے لئے کہی گئی اقبال کی نظموں کی اہمیت واضح کی گئی ہے۔محمد صابرین اس ضمن میں لکھتے ہیں۔

''اقبال کی بعض نظموں کو درسی کتابوں میں شامل کیا گیا ہے۔ مثلاً بچے کی دعا' پرندے کی فریاد' ایک گائے اور بکری' ایک پرندہ اور جگنو' ماں کا خواب' ایک مکڑا اور مکھی اور ایک پہاڑ اور گلہری وغیرہ۔ یہ اقبال کی ایسی نظمیں کہی جاسکتی ہیں جو مڈل تک جماعتوں میں سے کسی نہ کسی درجے کے لئے بچوں کی دلچسپی اور ان کے مطلوبہ معیار کے مطابق ہیں۔ ان نظموں میں نغمگی ہے ترنم ہے اور بچے انہیں بہ آسانی زبانی یاد بھی کر سکتے ہیں۔ ان نظموں کا مطلب یا مفہوم سمجھنا اور سمجھانا اقبال کی دوسری نظموں کے مقابلے میں مشکل نہیں ہے۔ اقبال کا ترانہ سارے جہاں سے اچھا ہندوستان ہمار۔ تو بے مثال ہے۔ جس کے ذریعے انہوں نے عوام میں حب الوطنی کے جذبے کو بیدار کرنے کی کوشش کی ہے۔ اسی طرح شمع و پروانہ ایک آرزو۔ جگنو۔ نیا شوالہ۔ چاند اور تارے۔ ایک شام۔ ستارہ۔ دوستارے۔ ایثار۔ صدیق۔ موٹر۔ جنگ یرموک کا ایک واقعہ۔ چاند وغیرہ ان کی ایسی نظمیں ہیں جنہیں بچوں کی دلچسپی کے زمرے میں رکھا جاسکتا ہے۔ مگر ان کا مطلب سمجھنا بچوں کے لئے مشکل ہے۔ اس کا سب سے بڑا سبب ان نظموں میں شاعر کے فلسفیانہ خیالات کی گہرائی ہے۔

اس مضمون میں ایک اہم بات کی طرف اشارہ کیا گیا ہے کہ فلسفیانہ خیالات کے سبب بچے اقبال کی نظموں کو مکمل طور پر نہیں سمجھ سکتے لیکن ان نظموں کا مکالماتی اور واقعاتی انداز ضرور بچوں کی تفہیمی صلاحیت میں آسانی پیدا کرتا ہے۔

مجلس اقبال جلد ششم میں شامل ساتویں مضمون کا نام ''جبریل و ابلیس'' ہے۔ جس کے مصنف خالد محمود ہیں۔ اس مضمون میں اقبال کی مشہور نظم ''جبریل و ابلیس'' کے حوالے سے اقبال کے افکار کو پیش کیا گیا ہے۔ نظم کے تنقیدی مطالعے کے دوران خالد محمود لکھتے ہیں:

> ''نظم کے پہلے مصرعے کا پہلا ہی لفظ یعنی'' ہمدم دیرینہ'' جبریل و ابلیس کی قدیم وطویل رفاقت کے اظہار کا بہترین ذریعہ بن کر سامنے آتا ہے۔ مصرعہ کے آغاز میں اس لفظ کی ادائیگی سے یوں محسوس ہوتا ہے کہ جبریل کو ابلیس کی جدائی کا قلق ہے۔ وہ اپنے پرانے دنوں کو یاد کرتے ہیں۔ اور ابلیس کو دیرینہ ہمدمی کے مہ وسال یاددلاتے ہیں۔ اس لفظ کے معنی میں ماضی کی طویل داستان پوشیدہ ہے۔ قیاس ہے کہ ابلیس جو ناری ہے انکار سے پہلے بھی بہت شرارتیں کرتا ہوگا۔ فرشتوں کو بہکانے کی کوشش بھی اس نے ضرور کی ہوگی۔ مگر فرشتوں میں بہکنے کی صلاحیت ہی نہیں اس لئے اس کی مایوسی دیکھنے کے لائق ہوتی ہوگی۔ فرشتے اسے مایوس دیکھ کر خوش ہوتے ہوں گے اور عجب نہیں کہ اسے چھیڑتے بھی ہوں گے۔ ۔۔ جبریل اپنے پرانے رفیق سے اس کی خیریت دریافت کریں گے اور اس کا حال پوچھیں گے۔ مگر جبریل نے ایسا نہیں کیا کیوں کہ جبریل کو ابلیس کے بارے میں خوب معلوم

تھا کہ وہ نافرمانی کی وجہ سے ملعون و مردود ہے اس لئے اگر اس کا حال چال پوچھتے تو ابلیس سمجھتا کہ جبریل اس پر طنز کر رہے ہیں۔۔ بال جبریل میں شامل اقبال کی یہ مشہور نظم جبریل وابلیس اگر چہ کل بائیس مصرعوں پر مشتمل ہے (جن میں صرف پانچ مصرعے حضرت جبریل کی زبان سے ادا ہوئے ہیں۔ باقی مصرعوں میں ابلیس کے جوابات ہیں) مگر اپنے موضوع، مواد اور فن شعر کے لحاظ سے فصاحت و بلاغت کا ایسا دلچسپ اور فکر انگیز مرقع ہے کہ کئی طویل نظموں سے زیادہ اہمیت حاصل کر گئی ہے۔'' [41]

مجلس اقبال جلد ششم میں شامل آٹھویں مضمون کا نام ''ہم عصر زندگی میں اقدار کی شکست وریخت اور اقبال'' ہے۔ جس کے مصنف ونے دوبے ہیں۔ مضمون شائد انگریزی یا ہندی میں لکھا گیا ہے اور اس کا ترجمہ نوشابہ نسیم نے کیا۔ مضمون میں عصر حاضر کی قدروں کی شکست وریخت بیان کرتے ہوئے اقبال کے کلام سے سبق حاصل کرنے کی بات کی گئی ہے۔ مضمون نگار دوبے اس ضمن میں لکھتے ہیں:

''علامہ کی شاعری میں عصر جدید کے تمام تقاضے موجود ہیں۔ یہ علامہ کے وسیع تر انسانی تفکر کے اظہار کا ذریعہ ہیں۔ یہ علامہ کی جس حسیت سے مربوط ہیں وہ ان کی وسیع المشرب اور بے لوث انسانیت دوستی ہے۔ علامہ وسیع تر انسان دوستی کے عظیم شاعر ہیں۔ چاہے وہ دوآبہ کا مسلمان ہو یا پنجاب کا کسان، وہ چاہے عورت ہو یا کوئی افغان یا کوئی انسان۔ علامہ اس کے وجود کو پہچانتے ہیں۔ اور اس کی فکر کرتے ہیں۔ یہی

انسان ہے جو علامہ کی شاعری میں ہندوستان کا عام آدمی ہے۔
اپنے دور کی تمام انسانی اقدار کے زوال کے تناظر میں علامہ کی
مخلصانہ فکر کا مرکز یہی عام آدمی ہے اس لئے وہ اپنے دین و
ایمان بیچ دینے والے کسی عالم فاضل سے نہیں بلکہ اسی عام
انسان سے اپنے خودی کو پہچاننے' اس کی حفاظت کرنے اور
اسے بلند کرنے کا تقاضہ کرتے ہیں۔ اسے ہوشیار کرتے
ہیں۔'' ۴۲

اس مضمون کے ساتھ مجلس اقبال جلد ششم کے مضامین کا اختتام عمل میں آتا ہے۔ مجلس اقبال کی دیگر جلدوں کی طرح اس جلد میں بھی کلام اقبال اور فکر اقبال کے تعلق سے اہم مضامین ملتے ہیں۔ اس طرح پروفیسر آفاق احمد نے مجلس اقبال کا یہ سلسلہ شروع کرتے ہوئے اقبالیات پر لکھے گئے اور مختلف سمیناروں میں پڑھے گئے مضامین کو کتابی شکل دیتے ہوئے اقبال سے متعلق اہم مواد کو محفوظ کر دیا ہے جو اقبال کی شاعری کے مختلف گوشوں کو سمجھنے میں معاون ہیں۔

مجلس اقبال جلد ہفتم

پروفیسر آفاق احمد کی جانب سے مرتب کردہ مجلس اقبال جلد ہفتم کل ہند علامہ اقبال ادبی مرکز بھوپال سے یکم جنوری ۲۰۰۰ء کو شائع ہوئی۔ اس جلد میں پروفیسر آفاق احمد کے لکھے حرف آغاز کے علاوہ مختلف دانشوروں کے دس مضامین شامل ہیں جن کے نام اس طرح ہیں۔

(1	اقبال صرف مسلمانوں کے شاعر	پروفیسر جگن ناتھ آزاد
(2	اقبال اور جگن ناتھ آزاد	ڈاکٹر خلیق انجم
(3	اقبال اور ذہن ہندی	ڈاکٹر تنویر احمد علوی
(4	علامہ اقبال اور جامعہ ملیہ اسلامیہ	ڈاکٹر صغری مہدی
(5	فکر اقبال پر ہندوستانی فلسفے کے اثرات	ڈاکٹر عبدالحق

6) شعرِ اقبال پر ہندوستانی فلسفے کے اثرات　　ڈاکٹر قاضی عبید الرحمٰن ہاشمی
7) سرسید احمد خان اور ان کا ایک عقیدت مند اقبال　پروفیسر عبدالقوی دسنوی
8) اقبال کا محدود اور لامحدود کے ساتھ معاملہ　　ڈاکٹر سید حامد حسین
9) اقبال۔ اندلس کا غم اور مسجدِ قرطبہ　　پروفیسر حسن مسعود
10) اقبال کا نظریہ فن اور ہماری شاعری　　ڈاکٹر محمد نعمان خان

حرفِ آغاز کی ابتدا کرتے ہوئے پروفیسر آفاق احمد لکھتے ہیں:

''نئی صدی اقبال کے ترانہ ہندی کی بھی صدی ہوگی۔ ۱۹۰۴ء میں ''ہمارا دیس'' کے نام سے جب پہلی بار یہ نظم شائع ہوئی تھی تو کسے معلوم تھا کہ جیسے جیسے وقت گذرتا جائے گا اس کی قدر و منزلت اور مقبولیت میں اضافہ ہوتا جائے گا اور کروڑوں ہندوستانیوں کو اس میں اپنا دل دھڑکتا محسوس ہوگا۔ ۲۰۰۴ء میں ترانہ ہندی کی تخلیق کو ایک صدی پوری ہو جائے گی۔ میرا یہ سوچا سمجھا خیال رہا ہے اور ایک سے زیادہ بار میں نے اس کا اپنی تقریروں اور تحریروں میں اظہار کیا ہیکہ جب ہم بڑے ادیبوں اور شاعروں اور رہنماؤں کی صدیاں مناتے ہیں تو کیا یہ مناسب نہیں ہوگا کہ ہم ان عظیم تخلیقات کی بھی صدیاں منائیں جو زمانے کے سرد گرم سہنے کے باوجود نہ صرف زندہ ہیں بلکہ جن کی تابندگی میں اِضافہ ہوتا چلا گیا۔۔۔ اقبال کے ارادت مندوں کی خدمت میں نئی صدی کے تحفے کے طور پر مجلس اقبال کی ساتویں جلد اس وعدے کے ساتھ پیش خدمت ہے کہ عنقریب ان کے ہاتھوں میں آٹھویں جلد بھی ہوگی۔

اور آخر میں یہ کہوں گا کہ بیسویں صدی بھی اقبال کی تھی ان سے
بڑا شاعر اس صدی میں کوئی دوسرا نہ تھا اور اکیسویں صدی بھی
اقبال کی ہی ہوگی کہ ان کے کلام کی معنویت ہر گذرے لمحے
کے ساتھ اجلی سے اجلی ہوتی جا رہی ہے۔'' ۴۳

پروفیسر آفاق احمد نے اقبال کے ترانہ ہندی کی تخلیق کی صدی تقارب منانے کی بات درست کہی ہے کہ ہندوستان کو وطن پرستی پر مبنی اس سے زیادہ شاہکار نظم کسی اور شاعر نے نہیں دی۔

مجلس اقبال جلد ہفتم میں شامل پہلے مضمون کا عنوان ''اقبال۔صرف مسلمانوں کے شاعر'' ہے۔جس کے مصنف ماہر اقبالیات جگن ناتھ آزاد ہیں۔اس مضمون میں اقبال کے تعلق سے اہم مسئلہ کو اٹھایا گیا کہ کیا اقبال صرف مسلمانوں کے شاعر ہیں۔جیسا کہ ہندوستان میں یہ تاثر دیا گیا کہ اقبال نے صرف اسلام اور مسلمانوں کی بات کی ہے اور مسلمانوں نے اقبال کی بہت حمایت کی ہے۔ فکر اقبال مخاطب اقبال کی تفصیل بیان کرتے ہوئے جگن ناتھ آزاد لکھتے ہیں:

''جہاں تک پہلے سوال کا تعلق ہے اس کے جواب کے
لئے نہ کسی تحقیق کی ضرورت ہے اور نہ اس میں کسی شک وشبہ کی
گنجائش ہے کہ اقبال کا بنیادی سر چشمہ افکار قران اور حدیث
ہیں۔لیکن اس سے یہ مراد لینا کہ اس کے علاوہ مشرق و مغرب
کے تمام فکری دھاروں سے اقبال بے نیاز رہے ہیں اقبال کے
فکر وفن کے باتوجہ مطالعے کا نتیجہ نہیں۔۔۔ان کی شخصیت کی
تعمیر میں اسلامی فکر کے ساتھ ہی ساتھ قدیم ہندوستانی فلسفہ اور
مارکس اور اینگلز کا جدلیاتی مادی نظام فکر بھی شامل ہے۔۔۔
اس معاملے میں دو رائیں نہیں ہوسکتی ہیں کہ کلام اقبال میں
اکثر و بیشتر مواقع پر اقبال کے اولین مخاطب مسلمان ہیں لیکن

اسی تخاطب میں پھر بسا اوقات اقبال نے مسلمانوں کے پردے میں سارے عالم انسانیت سے بات کی ہے۔ سورج مشرق سے طلوع ہوتا ہے اور مشرق سے اس کی مناسبت ازلی اور ابدی ہے لیکن اس کے باجود خورشید کی روشنی صرف مشرق تک محدود نہیں ہے وہ اپنے انوار سے مشرق' مغرب' شمال جنوب' افلاک زمین ہر ایک کو منور کرتا ہے اور اس مثال کی روشنی میں اس سوال کا جواب کہ کیا اقبال مسلمانوں کے شاعر ہیں میرے نزدیک یہ ہے کہ اقبال مسلمانوں کے شاعر بھی ہیں ہندوؤں اور عیسائیوں' سکھوں بودھوں اور پارسیوں کے' ہندوستان بلکہ ہندوستان کی بیداری کے شاعر بھی ہیں۔ ایشیا اور بالخصوص مغربی ایشیا کی بیداری کے شاعر بھی ہیں اور عالم انسانیت کے شاعر بھی ہیں۔''۴۴

جگن ناتھ آزاد نے یہ درست تجزیہ کیا کہ بہ ظاہر اقبال کے مخاطب مسلمان ہیں لیکن ان کا پیغام ساری انسانیت کے لئے ہے اس لئے اقبال کو صرف مسلمانوں کا شاعر قرار دینا تنگ نظری ہوگی اور روشنی کے دروازے اپنے آپ پر بند کرنے کے مماثل ہوگا۔

مجلس اقبال جلد ہفتم میں شامل دوسرے مضمون کا عنوان ''اقبال اور جگن ناتھ آزاد'' ہے۔ جس کے مصنف خلیق انجم ہیں۔ اس مضمون میں ماہر اقبالیات جگن ناتھ آزاد کے اقبالیات پر کئے گئے کام کا مفصل جائزہ پیش کیا گیا ہے۔ ہندوستان میں اقبال کے تعلق سے برتے جانے والے تعصب اور بعد میں اقبال کے پیغام کو عام کرنے میں جگن ناتھ آزاد کی کاوشوں کو بیان کرتے ہوئے خلیق انجم لکھتے ہیں:

''آزادی کے بعد جب ہندوستان تقسیم ہوا تو زمین کے

علاوہ بہت سی دوسری چیزیں بھی تقسیم ہوئیں۔ ہماری بدنصیبی ہے کہ ادب بھی تقسیم ہوا۔ پنجابی، سندھی اور دوسری زبانوں کا کیا حشر ہوا اس کا تو مجھے اندازہ نہیں۔لیکن اردو کے بارے میں کہہ سکتا ہوں کہ اقبال کو پاکستان والے لے گئے اور غالب ہندوستان میں رہ گئے۔ پاکستان میں اقبال کو قومی ہیرو کا مرتبہ دیا گیا۔ اور اسلام سے ان کی محبت کو اتنے بڑے پیمانے پر نمایاں کیا گیا کہ ان کی فکر کے دوسرے اہم پہلو دب کر رہے گئے۔ اس کا ردعمل یہ ہوا کہ کچھ فرقہ پرست عناصر نے ہندوستان میں اقبال کو صرف مسلمانوں اور پاکستان کا شاعر بنا کر پیش کیا۔ سیکولر ذہن کے لوگ جن کا عقیدہ تھا کہ اقبال صرف مسلمانوں کا نہیں پوری انسانیت کا شاعر ہے اقبال کا نام لیتے ہوئے ڈرتے تھے۔ کیوں کہ اقبال سے محبت کرنے والوں کو فرقہ پرست یا پاکستانی کہا جاتا تھا۔۔ ہندوستان آزاد ہوتے ہی ملک میں دو موضوعات کے متعلق بڑی حد تک خاموشی چھا گئی ایک اردو اور دوسرا اقبال۔۔ کالجوں اور یونیورسٹیوں سے اقبال کا کلام خارج کر دیا گیا تھا۔ ان کا نام لینے والوں کو پاکستانی یا غدار کہا جاتا تھا۔ اسی زمانے میں پروفیسر جگن ناتھ آزاد نے علامہ اقبال پر مضامین لکھ کر ان کی عظمت کے گیت گائے تھے۔۔ پروفیسر جگن ناتھ آزاد کو اقبال سے محبت ورثے میں ملی تھی۔ ان کے والد تلوک چند محروم اردو کے ممتاز شاعر تھے اور انہیں اقبال سے غیر معمولی عقیدت

تھی۔۔آزادی کے بعد ہندوستان میں علامہ اقبال پر سب
سے زیادہ کتابیں اور مضامین پروفیسر جگن ناتھ آزاد صاحب
نے لکھی ہیں۔آزاد صاحب اقبال پر اب تک پندرہ کتابیں لکھ
چکے ہیں۔۔۔آزاد صاحب ان چند ماہرین اقبالیات میں ہیں
جنہوں نے اقبال کے فکری پس منظر کو ہر تعصب سے بلند ہوکر
دیکھنے کی کوشش کی ہے۔ پاکستان سے جتنی کتابیں شائع ہوئی
ہیں ان میں اقبال کے اس پہلو کو نظر انداز کر دیا جاتا ہے۔اس
نقطہ نظر سے اگر ہم آزاد صاحب کی تحریروں کا مطالعہ کریں تو وہ
علامہ اقبال کے ایک منفرد نقاد نظر آتے ہیں۔''[45]

جگن ناتھ آزاد نے ہندوستان میں اقبال شناسی کو جس انداز میں آگے بڑھایا اس کے بعد اقبال کے تعلق سے لوگوں کی سوچ میں تبدیلی آئی اور انہیں مسلمانوں کا یا موافق پاکستان شاعر کے بجائے ایک مفکر اور فلسفی شاعر کے طور دیکھا جانے لگا اور اقبال کو جامعات اور دیگر مقامات پر جائز مقام دیا گیا۔

مجلس اقبال جلد ہفتم میں شامل تیسرے مضمون کا عنوان ''اقبال اور ذہن ہندی'' ہے۔ اس مضمون کو تنویر احمد علوی نے لکھا ہے۔اس مضمون میں انہوں نے کلام اقبال میں موجود ہندوستانی فکر و فلسفہ اور عناصر کی نشاندہی کی ہے۔اقبال کی فکر کا اصل منبع اسلام اور قرآن ہی ہے لیکن انہوں نے ہندوستان کی دیو مالائی روایات سے بھی کام لیا اور اپنے مفہوم کو واضح کرنے کی کوشش کی ہے۔اس ضمن میں وہ لکھتے ہیں:

''قرآن کا یہ کہنا کہ ہم نے ہر قوم کی طرف ہدایت کرنے
والے بھیجے اور ہر امت کے لئے رسول مبعوث فرمائے۔اسی
حقیقت کی طرف اشارہ ہے۔ ہندوستان میں رشی منی، اوتار اور

دیوتا یہ کام کرتے رہے ۔ اسلام میں دیوتا موجود نہیں لیکن فرشتے ہیں۔ اور ان کا خدائی مرضی اور اولوہی منشا کے مطابق کاموں کو انجام دینا اور غیبی قوتوں سے آراستہ و سرفراز ہونے ہمارے ایمان کا بھی حصہ ہے۔ اس صورتحال کی موجودگی میں اگر ہند اسلامی فلسفے میں مشترک امور کو تلاش کیا جائے تو وہ تار حریر دو رنگ کی طرح ایک دوسرے سے قریب تر نظر آئیں گے۔ اور اقبال کی فکر کا ایک روشن پر تو انہیں کی آمیزش سے عبارت ہے۔۔۔ اقبال نے اپنے فارسی تخلیق ناموں میں جگہ جگہ ہندوستانی تہذیب و تاریخ کے بہترین کرداروں کو ان کے تہذیبی معنویت کے ساتھ پیش کیا ہے۔ اس سے ظاہر ہوتا ہے کہ وہ اپنے آبائی تہذیب و تاریخ سے نہ صرف یہ ہے کہ محبت کرتے ہیں بلکہ اس کے معنی سے معنویت تک پہونچنا چاہتے ہیں۔ ان کی توجہ نقطہ توحید پر مرکوز ہے لیکن وحدت کے دائرے کی اپنی توسیعات اور توجیحات ہیں جنہیں اقبال کے مطالعے کے وقت نظر انداز نہ کیا جانا چاہئے۔[۴۶]

مجلس اقبال جلد ہفتم میں شامل چوتھے مضمون کا عنوان ''علامہ اقبال اور جامعہ ملیہ اسلامیہ'' ہے۔ جسے صغریٰ مہدی نے لکھا ہے۔ اس مضمون میں جامعہ ملیہ کے اساتذہ کی جانب سے اقبال پر لکھے گئے مضامین اور جامعہ سے اقبال کے تعلق کا ذکر ہے۔ اقبال کو جامعہ میں خدمات کی پیشکشی کے ضمن میں صغریٰ مہدی لکھتی ہیں:

''جامعہ ملیہ اسلامیہ فاؤنڈیشن کمیٹی نے گاندھی جی کی سربراہی میں بالاتفاق یہ تجویز منظور کی کہ اس نئے ادارے کا

سربراہ علامہ اقبال ہوں۔اور اس کی اطلاع علامہ کو بذریعے تار دی گئی اور گاندھی جی نے ان کو خط بھی لکھا ''مسلم یونیورسٹی (جامعہ ملیہ اسلامیہ) آپ کو آواز دے رہی ہے۔آپ اسے اگر اپنے ہاتھ میں لے لیں تو یہ آپ کی فاضلانہ قیادت میں ترقی کر سکے گی۔حکیم اجمل خاں کے علاوہ علی برادران کی بھی یہی خواہش ہے۔''اقبال نے اس یونیورسٹی کے قیام کی تائید کی مگر یہ کہہ کر معذرت کر دی کہ ''میں یہ نہیں سمجھتا ہوں کہ مجھ میں وہ تمام صفات موجود ہیں جو کسی ایسی یونیورسٹی کی رہنمائی کے لئے ضروری ہیں۔جسے اپنی زندگی کے ابتدائی دور میں ہر طرح کی جدوجہد اور رقابتوں کا سامنا کرنے کا امکان ہو اور پھر میں طلبا میں امن و آشتی کی فضا میں کام کرنے کا اہل ہوں''۔۔۔۔۱۹۳۵ء میں جامعہ نگر میں اس کی پہلی عمارت کا سنگ بنیاد رکھا گیا تو اس وقت جن اکابرین قوم نے مبارکبادی کے پیام بھیجے ان میں ڈاکٹر اقبال کا پیام بھی تھا۔۔خدا اور رسول سے عشق رکھنے والے ڈاکٹر اقبال ساری عمر مسلمانوں میں روح پھونکتے رہے آپ جب بھی جامعہ آتے لڑکوں کو نصیحت کرتے وہ دین اور دنیا دونوں کو سمجھنے کی کوشش کریں اور اپنے اندر اسلام کی سچی تڑپ پیدا کریں۔'' ۴۷

مضمون نگار نے تحقیقی انداز میں جامعہ اور اقبال سے متعلق بہت سی باتوں کو اس مضمون میں شامل کیا ہے۔مجلس اقبال جلد ہفتم میں شامل پانچویں مضمون کا عنوان ''فکر اقبال پر ہندوستانی فلسفے کے اثرات'' ہے۔جسے عبدالحق نے لکھا ہے۔اس مضمون میں فکر اقبال کی تشکیل میں ہندوستانی

فلسفے کے استعمال کی تفصیلات دی گئی ہیں۔عبدالحق لکھتے ہیں:

''مطالعہ اقبال کا یہ طریق زیادہ مفید کارنہیں اور نہ یہ مستحسن یامقبول اقدام ہے۔کیونکہ اقبال ایک کلیت کا نام ہے جس میں مختلف اجزائے تفکر کاخمیر شامل ہے۔آپ اس بدیہی حقیقت کی توثیق فرمائیں گے کہ اقبال کی فکر رسا متنوع عناصر سے عبارت ہے۔۔فکر اقبال کی ترتیب وساخت میں ہندی اثرات کی مہم جوئی کے لئے کچھ مقدمات قائم کئے جاسکتے ہیں۔۔اقبال کا یہ اقرار کہ وہ برہمن نژاد ہیں اور برہمن ہندوستانی تفلسف کا موجد ہی نہیں امین اور مبلغ بھی رہا ہے۔فلسفہ کا یہ نفوذ ان کا آبائی ورثہ ہے۔اوران کے گردش خون میں رواں دواں ہےاورایک امتیاز کا سبب بھی۔۔۔وہ برہمن زادگی کے باوجود روم وتبریز کے اسرار ورموز سے آشنا ہیں۔کلام اقبال میں برہمن کاخصوص کے ساتھ ذکر ہے کیوں کہ وہ فکرونظر کا محافظ اورعلامت کا رجہ رکھتا ہے۔[۴۸]

مجلس اقبال جلد ہفتم میں شامل چھٹے مضمون کا عنوان ''شعر اقبال پر ہندوستانی فلسفے کے اثرات'' ہے۔جس کے مصنف قاضی عبید الرحمٰن ہاشمی ہیں۔اس مضمون میں بھی اقبال کی شاعری میں ہندوستانی فلسفے کے اثرات پیش کئے گئے ہیں۔اس ضمن میں مضمون نگار لکھتے ہیں:

''اقبال نے ہمیشہ خلوص دل سے قدیم ہندوستانی تہذیبی میراث اورعلمی تفوق وبرگزیدگی کا نہ صرف اعتراف کیا ہے بلکہ ان سے استفادہ بھی کیا ہے۔۔ ایران میں فلسفہ ما بعد الطبعیات کا ارتقاء کے مطالعے کے دوران اقبال نے

ہندوستانی مذاہب ادیان اور فلسفوں کا بڑی گہرائی کے ساتھ مطالعہ کیا تھا۔۔اقبال کی تخلیقی زندگی میں ہندوافکار وعقائد کے رد وقبول کی صورتیں لا متناہی ہیں۔اقبال کے نظریہ فنا پر بھی ہندوفکر آتما کے سائے لرزاں معلوم ہوتے ہیں۔۔اقبال کے ہاں گوتم بدھ کے فلسفیانہ افکار سے کچھ زیادہ استفادہ کی مثالیں تو نہیں ملتیں البتہ ان کی اولوالعزم زندگی اور شعلہ بار نفس کے لئے نہ صرف جذبہ احترام ملتا ہے بلکہ وہ انہیں پیغمبر رہبانیت کا درجہ دیتے ہیں۔۔ ہندوستانی فکر وفلسفہ کے ضمن میں یہ امر بھی خالی از دلچسپی نہیں کہ اقبال کی معروف نظم آفتاب جس میں پیش کردہ خیالات اگرچہ اقبال کے دینی مسلک سے کوئی علاقہ نہیں رکھتے لیکن اس میں کوئی شک نہیں کہ یہ ہندوؤں کے مقدس گائیتری منتر کا تخلیقی زبان میں ترجمہ ہے۔۔ہندوستانی تہذیبی ورثے سے اقبال کی محبت کا یہ عالم ہے کہ انہیں سری کرشن کی بھگوت گیتا کی تعلیمات اور اخلاقی زندگی کی تعمیر نو اور بالیدگی کے لئے بے پناہ امکانات نظر آتے ہیں۔۔۔اقبال نے اپنے تمام تر امتیازی ذہنی رویوں کے باجود ہندوستان کی دانش قدیم اور فنی وفکری صلاحیتوں کے نہ صرف ہمیشہ معترف اور قدردان رہے بلکہ خوشہ چیں بھی رہے۔ایک عظیم رزمیہ کارنامے اور لازوال آفاقی اقدار کا سرچشمہ ہونے کے سبب رامائن ان کے لئے ہمیشہ بے حد باعث کشش رہی جس کے منظوم ترجمے کی حسرت لئے وہ دار فانی سے رخصت ہوگئے۔

> ہندوستان کی برگزیدہ مذہبی ہستیوں میں رام چندر جی اور
> گرونانک کے تصورات وحدانیت ان کو کس قدر عزیز تھے اس
> کاعلم اقبال کے ہر قاری کو ہے۔'' ۴۹

قاضی عبیدالرحمٰن ہاشمی نے تفصیلی انداز میں ان تمام گوشوں کا احاطہ کیا جو اقبال کی شاعری میں ہندوستانی فکر وفلسفہ کو اجاگر کرتے ہیں۔ یہ درست ہی کہ اقبال نے اپنی شاعری میں رام چندر جی، کرشن، نانک اور دیگر ہندوستانی کرداروں اور ان کے افکار کا اشارہ کیا ہے۔اقبال چاہتے تھے کہ اچھائی جہاں کہیں ہو اسے بیان کرتے ہوئے لوگوں کو حرکت وعمل پر لایا جائے۔جس طرح میر انیس نے اپنے مراثی میں ہندوستانی عناصر بیان کرتے ہوئے جان ڈال دی تھی اسی طرح اقبال نے بھی ہندوستانی اور مغربی فلسفیوں کو پیش کرتے ہوئے اپنی بات کو بااثر بنانے کی کوشش کی ہے۔

مجلس اقبال جلد ہفتم میں شامل ساتویں مضمون کا عنوان ''سرسید احمد خاں اور ان کا ایک عقیدتمند۔اقبال'' ہے۔جس کے مصنف عبدالقوی دسنوی ہیں۔اس مضمون میں اقبال کی نظم ''سید کی لوحِ تربت پر'' کے حوالے سے اقبال کے سرسید کے بارے میں خیالات اور دیگر باتوں کو پیش کیا گیا۔مضمون نگار نے لکھا کہ جس وقت سرسید کا انتقال ہوا اس وقت اقبال کی عمر ۲۴ سال کے آس پاس تھی اور انہوں نے ضرور سرسید کے بارے میں بہت کچھ سنا ہوگا اور انہیں دیکھا بھی ہوگا۔نظم کے حوالے سے عبدالقوی دسنوی لکھتے ہیں:

> ''سید کی لوح تربت پر'' ایک ایسی نظم ہے جس میں اقبال
> نے سرسید کے انداز فکر ہی سے آگاہ نہیں کیا ہے بلکہ ان کی
> زبانی اپنی بات، عالم دین، مدبر اور شاعر تک پہونچانے کی
> کوشش کی ہے۔۔۔۔اس نظم میں اگرچہ عام انسانوں کو پیغام
> دیا گیا ہے اور کامیاب اور اچھی زندگی کے راز سے آگاہ کرانے
> کی کوشش کی گئی ہے لیکن خاص طور سے عالم دین، مدبر سیاست

داں اور صاحب قلم حضرات یعنی شاعر کو مخاطب کیا گیا
ہے۔۔۔ اقبال کو احساس تھا کہ سرسید تحریک نے پیشہ ور
مولویوں کی گرفت کو کم کرنے میں مدد کی ہے۔ جس کے
اثرات قوم پر صحت مند پڑ رہے ہیں۔۔۔ بلاشبہ اقبال کے کلام
کے مطالعے کے دوران اکثر مقام ایسے آتے ہیں جہاں اقبال
سرسید کے ہم خیال نظر آتے ہیں لیکن ''سید کی لوح تربت پر''
اور ''طلبہ علی گڑھ کے نام'' کو پڑھنے کے بعد واضح طور سے یہ
بات سامنے آتی ہے کہ اقبال سرسید سے گہرا تعلق بھی رکھتے تھے
اوران کی عظمت کے معترف بھی تھے۔'' ۵۰؎

سرسید نے جو اصلاحی تحریک شروع کی تھی اس کے اثرات ہی ہونگے کے آگے چل کر اقبال جیسے شاعر پیدا ہوئے۔ جب زمانے میں ظلمت کے اندھیرے چھا جاتے ہیں تو فطرت کا تقاضہ ہوتا ہے کہ اس زمانے میں سے ہی کوئی روشنی کا پیغام لے کر آجاتا ہے اور اپنی فکر سے زمانے کو روشن کر جاتا ہے۔ سرسید نے تعلیم اور اصلاح کا جو کام اپنے دور میں کیا اسے اقبال نے اپنی فکر انگیز شاعر سے آگے بڑھایا۔

مجلس اقبال جلد ہفتم میں شامل آٹھویں مضمون کا عنوان ''اقبال کا محدود اور لامحدود کے ساتھ معاملہ'' ہے۔ جسے سید حامد حسین نے لکھا ہے۔ اس مضمون میں فکر اقبال کے زندگی کے سفر کے تعلق سے نظریے کو پیش کیا گیا ہے۔ اس ضمن میں سید حامد حسین لکھتے ہیں:

''اقبال کے یہاں زندگی اور زمانے کا ایک مسلسل تصور
ہے جس میں حرکت بھی ہے انقلاب بھی ہے جس میں منزلیں
بھی ہیں لیکن زندگی کے لئے عیش منزل حرام بھی ہے۔ خوب
سے خوب تر کی جستجو انسانی زندگی میں حرکت اور بہاؤ پیدا کئے

ہوئے ہے۔اقبال کے یہاں سوائے سکون اور ٹھہراؤ کے کسی دوسری چیز کا نام موت نہیں ہے۔اقبال کے سامنے زندگی کا ایک بسیط تصور ہے اس لئے انفرادی شکست وفنا اقبال کے لہجے میں مایوسی پیدا ہونے نہیں دیتی۔ہم جس چیز کو موت کہتے ہیں اقبال اس کو تجدید زندگی کا نام دیتے ہیں۔۔۔۔اقبال نے اپنے نظریہ حیات کو نہ مشرق کی بے عمل روحانیت کا تابع بنایا ہے اور نہ مغرب کی بے یقین مادیت کا۔ وہ نہ تو عقل کے اندیشوں سے شکست قبول کرتے ہیں اور نہ وقت کی بندشوں سے۔اقبال خود صاحب نظر ہیں وہ کسی نظریے کے مقلد نہیں۔ وہ راز حیات کے لئے ایک ایسے مفسر ہیں جو عقل کے پیچ وخم سے باآسانی گذر گیا ہو۔اقبال کی شاعری عقل کی شعبدہ گری نہیں وہ شعور کی سرشاری کا کرشمہ ہے۔ یہ صحیح ہے کہ وہ مفکر ہیں۔لیکن ان کی فکر ان کے سوز دروں سے پگھل کر اور نظریاتی سانچوں سے چھلک کر نکلی ہے۔وہ بنیادی طور پر شاعر ہیں جس نے عقل کو جنوں کے آداب سکھائے ہیں۔وہ اردو شاعری کے کارواں سالار ہیں۔۔۔ان کی شاعری میں زمزمۂ لامکاں اور سرود لامحدود کی وہ جھنکار ہے جو شاعری کو پیغمبری کا جزو بنانے کے لئے کافی ہے۔'' [۵۱]

مجلس اقبال جلد ہفتم میں شامل نویں مضمون کا عنوان ''اقبال۔اندلس کا غم اور مسجد قرطبہ'' ہے۔جسے حسن مسعود نے لکھا ہے۔ اس مضمون میں اسپین میں مسلمانوں کے زوال اور مسجد قرطبہ کے کھو دینے پر اقبال کی شاہکار نظم مسجد قرطبہ کے حوالے سے بات کہی گئی ہے۔نظم ''مسجد قرطبہ'' کے

اشعار پیش کرتے ہوئے حسن مسعود نے اقبال کے غم کو پیش کرنے کی کوشش کی ہے۔ مضمون نگار لکھتے ہیں:

تیرا جلال و جمال، مرد خدا کی دلیل
وہ بھی جلیل و جمیل، تو بھی جلیل و جمیل

تری بنا پائیدار تیرے ستوں بے شمار
شام کے صحرا میں ہو جیسے ہجوم نخیل

نظم ''مسجد قرطبہ'' کے یہ شعر عظیم الشان مسجد کے بارے میں ہیں جس کی تعمیر عبدالرحمٰن اول نے ۷۸۶ء میں مکمل کیا۔۔ ۱۲۳۹ء میں قرطبہ عیسائیوں کے قبضے میں چلا گیا اور اس کو گرجا میں بدل دیا گیا۔ ستونوں کی ایک قطار کو chapel اور قربان گاہ بنانے کے لئے منہدم کر دیا گیا۔ عربی آرائش اور کتبات کو ہٹا دیا گیا۔ صحن کی طرف جانے والے خاص حصہ کو دیوار بنا کر منہدم کر دیا گیا۔۔ اسپین کے بادشاہ چارلس پنجم نے جب قرطبہ دیکھا تو اس نے دکھ سے کہا ''تم نے یہاں جو کچھ تعمیر کیا ہے وہ تم یا کوئی اور کہیں بھی تعمیر کر سکتے تھے لیکن تم نے ایک ایسی عمارت کو تباہ کر دیا جو دنیا میں لا ثانی تھی۔۔۔ مسجد کی فضا نے اقبال کے ذہن کو قوموں کے عروج و زوال اصول ارتقا انقلابات عالم کی طرف منتقل کر دیا۔ لیکن وہ امید کا دامن ہاتھ سے نہیں چھوڑتے۔۔۔ سقوط غرناطہ کے بعد اسپین میں مظالم کا شکار صرف مسلمان ہی نہیں بلکہ یہودی بھی تھے۔ ان مظالم کے لئے موجودہ شاہ اسپین نے یہودیوں سے معافی مانگ لی ہے

جس کی وجہہ ہم سب جانتے ہیں۔لیکن ان مظالم کے لئے اگر مسلمان بھی اس طرح معافی چاہیں تو وہ اقبال کی اس دعا کا اثر ہوگا۔

پھر وہ شراب کہن مجھ کو عطا کر کہ میں
ڈھونڈ رہا ہوں اسے توڑ کر جام وسبو
چشم کرم ساقیا دیر سے ہیں منتظر
جلوتوں کے سبو خلوتوں کے کدو

لیکن اس کے لئے اقبال کا یہ پیغام ہے:

جس میں نہ ہو انقلاب موت ہے وہ زندگی
روح امم کی حیات کشمکش انقلاب
صورت شمشیر ہے دست قضا میں وہ قوم
کرتی ہے جو ہر زماں اپنے عمل کا حساب
نقش ہیں سب ناتمام خون جگر کے بغیر
نغمہ ہے سودائے خام خون جگر کے بغیر ۵۲

مجلس اقبال جلد ہفتم میں شامل دسویں مضمون کا عنوان ''اقبال کا نظریہ فن اور ہماری شاعری'' ہے۔جس کے مصنف محمد نعمان خاں ہیں۔اس مضمون میں اقبال کے فن کے حوالے سے بات کی گئی ہے۔مضمون نگار اس ضمن میں لکھتے ہیں:

''علامہ اقبال زوال آمادہ معاشرے کی پیداوار تھے۔وہ جس دور ابتلا سے گذر رہے تھے اس کا تقاضہ خوشی کے گیت گانے یا رنگینی وسرمستی ظاہر کرنے کا نہ تھا بلکہ ان کے عہد کے مخصوص حالات اس با مقصد آواز اور رزمیہ لہجہ کے طالب تھے

جس میں افسردگی، حرماں نصیبی اور ذاتی جذبات کے اظہار کے بجائے خارہ شگافی کی ضرورت تھی۔۔۔۔ یہ سچ ہے کہ علامہ اقبال نے حالات کے تقاضوں کے تحت شاعری پر فلسفہ کو بوجہ ترجیح دی۔ وہ ادب برائے زندگی کے قائل تھے اور خود کو ایک مخصوص نظام فکر کا مفسر اور شارح متصور کرتے تھے۔ وہ ایک پیامی شاعر تھے لیکن اسی کے ساتھ انہیں اس امر کا بخوبی احساس تھا کہ اگر فلسفہ کو پراثر اور دلکش انداز میں بیان نہ کیا گیا تو ان کی کاوش کارگر ثابت نہ ہوگی۔ چنانچہ انہوں نے شعری صناعی پر خاص توجہ صرف کی ہے جس کے سبب ایک خاص نظام فکر کا حامل ہونے کے باجود ان کا بیشتر کلام شعری جمالیات سے آراستہ نظر آتا ہے۔۔۔۔ ہر عظیم فنکار کی طرح اقبال بھی ایک مخصوص نظریہ فن رکھتے تھے جس کا اظہار انہوں نے اپنے کلام، خطبات اور مکاتیب میں کیا ہے۔۔۔اقبال کے نزدیک فنون لطیفہ افلاطون کی طرح زندگی کی نقل نہیں بلکہ تخلیق وارتقا میں اعانت کا باعث ہے۔اقبال آرٹ کو حسن وصداقت کا آئینہ متصور کرتے تھے۔۔اقبال کا خیال تھا کہ آرٹ کی نشونما کے لئے آزاد فضا ضروری ہے۔ کہ غلامی فن بحر بے کراں سے گھٹ کر جوئے کم آب رہ جاتا ہے۔۔۔اقبال آرٹ کو فطرت سے زیادہ انسان کی برتری اور عظمت کا مظہر سمجھتے تھے۔۔ ہندوستانی مصوریا ورشاعری سے وہ شاکی تھے کہ جس میں انہیں نہ تو ابراہیمی نظر آتی تھی نہ آذری۔۔۔ ہر لحظہ نیا طور، نئی برق تجلی

کا حامل اور ضرب کلیمی کا متقاضی اقبال کا کلام اور نظریہ فن
ہمارے سامنے ہے جو محض طاق نسیاں پر رکھنے کے لئے نہیں
ہے بلکہ وہ ہمارے لئے لمحہ فکریہ ہی نہیں جادۂ عمل اور مشعل راہ
بھی ہے۔'' ۵۳؎

مضمون نگار نے اس مضمون میں اقبال کے فن شاعری کے بنیادی نکات پیش کئے جس سے ہمیں فکر اقبال کو سمجھنے میں مدد ملتی ہے۔اس مضمون کے ساتھ مجلس اقبال جلد ہفتم کا اختتام عمل میں آتا ہے۔اس مجموعے میں شامل مضامین اقبال کی ہندوستانی فکر وفلسفہ اوران کی شاعری کے افکار اور مختلف جہات کو سمجھنے میں معاون ثابت ہوتے ہیں۔اور پروفیسر آفاق احمد نے اقبالیات کے مختلف گوشوں کو یکجا کرنے میں کامیابی حاصل کی ہے کہ فکر اقبال پر لکھے گئے مختلف مضامین کو انہوں نے مجلس اقبال کی مختلف جلدوں میں پیش کیا۔

مجلس اقبال جلد ہشتم

مجلس اقبال جلد ہشتم کی اشاعت ۲۰۰۱ء میں عمل میں آئی۔ پروفیسر آفاق احمد نے اس جلد کو مرتب کیا۔اس جلد میں جبل پور میں ۳۰ نومبر ۱۹۹۹ء کو منعقدہ سمینار اور بھوپال میں منعقدہ اقبال کے ۱۲۳ ویں یوم پیدائش سمینار میں پڑھے گئے منتخب مقالات شامل ہیں۔جلد ہشتم میں کل دس مقالات شامل ہیں۔جن کی تفصیل اس طرح ہے۔

1)	غالب اور اقبال	ڈاکٹر خلیق انجم
2)	مطالعہ اقبال کے تقاضے اور کلیم الدین احمد	ڈاکٹر عتیق اللہ
3)	علامہ اقبال اور علی گڑھ	ڈاکٹر اصغر عباس
4)	علامہ اقبال کا خطبہ الہ آباد (ایک تجزیہ)	ڈاکٹر علی احمد فاطمی
5)	شاعر کا اقبال نمبر (ایک جائزہ)	ڈاکٹر حنیف نقوی
6)	اقبال شاعر فطرت	ڈاکٹر صغری مہدی

7) اقبال کی فکری جہات ڈاکٹر مختار شمیم

8) سیاسی اخلاق اور اشعار اقبال ڈاکٹر نریندر ویر منی

9) اقبال جمہوریت اور میں ڈاکٹر محمود شیخ

10) اقبال کی شاعری میں ہندوستانی تہذیب کے عناصر۔ انجینیر سلیم انصاری

مجلس اقبال جلد ہشتم کے حرف آغاز میں پروفیسر آفاق احمد نے جلد کی مشمولات کا تعارف پیش کیا اور مجلس اقبال کے تحت اقبال شناسی کے کچھ انوکھے پروگراموں کا بھی ذکر کیا اس ضمن میں وہ لکھتے ہیں:

''اقبالیات کے فروغ کے لئے علامہ اقبال ادبی مرکز نے علمی و ادبی کارناموں کے ساتھ عوامی دلچسپی کے بہت سے کام کئے۔ جیسے اقبال کے کلام سے منور شاموں کو ساز سنگیت کے ساتھ آراستہ کرنا، اقبال کے کلام پر مرکوز چار بیت جس نے چار بیت کی تاریخ میں ایک نئی روایت قائم کی۔ اور پھر نئی نسل کو نت نئے طریقوں سے اقبال کے کلام اور پیغام تک رسائی بہم پہونچانے کے نقطہ نظر سے اقبال کے دور، معاصرین زندگی، شاعری اور سارے جہاں سے اچھا پر مرکوز اقبال کوئز اقبال پر بین جامعاتی تحریری مقابلہ اور مختلف درسگاہوں میں اقبال شناسوں کے ذریعے سمینار اور تقریری پروگرام بھوپال کی تاریخ میں بلکہ جہاں تک میری معلومات کا تعلق ہے برصغیر کی تاریخ میں پہلی بار کسی شاعر کے کلام پر مشتمل مصوری کا مقابلہ مرکز کی ایسی پہل ہے جس پر وہ بجا طور پر ناز کرسکتا ہے۔''[54]

بھوپال کے علامہ اقبال ادبی مرکز کی سرگرمیوں سے اندازہ ہوتا ہے کہ اہل بھوپال نے

اقبال کی فکر کو نئی نسل تک پہونچانے کے لئے نئے نئے طور طریق اختیار کئے۔ جنہیں اردو کے دیگر حلقوں تک متعارف کرانا ضروری لگتا ہے۔

مجلس اقبال جلد ہشتم میں شامل پہلے مضمون کا عنوان ''غالب اور اقبال'' ہے۔ جسے خلیق انجم نے لکھا ہے۔ اس مضمون میں اقبال کی جانب سے فکر غالب کے مطالعے اور اسے اپنی شاعری میں برتنے کی تفصیلات دی گئی ہیں۔ اقبالؔ کی غالبؔ کے تعلق سے لکھی گئی نظم ''گل رنگین'' کے حوالے سے اس مضمون میں اقبال کے خیالات کو اجاگر کیا گیا ہے۔ خلیق انجم نے لکھا کہ اقبال کا غالب سے پہلا تعارف چغتائی آرٹ کے ایڈیشن سے ہوتا ہے جس میں غالب کے کلام کو عبدالرحمٰن چغتائی نے تصویروں کی مدد سے پیش کیا تھا۔ جو ساری دنیا میں مقبول ہوا۔ غالب سے تاثر لینے کے ضمن میں خلیق انجم اپنے مضمون میں لکھتے ہیں:

> ''پچھلی تین صدیوں نے اردو کو میرؔ، غالبؔ اور اقبالؔ تین بڑے شاعر دئے۔ میرؔ کی عظمت سیدھی سچی زبان میں زندگی کی سچائیاں بیان کرنے میں تھی۔ غالبؔ کی بڑائی اور باتوں کے علاوہ زندگی کے تجربات و حوادث کو فلسفیانہ پیرائے میں بیان کرنے میں ہے۔ اقبال باقاعدہ فلسفی تھے۔ ان کا اپنا ایک نظامِ فکر تھا جو علم فلسفہ کے گہرے مطالعے کی دین تھا۔ اقبالؔ کے پاس ایک آئیڈیل زندگی کا خواب تھا۔ اور غالب کی شاعری اس زندگی کی تفسیر ہے جسے انسان جھیلتا ہے۔ اقبالؔ خود غالبؔ اور اقبالؔ کے اس فرق سے بخوبی واقف تھے۔ غالب پر اقبال کی نظم ان کے ۱۹۰۵ء تک کے کلام میں شامل ہے۔ یہ زمانہ اس exposure سے پہلے کا ہے جب اقبالؔ صحیح معنوں میں اقبالؔ نہیں بنے تھے۔'' ۵۵؎

مجلس اقبال جلد ہشتم میں شامل دوسرے مضمون کا عنوان ''مطالعہ اقبال کے تقاضے اور کلیم الدین احمد'' ہے۔ جسے عتیق اللہ نے لکھا ہے۔ اس مضمون میں اقبال کی شاعری پر کلیم الدین احمد کی تنقیدوں کا تعارف پیش کیا گیا ہے۔ اس ضمن میں مضمون نگار عتیق اللہ لکھتے ہیں:

''کلیم الدین احمد اقبال کی شاعری کو ایک مستقل اور علحیدہ entity کے طور پر نہیں دیکھتے کہ جس کا اپنا ایک مختلف انفرادی اور تہذیبی تناظر ہے۔ اس کے مقتضیات نہ صرف مغربی شعرا سے جدا ہیں۔ بلکہ ہمارے دیگر تاریخ ساز شعرا سے بھی بڑی حد تک جدا ہیں۔ کلیم الدین احمد اپنے بیشتر لمحوں میں تقابل کو واحد کسوٹی مان کر اقبال کے بلند و پست کا تعین کرتے ہیں۔ اور تقابل میں بھی ہمیشہ ان کی نگاہ مغربی شعرا ہی پر جا کر ٹھہرتی ہے۔ جن سے ان کا ضرب کاری کا مقصد آسانی سے حل ہوجاتا ہے۔ جس طرح دانتے، ملٹن، ٹینی سن، بلیک، ایٹس، راجرز، مارول اور دیگر شعرا کی نظموں یا ان کی مختلف نظموں کے بعض حصوں کو بنیاد بنا کر اقبال کی ترجیحات کو کمتر، کوتاہ یا بے اوقات ٹھہرایا ہے۔ اگر اسی طریق کار کو برقرار رکھ کر اقبال کی شاعری کے بہترین اجزا کی روشنی میں اقبال کی شاعری کا تقابل کیا جائے تو نتائج بڑی حد تک اسی قسم کے برآمد ہونگے جس قسم کے کلیم الدین احمد کے مطالعے سے برآمد ہوئے ہیں۔'' ۵٦

عتیق اللہ نے اپنے مضمون میں اقبال کی مشہور نظموں پر کلیم الدین احمد کی تنقید کے مختلف گوشے بیان کئے تاہم انہوں نے اپنے مضمون میں کلیم الدین احمد کی اقبال پر کی گئی تنقید پر کوئی خاص

تبصرہ نہیں کیا۔صرف وضاحتی انداز میں کلیم الدین احمد کی تنقید بیان کر دی۔

مجلس اقبال جلد ہشتم میں شامل تیسرے مضمون کا عنوان ''اقبال اور علی گڑھ'' ہے۔ جسے اصغر عباس نے لکھا ہے۔اس مضمون میں اہل علی گڑھ کی جانب سے اقبال کو خراج پیش کئے جانے کی تفصیلات دی گئی ہیں۔مضمون نگار نے مختلف انداز میں علی گڑھ والوں کی اقبال کی عظمت کا تذکرہ کیا ہے۔اس ضمن میں وہ لکھتے ہیں:

> ''بیسویں صدی کے اوائل سے علی گڑھ کے طالب علموں کے قلوب پر اقبال کی مکمل حکمرانی تھی۔علی گڑھ کے طالب علموں کی ایک بڑی تعداد اقبال کے کلام کی عاشق اور حافظ رہی ہے۔اقبال کے پرستاروں میں ڈاکٹر ذاکر حسین بھی تھے۔کہا جاتا ہے کہ انہیں اقبال کے کئی ہزار اشعار یاد تھے۔مولوی عبدالحق، سجاد حیدر یلدرم، راس مسعود، ڈاکٹر ظفر الحسن، سید حامد علی گڑھ میں شعبہ سنسکرت کے استاد پنڈت حبیب الرحمٰن شاستری، ڈاکٹر عابد حسین، رشید احمد صدیقی، پروفیسر ہادی حسن، عشرت حسن انور، پروفیسر آل احمد سرور، پروفیسر اسلوب احمد انصاری، سردار جعفری، خواجہ غلام السیدین، نواب حمید اللہ خاں وغیرہ سب کا دل اقبال نے موہ لیا تھا۔اور ان سب کو اقبال سے گہرا تعلق تھا۔۱۹۳۵ء میں جب اقبال بیمار پڑے تو ممنون حسن خاں کا بیان ہے کہ دریافت صحت کے لئے سب سے زیادہ خطوط علی گڑھ کے طلبا اور اساتذہ کے ہوتے تھے۔ اقبال سے اس شیفتگی کا اظہار علی گڑھ کی طلبا یونین میں بھی ہوتا رہا۔یونین کی کارگذاریوں کو دیکھنے سے پتہ چلتا ہے کہ ۱۹۱۲ء

سے اقبال یونین کی گفتگو کا موضوع رہے۔۔۔ ۱۹۳۸ء میں
جب اقبال کا انتقال ہوا تو علی گڑھ کے لئے یہ حادثہ ایک
گہرے صدمے کا باعث ہوا۔علی گڑھ کے طالب علم اور آہنگ
بازگشت کے مصنف لکھتے ہیں کہ اقبال کی موت نے آناً فاناً
یونیورسٹی سے اس کی تمام رونقیں اور قہقہے چھین لئے۔ہفتوں یہ
کیفیت رہی کہ جب دسترخوان پر بیٹھتے اور ہم میں کوئی اقبال کا
ایک آدھ مصرعہ غیر ارادی طور پر پڑھ لیتا تو نوالہ حلق میں اٹک
کر رہ جاتا۔اور کھانا کھائے بغیر دسترخوان بڑھادیا جاتا'' ۵۷

مضمون نگار کے ان مشاہدات سے اندازہ ہوتا ہے کہ علی گڑھ میں اقبال کو ہمیشہ قدر کی نگاہ سے دیکھا گیا۔

مجلس اقبال جلد ہشتم میں شامل چوتھے مضمون کا عنوان ''علامہ اقبال کا خطبہ الہ آباد'' ہے۔جسے علی احمد فاطمی نے لکھا ہے۔اس مضمون میں اقبال کے ایک خطبے کے حوالے سے بات پیش کی گئی ہے۔اقبال نے ۱۹۳۰ء میں مسلم لیگ کے ایک جلسے میں خطبہ دیا تھا اور یہ خطبہ لاہور سے نکلنے والے رسالہ اقبال کے ۱۹۸۴ء کے آزادی نمبر میں شائع ہوا تھا۔علی احمد فاطمی نے لکھا کہ یہ خطبہ ۲۸ صفحات پر مشتمل ہے اور لکھ کر پڑھا گیا تھا۔اس خطبے کے مختلف اقتباسات دیتے ہوئے مضمون نگار نے اقبال کے نظریات کا تنقیدی جائزہ لینے کی کوشش کی ہے۔فرقہ پرستی کے بارے میں اقبال کے خیالات کو ان لفظوں میں پیش کیا گیا۔

''فرقہ پرستی کی بھی کئی صورتیں ہیں جو فرقہ دوسرے فرقوں کی طرف بدخواہی کے جذبات رکھتا ہو وہ پنچ اور ذلیل ہے۔دوسری قوموں کے رسوم۔قوانین۔معاشرتی اور مذہبی اداروں کا بے حد احترام کرتا ہوں۔یہی نہیں بلکہ قرآن پاک کی تعلیم کے مطابق ضرورت پڑے تو ان کی عبادت گاہوں کی حفاظت بھی میرا فرض ہے۔اس کے باجود مجھے اس جماعت محبت ہے جو میری حیات

اور میرے اوضاع واطوار کا سر چشمہ ہے اور جس نے مجھے اپنا مذہب اپنا ادب اپنی فکر اور اپنی ثقافت دے کر میری تشکیل اس صورت میں کی ہے کہ میں ہوں اور اس طور پر میرے ماضی کو از سر نو زندہ کر کے وہ میرے شعور کا ایک زندہ وفعال عنصر بن چکی ہے''۔

اقبال کے اس اقتباس پر تبصرہ کرتے ہوئے علی احمد فاطمی لکھتے ہیں:

''جو لوگ سیکولرازم کی تاریخ اور روایت سے واقف ہیں وہ غور کر سکتے ہیں کہ اقبال نے سیکولرازم کا مغربی نہیں مشرقی تصور پیش کیا ہے۔ جو آج ہندوستان کے آئین کا مرکزی خیال ہے۔ ۔۔اقبال کو ایک علحیدہ مسلم ریاست کی تشکیل اور پاکستان بنائے جانے کا تصور پیش کرنے کی ذمہ دار قرار دے کر انہیں فرقہ پرست، تنگ نظر مسلم سیاست داں اور تقسیم کا ذمہ دار ٹھرایا گیا اور بعض نے تو انہیں سر سید اور جناح کے درمیان کی کڑی بتایا۔ یہاں اس بات کا ذکر بھی ضروری ہے کہ اصلاً یہ مطالبات اقبال کے نہ تھے۔ بلکہ بعض مسلم دانشوران کے تھے۔جس کی حمایت اقبال کر رہے تھے۔۔۔اقبال کو صرف جز کی نہیں کل کی فکر تھی۔صرف مسلمانوں کی نہیں سارے جہاں سے اچھا ہندوستان کی فکر تھی۔ جیسے کچھ لوگ خاص رنگ، مذہب اور قانون میں ڈھال دینا چاہتے تھے۔۔۔ضرورت اس بات کی ہے کہ اقبال ہی نہیں کم از کم برصغیر کے تمام بڑے شاعروں۔ دانشوروں فلسفیوں سیاست دانوں کی تحریر وتقریر کو ہم اپنی خواہش اور اپنے نقطہ نظر سے نہ دیکھیں۔ بلکہ تاریخ کے ایک وسیع تناظر ذہن کے مثبت اور صحت مند وژن کے

> ساتھ سمجھیں۔اور سمجھائیں تبھی جا کر اصل حقیقتیں سامنے آئیں گی ورنہ ہم کل بھی الجھے ہوئے تھے اور آج بھی الجھنوں سے نکل نہیں سکیں گے۔۵۸

مجلس اقبال جلد ہشتم میں شامل پانچویں مضمون کا عنوان ''شاعر کا اقبال نمبر ایک جائزہ'' ہے۔ جسے ڈاکٹر حنیف نقوی نے لکھا ہے۔اس مضمون میں بمبئی سے نکلنے والے ادبی رسالہ شاعر کے اقبال نمبر کی تفصیلات دی گئی ہیں۔ یہ خاص نمبر جنوری تا جون ۱۹۸۸ء میں جاری ہوا تھا۔مضمون نگار نے لکھا کہ اس ضخیم خاص نمبر میں اقبال کی حیات فکر وفن اور نوادرات اقبال کو مختلف مضامین کے تحت آٹھ حصوں میں پیش کیا گیا اور اقبال کے حوالے سے تحقیق وتنقید کی گئی ہے۔اقبال کے والد کے نام سے تحقیق پیش کرتے ہوئے کہا گیا کہ ان کا نام نور محمد نہیں بلکہ نتھو تھا۔خاص نمبر میں شامل ابواب اور مضامین کا تعارف پیش کرتے ہوئے مضمون نگار نے اپنی رائے بھی دی ہے۔جگن ناتھ آزاد کے ایک مضمون کے بارے میں ڈاکٹر حنیف نقوی لکھتے ہیں:

> پروفیسر جگن ناتھ آزاد نے اقبال خطابت اور شاعری میں پروفیسر کلیم الدین احمد کے اس بنیادی اعتراض کو کہ ''اقبال کا کلام خطابت ہے پیغام ہے شاعری نہیں''۔ بڑے ظالمانہ انداز میں رفع کرنے کی کوشش کی ہے۔ پروفیسر کلیم الدین احمد کا شمار اردو کے صف اول کے ناقدین میں ہوتا ہے۔لیکن تنقید نگاری کے لئے جس معروضی طرز فکر اور غیر جذباتی رویے کی ضرورت ہوتی ہے وہ اس سے یکسر عاری تھے۔انہوں نے اپنی معمولی درجے کی شاعری کو نمونہ قرار دے کر جس قسم کی تنقیدی بصیرت کا مظاہرہ کیا ہے اس کے بعد اقبال یا کسی دوسرے شاعر کے بارے میں ان کے منفی انداز فکر کی زیادہ اہمیت باقی

نہیں رہ جاتی'' ۵۹ے

مجلس اقبال جلد ہشتم میں شامل چھٹے مضمون کا عنوان ''اقبال شاعر فطرت'' ہے۔ جسے صغریٰ مہدی نے لکھا ہے۔اس مضمون میں اقبال کی شاعری میں پائے جانے والے فطری مناظر کا جائزہ ان کے اشعار کے انتخاب کے ذریعے لیا گیا ہے۔نظم ہمالہ کی منظر نگاری کے اشعار سے متاثر ہوکر مضمون نگار نے کلیات اقبال کے مناظر فطرت کے حوالے سے مطالعہ کیا اور یہ مضمون تحریر کیا۔اقبال کی شاعری کے اس پہلو کی وضاحت کرتے ہوئے مضمون نگار لکھتی ہیں۔

''بقول وقار عظیم ''مظاہر فطرت اور انسانی محبت میں اقبال نے جو فطری رشتہ قائم کیا ہے اس نے ان کی شاعری کے ہر دور میں ان کے احساس تغزل کو رنگین بنایا ہے''۔جواب شکوہ کا یہ شعر دیکھئے۔

ہو نہ یہ پھول تو بلبل کا ترنم بھی نہ ہو
چمن دہر میں کلیوں کا تبسم بھی نہ ہو

اس طرح ان کی مشہور نظمیں چاہے 'خضر راہ' ہو' ساقی نامہ' ہو یا 'ذوق وشوق' میں مناظر فطرت کی دلکش اور دلنشیں عکاسی ہے۔ اس طرح پڑھنے والا خود اس منظر میں خود کو موجود پاتا ہے۔ اقبال کی منظر نگاری اردو شاعری میں مروجہ منظر نگاری سے الگ ہٹ کر ہے۔ یہ مناظر فطرت ان کے ساتھی اور رفیق ہیں۔اور ان کو وہ قدرات کا رازداں بھی جانتے ہیں۔کیوں کہ انہوں نے نہ جانے کتنے زمانوں کے اتار چڑھاؤ دیکھے ہیں۔۔کلیم الدین احمد جو اقبال کی دو اہم نظموں کو نظم کے لحاظ سے بڑی نہیں مانتے یعنی خضر راہ اور ذوق وشوق مگر ان نظموں

میں جوفطرت نگاری کی منظر نگاری ہےاس کے معترف ہیں۔۔
غرض آپ جہاں دیکھیں اقبال کے یہاں مناظر فطرت کی
بہت اچھی منظر نگاری ہے اور یہ منظر نگاری رسمی نہیں ہے۔نہ
ظاہری سجاوٹ کے لئے ہے۔ بلکہ اس کا اقبال کی فکر وفلسفہ
سے گہرا تعلق ہے۔ گہرا رشتہ ہے۔اردو شاعری میں سب سے
زیادہ منظر نگاری کے نمونے انیس کے مرثیوں میں پائے
جاتے ہیں۔''٦٠

مجلس اقبال جلد ہشتم میں شامل ساتویں مضمون کا عنوان ''اقبال کی فکری جہات'' ہے۔اسے مختار شمیم نے لکھا ہے۔اس مضمون میں اقبال کی شاعری میں پیش کردہ فکر وفلسفہ کی اہم جہات کا ذکر کیا گیا ہے۔اس ضمن میں مضمون نگار لکھتے ہیں۔

''افکار اقبال کی اہمیت مشرق ومغرب دونوں میں رہی
ہے۔اور دونوں ہی اقبال کی شاعرانہ عظمت کے معترف ہیں۔
واقعہ یہ ہے کہ اقبال نے اسلاف کی عظمت کا تصور حالی سے اور
مغربی تہذیب کی نفی کا تصور اکبر سے لیا تھا۔لیکن حالی اور اکبر
کے میلانات کے مطابقت کا رجحان ایک نقطہ پر آ کر ختم ہو جاتا
ہے۔اقبال نے دنیا کے تمام مفکرین کے خیالات اور ان کے
فلسفیانہ رجحانات کا مطالعہ کرنے کے بعد یہ نتیجہ اخذ کیا تھا کہ
عصر حاضر کے تمام مسائل کا حل صرف اسلامی تصور حیات کے
ذریعے سے ہی ممکن ہے۔ان کے نزدیک مغربی تہذیب چونکہ
مشینوں کی غلام بن چکی ہے اور اس پر مادہ کا غلبہ ہو چکا ہے لہٰذا
روحانیت سے اس کا کوئی سروکار باقی نہیں رہا ہے۔ظاہر ہے

روحانیت کو ابدیت حاصل ہے اور مادیت کا فنا ہو جانا بھی طے ہے۔۔۔ اقبال نے سائنس اور مذہب اسلام کی روح کو پہچاننے کی کوشش کی۔ اور وہ اس نتیجہ پر پہونچے ہیں کہ بہ ظاہر دونوں میں کوئی تضاد نہیں ہے تاہم جو لوگ اقبال کے خطبات اور شاعرانہ خیالات میں نقطہ اتصال کو تلاش نہیں کر پاتے تو اس کی وجہہ صرف یہ ہے کہ وہ اس بات کو نظر انداز کر دیتے ہیں کہ سائنس جس کی بنیاد تشکیک و جستجو مادہ سے گزر کر حقیقت و عرفان تک پہونچتی ہے تو گویا وہ عقیدت ایمان کی شہادت دیتی ہے۔ مغربی تہذیب سے اقبال کا گریز اسی باعث ہے کہ وہ مادہ میں الجھ کر رہ گئی ہے۔ اگلی منزلوں سے باخبر نہیں ہے۔ اسی لئے اقبال مسلمانوں کو قرآن کی تعلیمات کے پیش نظر اپنے ذہنی انتشار اور مذہبی افکار کو آراستہ کرنے کی ضرورت کو محسوس کیا ہے۔'' ۶۱

مضمون نگار نے اس مضمون میں اقبال کے دیگر افکار جیسے فلسفہ خودی، عشق اور دیگر افکار کا تجزیہ کیا ہے۔

مجلس اقبال جلد ہشتم میں شامل آٹھویں مضمون کا عنوان ''سیاسی اخلاق اور اشعار اقبال'' ہے۔ جسے نریندر رویر منی نے لکھا ہے۔ اس مضمون میں برصغیر کے ماحول میں در آئی سیاسی اور اخلاقی گراوٹ کا حوالہ دیتے ہوئے اقبال کے اشعار سے ان کی وضاحت کی گئی ہے اور اخلاقی سدھار کے لئے کلام اقبال سے استفادے کی ضرورت پر زور دیا گیا ہے۔ اس ضمن میں مضمون نگار لکھتے ہیں:

'' ہمارا سیاسی اخلاق اتنا گر چکا ہے کہ ہم اپنی تہذیب، ثقافت، مذہب، سماج، تعلیم، صحافت غرض زندگی کے

ہر شعبے میں بیرونی ممالک اوران کے اداروں سے مالی امداد کی خواہش کی وجہ سے ان کی بے جامداخلت کوروک نہیں پار ہے ہیں۔۔۔اگر آنے والی نسلوں کی ذہنی اور جسمانی صحت اور ملک کی آزادی سے ہمیں کھلواڑ نہیں کرنا تو ہمیں ملک میں دی جارہی تعلیم اورنشرواشاعت کے تمام وسائل کوایک اعلی اخلاقی معیار کے سانچے میں ڈھالنا ہوگا۔مغربی تہذیب کے بارے میں اقبال کہتے ہیں:

تمہاری تہذیب اپنے خنجر سے آپ ہی خودکشی کرے گی
جو شاخ نازک پہ آشیانہ بنے گا ناپائیدار ہوگا

وقت کا تقاضہ ہے کہ ہندوستان میں ایک نیا معاشرہ پیدا ہوجس کی اساس اقبال کے فلسفہ خودی پر استوار ہو۔جس میں کسی کا استحصال نہ ہو۔ مجھے یقین ہے کہ جب تک معاشی بدحالی کا خاتمہ نہیں کیا جاتا عوام اپنی خودی کی تعمیر نہیں کرسکتے اوراس کے بغیر سیاسی اوراخلاقی اقدار کا پیدا ہونا ناممکن ہے۔ اپنے ملکی رہنماؤں سے یہی استدعا رہے گی کہ وہ سب مل کر یہی کوشش کریں کہ مذہبی تعصب،نسل پرستی، معاشی بدحالی کو دور کیا جائے۔ اور علامہ اقبال کے فلسفہ خودی اور نغمات کو عوام کی زندگی کا حصہ بنایا جائے''۔۶۲

مجلس اقبال جلد ہشتم میں شامل نویں مضمون کا عنوان''اقبال جمہوریت اور میں'' ہے۔ جسے محمود شیخ نے لکھا ہے۔اس مضمون میں جمہوریت کے حوالے سے اقبال کے نظریات

اور مضمون نگار کے خیالات کو پیش کیا گیا ہے۔ جمہوریت کے بارے میں مضمون نگار نے اقبال کے یہ اشعار پیش کئے۔

ہے وہی ساز کہن مغرب کا جمہوری نظام
جس کے پردوں میں نہیں غیراز نوائے قیصری
دیو استبداد جمہوری قبا میں پائے کوب
تو سمجھتا ہے یہ آزادی کی ہے نیلم پری
مجلس آئین و اصلاح و رعایات و حقوق
طب مغرب میں مزے میٹھے اثر خواب آوری

مضمون نگار نے اقبال کے یہ اشعار پیش کئے اور اس کی تاویل میں اپنے خیالات اور نظریات پیش کئے۔ اقبال کے جمہوریت کے بارے میں افکار کا تجزیہ واضح طور پر نہیں کیا۔

مجلس اقبال جلد ہشتم میں شامل دسویں مضمون کا عنوان ''اقبال کی شاعری میں ہندوستانی تہذیب کے عناصر'' ہے۔ جسے سلیم انصاری نے لکھا ہے۔ اس مضمون میں اقبال کی شاعری میں پائے جانے والے ہندوستانی عناصر کی نشاندہی کی گئی ہے۔ مضمون نگار اس ضمن میں لکھتے ہیں:

''اقبال کو ایک خاص فرقہ اور مذہب کا شاعر بنا دینے والے لوگ بھی کسی نہ کسی سطح پر یہ اعتراف کرتے ہیں کہ اقبال کے یہاں ہندوستانی تہذیب و تمدن کے عناصر موجود ہیں۔ ان کے یہاں حب الوطنی کے شدید جذبات کا اظہار ان کے یورپ جانے سے قبل زیادہ ہوا ہے۔۔۔۔ اپنے شدید حب الوطنی کے دور میں جہاں اقبال نے ترانہ ہندی، ہمالہ اور ہندوستانی بچوں کا قومی گیت، آفتاب اور نیا شوالہ جیسی نظمیں لکھ کر اپنی حب الوطنی اور وطن پرستی کا معیار قائم کیا۔ وہیں یورپ

سے واپسی پر رام اور نانک جیسی نظمیں تخلیق کر کے ہندوستانی تہذیب وتمدن کی روایتوں اور وراثتوں سے اپنی وابستگی کو صیقل بھی کر دیا ہے۔ ۔۔ اقبال کو احساس ہے کہ ہندوستان کے صوفیوں اور سنتوں کی تعلیمات نے قومی یکجہتی، بھائی چارگی اور امن ومحبت کا پیغام دیا ہے مگر ہم لوگ اپنی صدیوں پرانی تہذیبی روایتوں کی قدر نہیں کرتے جب یہ تعلیمات سرحدوں کے حصار سے باہر نکل کر دیار مغرب میں فیض کا سرچشمہ بنی ہوئی ہیں۔۶۳

مجلس اقبال جلد نہم

مجلس اقبال جلد نہم کی اشاعت ۲۰۰۲ء میں بھوپال سے عمل میں آئی۔اس جلد کے مرتب بھی پروفیسر آفاق احمد ہیں۔صدر نشین مجلس اقبال مرزا فہیم بیگ نے پیش لفظ لکھا جس میں مجلس اقبال کے نام سے اقبال پر پڑھے گئے مضامین کو کتابی شکل میں پیش کرنے کی اہمیت بیان کی گئی ہے۔پروفیسر آفاق احمد کے حرف آغاز کے علاوہ اس جلد میں کل دس مضامین شامل ہیں جن کی تفصیلات اس طرح ہے۔

1) اقبال کی غزل کا ابتدائی دور — پروفیسر جگن ناتھ
2) تہذیب عصر حاضر میں قدروں کا بحران اور اقبال — ڈاکٹر تاراچند رستوگی
3) علامہ اقبال اور عالمی ادب — ڈاکٹر نثار احمد فاروقی
4) کلام اقبال کا طنزیہ پہلو (غزل کے حوالے سے) — رفعت سروش
5) اقبال کی منظر نگاری — سرسوتی سرن کیف
6) علامہ اقبال کی ابتدائی شاعری میں مذہبی رواداری — ڈاکٹر توقیر احمد خاں
7) اقبال اور فیض (چند مطابقتیں) — ڈاکٹر شفیق اشرفی

8) اقبال کی علمی جستجو (چند پہلو) مولانا حبیب ریحان ندوی

9) کلام اقبال کی نئی تفہیم (ایک معروف شعر کی روشنی میں) پروفیسر حیدر عباس رضوی

10) اقبال شناسی میں بھوپال کا حصہ ڈاکٹر صائمہ رفعت

مجلس اقبال جلد نہم کے حرف آغاز میں پروفیسر آفاق احمد نے علی سردار جعفری اور آل احمد سرور کے انتقال پر اظہار تعزیت کیا ہے۔ مجلس اقبال کی مختلف جلدوں میں حرف آغاز کے تحت لکھی گئی پروفیسر آفاق احمد کی تحریریں بھی اس دور کی ادبی تاریخ کا درجہ رکھتی ہیں۔ علامہ اقبال ادبی مرکز کی کارکردگی بیان کرتے ہوئے پروفیسر آفاق احمد لکھتے ہیں:

> ''علامہ اقبال ادبی مرکز کے قیام کو ۱۸ سال پورے ہو چکے ہیں۔ جب ہم مرکز کے ان گزرے برسوں میں اقبالیات کے فروغ کے لئے جو کارہائے نمایاں سرانجام دئے ان پر نظر ڈالتے ہیں تو طمانیت کا احساس ہوتا ہے کہ جن مقاصد کی بجا آوری کے لئے اقبال مرکز کا قیام عمل میں آیا تھا مرکز نے اپنے محدود وسائل کے باوجود انہیں پایہ تکمیل تک پہونچانے میں مقدور بھر کوشش کی ہے اور علمی و ادبی کاموں کے ساتھ بہت سے ایسے کام بھی کئے ہیں جن کی وجہ سے اقبال کو عام انسان خصوصاً نئی نسل سے روشناس کرانے میں مدد ملی ہے۔''

۶۴

حرف آغاز میں پروفیسر آفاق احمد نے اس جلد میں شامل مختلف مضامین کا تعارف بھی پیش کیا ہے۔

مجلس اقبال جلد نہم میں شامل پہلے مضمون کا عنوان ''اقبال کی غزل کا ابتدائی دور'' ہے۔ جسے جگن ناتھ آزاد نے لکھا ہے۔ اس مضمون میں اقبال کی ابتدائی دور کی غزلوں کے رنگ کو واضح

کرنے کی کوشش کی گئی ہے۔اقبال کی غزل گوئی کی ابتدااوراس پر چھائے رنگ کے ضمن میں جگن ناتھ آزاد لکھتے ہیں:

''اقبال نے غزل کہنا کب شروع کیا اس کا سراغ لگانا تو مشکل ہے لیکن یہ بات یقینی ہے کہ لاہور آنے سے دو برس قبل یعنی ۱۸۹۳ء میں ان کا کلام رسائل میں چھپنا شروع ہو گیا تھا۔ اوراس وقت وہ نظمیں بھی کہہ رہے تھے اور غزلیں بھی۔ نظمیں تو انہوں نے اس لئے کہیں کہ ان کا رجحان طبع نظم کی جانب تھا اورغزلیں اس لئے کہ اس وقت فضا پر داؔغ اور امیؔر کی شاعری چھائی ہوئی تھی۔اقبال نے داؔغ کا تلمذ اختیار کیا اوران ہی کے انداز میں غزل کہنے کی کوشش کی۔۔

نہ آتے ہمیں اس میں تکرار کیا تھی   مگر وعدہ کرتے ہوئے عار کیا تھی
ترے عشق کی انتہا چاہتا ہوں   مری سادگی دیکھ کیا چاہتا ہوں
عجب واعظ کی دینداری ہے یارب   عداوت ہے اسے سارے جہاں سے

یہ تینوں غزلیں جو ۱۸۹۵ء کے بعد کی ہیں۔اقبال کے ذہنی ارتقاء کی ایک واضح تصویر ہمارے سامنے لاتی ہیں۔نہ آتے ہمیں اس میں تکرار کیا تھی۔والی غزل بڑی حد تک داؔغ ہی کے رنگ میں ہے۔اورتیسری غزل۔عجب واعظ کی دینداری ہے یارب۔خاصی حد تک داؔغ کے اثر سے آزاد ہے۔۔اقبال کی ایسی غزلیں جو داؔغ کے انداز میں ہیں بیسیوں کی تعداد میں ہیں لیکن ان غزلوں میں کہیں کہیں وہ اقبال بھی اپنی جھلک دکھا جاتے ہیں۔۔۔اب اس دور کے مکمل ختم ہونے سے پہلے ہی

اقبال کی غزل کا دوسرا دور شروع ہو جاتا ہے جس میں اقبال داغؔ ہی کے رموز و علائم اور تشبیہوں اور استعاروں کو ایک نیا تخلیقی جوہر عطا کرتے ہیں۔۔دوسرے دور کی شاعری میں ہوسناکی اور رندی کی جگہ تقلید سے بے زاری کے عنصر نے لے لی ہے۔۔تیسرے دور کے آتے آتے اقبال داغؔ کے اثرات سے آزاد ہو چکے تھے۔اور اس دور میں انہوں نے جو اشعار کہے اگر چہ وہ زبان زد عام و خاص ہو گئے لیکن ان میں رچے ہوئے تغزل کی کمی تھی۔۔چوتھے دور میں آ کر جسے اقبال نے بانگ درا کے تیسرے دور ہی میں شامل کیا ہے۔اقبال کی غزل فرد کی ذات، سماج، زمانہ اور محبوب کے درد کا امتزاج بن جاتی ہے۔ اور جس کی ارتقایانہ صورت ہمیں پیام مشرق کی بعض غزلوں میں بھی زبور عجم، بال جبریل اور ضرب کلیم میں بھی اور جاوید نامہ، مسافر، پس چہ باید کرد اور ارمغان حجاز کی غزلوں میں نظر آتا ہے''۔۶۵

مجلس اقبال جلد نہم میں شامل دوسرے مضمون کا عنوان ''تہذیب عصر حاضر میں قدروں کا بحران اور اقبال'' ہے۔ جسے تارا چرن رستوگی نے لکھا ہے۔مضمون کے آغاز میں قدر اور بحران کی وضاحت کرنے کے بعد مضمون نگار نے کلام اقبال سے روشنی حاصل کرنے کی بات کی ہے۔اس ضمن میں مضمون نگار لکھتے ہیں:

''اقدار value کے تحت نصب العین، رسم و رواج، متعدد ادارے جن سے ہماری جذباتی وابستگی ہوتی ہے لئے جاتے ہیں۔ بحران کا لفظ عام استعمال میں تو ہے مگر اس سے مراد کیا

ہے یہ بہت کم لوگ بتا سکتے ہیں۔ معاشی'اقتصادی نیز سیاسی صورت احوال اگر انتشار کی زد میں آجائے'ہیجانیت طاری ہوجائے اور اضطرار' شکست' ریخت' عدم تحفظ وغیرہ ہمارے احساسات کو متزلزل کرنے لگیں تو ایسی حالت کو بحرانی حالت کہا جاتا ہے۔صارفیت اقتصادی نیز سیاسیاتی اصطلاح ہے جس کے دائرے میں ہماری پوری زندگی ہی گرفتار ہوچکی ہے۔ ۔۔کلچر یعنی ثقافت سے مراد پوری طرز حیات ہوتی ہے۔۔اب آج کے دور پر توجہ صرف کی جائے تو دنیا دو بڑے بلاکوں میں منقسم ہے اگر ایک قطب امریکہ نیز دوسرے سرمایہ دارانہ رکھنے والے مما لک ہیں تو دوسرا قطب روس ہے جہاں اشتراکی نظام ہے آج کا دور ایسا دور ہے اس میں غیر وابستہ رہنا محال نہیں تو دشوار ضرور ہے۔ ہندوستان نے ناوابستہ تحریک کوفروغ دینے کی حتی الوسع کوشش کی ہے جو بہت حد تک کامیاب رہی ہے۔۔درون ملک یا بیرون ملک ہرجگہ افراتفری کا دور دورہ ہے۔ فضا پر تشدد کے بھیانک بادل چھائے ہوئے ہیں۔اور ہماری بصیرت اور دانندگی پر گہرا کہر چھایا ہوا ہے۔۔۔اقدار کی شکست وریخت کے موجودہ دور میں نیوکلیائی اورتکنالوجی کی ظفریابیوں کے پس منظر میں افراط زر سے آشوب زدہ زمانے میں اقبال کا پیغام آج بھی برمحل ہے۔۔علامہ کی شاعری شروع سے آخر تک ایک وحدت ہے ایسی وحدت جو تقسیم کی زد میں نہیں آتی۔۔ کہا جاتا ہے کہ

یورپ سے واپس آنے پر ان کی شاعری غلبہ اسلام کی ترجمان بن گئی۔اس میں عقابیت وحجازیت پیدا ہوگئی۔علامہ کے ہاں اسلام کا ایک مخصوص تصور تھا۔اور وہ تصور خاصا اسلامی نوعیت کا ہے۔۔علامہ کا اسلام ہندو یا ہندوستانی دشمن نہ تھا۔اگر اقبال متعصب ہوتے تو نانک۔رام۔سوامی رام تیرتھ وغیرہ پر کہی ہوئی نظمیں متروک بھی کر سکتے تھے۔۔اقبال نے ہندو مسلم کشیدگی پر خون کے آنسو بہائے ہیں۔اقبال نام ہے ایک تحریک کا' ایک نصب العین کا' ایک منزل مقصود کا اور انسانی اخوت کا۔اگر علامہ حیات ہوتے تو کیا وہ ایران وعراق جنگ سے خوش ہوتے۔کیا وہ فلسطینی پناہ گزینوں کی حالت زار پر وہ خون کے آنسو نہ بہاتے۔۔ملک بحران سے دوچار ہے اور بیرون ملک یعنی بین الاقوامی سطح پر بھی خلفشار وخلجان ہی سے سابقہ پڑتا ہے۔ ہمارا ذہن ہولناک اسلحہ جات پر مرکوز ہے۔غرض کے اطراف واکناف میں انسانیت دشمن قوتیں ہی نظر آرہی ہیں۔ارض وسما کو سائنس نے آلودگی کی آماجگاہ بنادیا ہے۔کلام اقبال میں ڈوب کر ہم درہائے یتیم پاسکتے ہیں''۔

۶۶ے

مضمون نگار تاراچرن رستوگی نے اقدار کی شکست وریخت کی اچھی منظر نگاری کی اور ایک نبض شناس کی طرح مسئلہ کی روح کو پہچاننے اور اس کے حل کے لئے کلام اقبال میں پیش کردہ اچھی قدروں سے استفادے کی ضرورت پر زور دیا۔

مجلس اقبال جلد نہم میں شامل تیسرے مضمون کا عنوان ''علامہ اقبال اور عالمی ادب'' ہے

جس کے مصنف نثار احمد فاروقی ہیں۔اس مضمون میں عالمی ادب سے لئے گئے اقبال کے تاثرات اور عالمی ادب پر چھوڑے گئے اقبال کے اثرات اور اقبال پر کئے گئے بیرونی کام کو پیش کیا گیا ہے۔اقبال نے جن مغربی شعرا اور مفکرین سے استفادہ کیا ان کی تفصیلات پیش کرتے ہوئے نثار احمد فاروقی نے شیکشپئر، ولیم کوپر، الفریڈ ٹینی سن، ایمرسن، افلاطون، رومی، نیٹشے، برگساں، والٹیر وغیرہ کے نام پیش کئے اوران سے لئے گئے اقبال کے اثرات کو واضح کیا۔ عالمی ادب پر اقبال کے اثرات کو واضح کرتے ہوئے نثار احمد فاروقی لکھتے ہیں:

''اب سرسری طور پر یہ بھی دیکھ لیا جائے کہ عالمی ادب میں اقبال کی پوزیشن کیا ہے؟۔ان کے بعض اہم افکار تو انگریزی یا جرمن میں موجود تھے۔ڈاکٹریٹ کا مقالہ اگر چہ ایک ابتدائی کوشش ہے مگر یورپ کی علمی دنیا میں اس کے ذریعے اقبال کا تعارف ہو چکا تھا۔ پھر ڈاکٹر نکلسن جیسی معروف شخصیت نے اسرار خودی کا انگریزی میں ترجمہ کیا جو ۱۹۲۰ء میں لندن سے شائع ہوا تھا۔ پروفیسر اے جے آر بری نے اقبال کی منتخب فارسی شاعری کا انگریزی ترجمہ کیا۔ اوراسی طرح پروفیسر وکٹر کیرنن نے منتخب نظموں اور غزلوں کو انگریزی جامہ پہنایا۔ چیکو سلواکیہ کے ڈاکٹر یان ماریک نے چارلس یونیورسٹی پراگ سے اقبال کی حیات اور شاعری پر ڈاکٹریٹ کے لئے مقالہ لکھا۔ ڈاکٹر رفعت حسن نے ڈرہم یونیورسٹی انگلستان سے اقبال کے فلسفیانہ افکار پر ڈاکٹریٹ کی سند لی۔۔۔ یہ بالکل صحیح ہے اوراس پر اتنا اضافہ بے تکلف کیا جاسکتا ہے کہ اقبال اردو کا واحد شاعر ہے جس کے افکار و آثار دنیا کی بڑی زبانوں میں

ترجمہ ہو کر ایک وسیع حلقے تک پہونچے ہیں''۔ ٦٧

مجلس اقبال جلد نہم میں شامل چوتھے مضمون کا عنوان'' کلام اقبال کا طنزیہ پہلو (غزل کے حوالے سے) ہے جس کے مصنف رفعت سروش ہیں۔ اس مضمون میں اقبال کی غزلوں میں پائے گئے طنزیہ و مزاحیہ پہلو کو ان کی غزلوں کے اشعار کی مدد سے واضح کیا گیا ہے۔ مضمون نگار نے لکھا کہ اقبال اپنے ابتدائی دور میں اکبر سے متاثر تھے۔ دین و مذہب اور سماج کے نام پر کاروبار کرنے والے اداروں کو اقبال کی جانب سے طنز کا نشانہ بنائے جانے پر مضمون نگار لکھتے ہیں:

''اقبال کے طنز کا شکار وہ ادارے ہیں جن کے ظاہر و باطن میں تضاد ہے۔ جو دینی لبادہ اوڑھ کر دنیا کو فریب دیتے ہیں اور اپنا الو سیدھا کرنے کے لئے کسی بھی حد تک جا سکتے ہیں۔ ایسے ادارے مذہبی بھی ہیں اور سماجی بھی، علمی بھی ہیں اور سیاسی بھی۔ اقبال کا مقصد ان اداروں میں بار پائے ہوئے غلط رجحانات کی اصلاح ہے۔ مگر وہ ناصحانہ انداز اختیار نہیں کرتے بلکہ غزل کے لطیف غنائی اور رمزیہ لہجے میں ان برخود لوگوں اور اداروں کو آئینہ دکھاتے ہیں۔ اور عبرت حاصل کرنے کا کام انہیں پر چھوڑ دیتے ہیں۔ انہیں سب سے زیادہ تکلیف ہے بے عمل اور دوغلے مسلمانوں سے۔ مسلم قوم کے درد نے ان کی روح کو مجروح کر دیا ہے۔ اور یہ دکھ ان کے طنزیہ اشعار میں جھلکتا ہے۔ طنز برائے طنز اقبال کا شیوہ نہیں۔ وہ اس وقت تک کوئی مصرعہ یا شعر زبان پر نہیں لاتے جب تک اس میں افادیت کا کوئی پہلو نہ ہو۔ اس خلوص نے ان کی شاعری کے طنزیہ لہجے کو وقار بخشا ہے۔ ان کے یہاں شخصی طنز نہیں ہے اور

نہ کسی کی دل آزاری ہے''۔۶۸

مجلس اقبال جلد نہم میں شامل پانچویں مضمون کا عنوان ''اقبال کی منظر نگاری'' ہے۔جس کے مصنف سرسوتی سرن کیف ہیں۔اس مضمون اقبال کی نظموں میں پائی گئی منظر نگاری کے گوشے کو بیان کیا گیا ہے۔اقبال کی منظر نگاری کے ضمن میں سرسوتی سرن کیف لکھتے ہیں:

''اقبال کی منظر نگاری زیادہ تر مفکرانہ منظر نگاری کے تحت آتی ہے۔یعنی وہ مناظر قدرت کے اجزا کو انسانی شخصیت عطا کر کے ان کے اعمال سے اپنے فلسفیانہ نقطہ ہائے نظر کی تصدیق کرتے ہیں۔تاہم انہوں نے حظی منظر نگاری کے طور پر جو نظمیں کہیں ہیں وہ مقداری طور پر کچھ کم ہوتے ہوئے بھی اقداری طور پر اعلی معیار کی حامل ہیں۔۔بانگ درا ہی کی نظم'' جگنو' کے پہلے بند میں بھی حظی منظر نگاری کا یہی کمال نظر آتا ہے۔وہی نادر تشبیہیں' وہی زور بیاں اور وہی روانی۔کچھ شعر ملاحظہ فرمائیں۔

جگنو کی روشنی ہے کاشانہ چمن میں
یا شمع جل رہی ہے پھولوں کی انجمن میں
آیا ہے آسماں سے اڑ کر کوئی ستارہ
یا جان پڑ گئی ہے مہتاب کی کرن میں'' ۶۹

مضمون نگار نے دیگر عنوانات جیسے جذباتی منظر نگاری' مفکرانہ منظر نگاری وغیرہ کے تحت اقبال کی مختلف نظموں سے منظر نگاری کے نمونے پیش کئے۔اور لکھا کہ اقبال منظر نگاری پر مہارت کے علاوہ قدرت زباں اور فن شاعری پر بھی مہارت رکھتے تھے۔

مجلس اقبال جلد نہم میں شامل چھٹویں مضمون کا عنوان ''علامہ اقبال کی ابتدائی شاعری میں

مذہبی رواداری'' ہے۔جس کے مصنف توقیر احمد خاں ہیں۔اس مضمون میں اقبال کی مذہبی رواداری اور قومی یکجہتی کے پیغام پر مبنی نظموں کے حوالے سے اقبال کے پیغام کو پیش کیا گیا ہے۔اقبال کی ابتدائی دور کی شاعری میں وطن پرستی اور قومی یکجہتی کے عناصر کی کثرت ملتی ہے۔اس ضمن میں مضمون نگار لکھتے ہیں:

> ''اقبال نے ہندو مسلم اتحاد کے انداز کی کئی نظمیں لکھیں جن میں تصویر درد، ہندوستانی بچوں کا قومی گیت اور ترانہ ہندی نقطہ عروج کو پہونچی ہوئی ہیں۔۔۔ مذہبی رواداری کی بے مثال کوشش اقبال کی نظم ''نیا شوالہ'' میں بھی نظر آتی ہے اس نظم میں انہوں نے شیخ و برہمن دونوں کو سمجھایا ہے اور محبت اور اخوت کا ایک اور ہی نیا شوالہ تعمیر کرنے کی تجویز پیش کی ہے۔۔مذہبی عناد اور قومی انتشار سے اقبال کا کلیجہ چھلنی تھا۔ان کا دل اس درجہ بے تاب تھا کہ آن واحد میں تمام انسانوں کو متحد اور متفق دیکھنا چاہتا تھا۔کیا اردو کے علاوہ بھی کسی ہندوستانی شاعر کے یہاں ایسا کرب و درد پیدا ہوا ہے؟ ۔ ۔شاعری کے علاوہ عام زندگی میں بھی اقبال بلا لحاظ مذہب و ملت دیانت داری کے قائل تھے۔۔بہت سی مثالیں ہیں جن میں اقبال نے مذہب کو مذہب کے قریب لانے کی کوشش کی ہے۔اور ایک کے لئے دوسرے کی بعض باتوں کو جائز قرار دیا ہے۔انہوں نے مذہب کی محبت کے لئے مذہب کو اپنایا۔لیکن غور کرنے کا مقام یہ ہے کہ جو شخص مذہب کی محبت کو اخوت کا علم بردار بتاتا تھا آج اس کو منافرت اور دشمنی کے لئے استعمال

کیا جا رہا ہے۔ مذہب کو مذہب کے خلاف بھڑکا کر انسان کو
انسان دشمن بنایا جا رہا ہے۔ کیا یہی آئین انسانیت ہے؟ ۷۰

اقبال نے ع مذہب نہیں سکھاتا آپس میں بیر رکھنا کہہ کر مذہبی رواداری کا سب سے بڑا سبق پڑھایا اور آج بھی جب ہندوستان اور برصغیر میں جب کبھی مذہبی منافرت عام ہوتی ہے تو اقبال کے اس رواداری کے پیغام کے حوالے سے قومی یکجہتی کی برقراری کی کوشش کی جاتی ہے۔

مجلس اقبال جلد نہم میں شامل ساتویں مضمون کا عنوان ''اقبال اور فیض (چند مطابقتیں)'' ہے۔ جسے شفیق اشرفی نے لکھا ہے۔ اس مضمون میں برصغیر کے دو نامور شعرا کے مابین پائی جانے والی شعری اور فکری مطابقتوں کا ذکر کیا گیا ہے۔ مضمون نگار دونوں کے کلام سے انتخاب پیش کرتے ہوئے لکھتے ہیں:

''اقبال اور فیض کے سلسلے میں مطابقتوں کے کئی پہلو تلاش کئے جا سکتے ہیں۔ ۔دونوں کے تخلیقی سر چشمے پوری طرح ایک نہیں ہیں لیکن دونوں کا تعلق فکری اعتبار سے ان تصورات سے بھی ہے جو بیسویں صدی کے ابتدائی زمانے کے حاوی تصورات تھے۔ لہذا ان کے طرز فکر اور انسان اور دنیا کے بارے میں ان کے رویے میں ایک حد تک مماثلت ضرور دیکھی جا سکتی ہے۔ اقبال اور فیض کے یہاں مطابقت اور مماثلت کے ان مذکورہ پہلوؤں کی نشاندہی کرتے ہوئے ہمیں یہ بات ضرور پیش نظر رکھنی چاہئے کہ اس سے ان دونوں شاعروں کا پوری طرح یکساں ہونا یا ان کے فکر وفن کی دنیا کا ایک ہونا ثابت نہیں ہوتا۔ جہاں اقبال کا رشتہ جدید زمانے سے قائم کرتے ہوئے ہم ان کے مخصوص نظام فکر کو مرکزی حیثیت

دیتے ہیں اور جس کا رشتہ اسلامی افکار وتصورات اور انسان و
کائنات خدااور تقدیر وغیرہ سے جوڑتے ہیں وہی فیضؔ کی
شاعری کو سامنے رکھتے ہوئے اس نظریہ حیات کو ضرورت
سامنے رکھنا چاہئے جسے اشتراکی تصور کیا جاتا ہے۔۔۔اقبال
کی شاعری میں جہاں ہمیں ترقی پسند فکر کے عناصر نظر آتے ہیں
انہیں ہم کو اس زاویے سے دیکھنا چاہئے۔ اقبال کے بعد یہ
ترقی پسند فکر دراصل فیض کی شاعری میں ہی پوری قوت سے
ظہور پذیر ہوئی ہے۔ اور یہی بات فیض اور اقبال کے حوالے
سے پیش کی گئی اس تحریر کا جواز ہے۔اے

مجلس اقبال جلد نہم میں شامل آٹھویں مضمون کا عنوان ''اقبال کی علمی جستجو (چند پہلو)'' ہے۔ جس کے مصنف حبیب ریحان خاں ہیں۔ اس مضمون مختلف عنوانات جیسے عقاب اور شاہین۔ محبت اور قوت کی ضرورت۔ جامع تعلیم۔ کیا اقبال محکومی اور مسکینی کی تعلیم دیتا ہے۔ روح جہد واجتہاد۔ تصوف دین نہیں فلسفہ ہے۔ تصوف کے سلبی اثرات کا تاثر۔ سمن اور رہبانیت ہم معنی ہیں۔ عجمی شاعری اسلام میں زہر کی آمیزش۔ عجمی شاعری اور تصوف۔ نصوص الحکم پر تبصرہ۔ حافظ اور اقبال۔ اجتہاد کی ضرورت۔ وقت کا مجتہد کون ہوگا۔ اجتہاد اور مجتہد کی شرطیں۔ اجتہاد کا تجدیدی عمل جاری رہا۔ اقبال کے مربیوں کو خراج۔ شامل ہیں۔ اپنے اساتذہ کے بارے میں اقبال کے رویے کا ذکر کرتے ہوئے مضمون نگار لکھتے ہیں:

''ڈاکٹر اقبال کی اپنے استاد سے عقیدت کا اندازہ اس
حسن اتفاق کے مظاہرے سے ہوا جب ان کو گورنمنٹ نے سر
کا خطاب دینے چاہا تو ڈاکٹر صاحب نے اس شرط کے ساتھ
قبول کیا کہ مولوی میر حسن صاحب کو بھی شمس العلماء کے

خطاب عطا فرمایا جائے۔ چنانچہ اس شرط کے مطابق ان کو بھی شمس العلما کا خطاب دیا گیا۔ احترام کے قابل ہے وہ انگریز فلسفی پروفیسر آرنلڈ جس کا شاگرد اقبال جیسا باکمال ہو۔۔۔ اقبال کو فلسفہ کا فطری ذوق تھا پروفیسر آرنلڈ نے اس قدرتی جوہر کو اور بھی جھکا دیا۔ ڈاکٹر صاحب اپنے استادوں کا ادب کرتے تھے۔ اوران کے فیض صحبت کا اعتراف کرتے تھے۔۔ مبارکباد کے قابل ہیں ڈاکٹر اقبال کے تمام وہ اساتذہ جن سے انھوں نے یورپ میں علم حاصل کیا اور وہ تمام اکابر علما وفلاسفر جن کے مشوروں سے انھوں نے بہت کچھ سیکھا۔ اور وہ اسلاف امت وحکمائے عالم جنکی کتابوں سے انھوں نے استفادہ کیا''۔۲۷

مجلس اقبال جلد نہم میں شامل نویں مضمون کا عنوان'' کلام اقبال کی نئی تفہیم ایک معروف شعر کی روشنی میں'' ہے۔ جسے سید حیدر عباس رضوی نے لکھا ہے۔ جس میں اقبال کے معروف شعر

خودی کو کر بلند اتنا کہ ہر تقدیر سے پہلے
خدا بندے سے خود پوچھے بتا تیری رضا کیا ہے

کے حوالے سے بات پیش کی گئی ہے۔ اس مضمون میں مضمون نگار نے اقبال کے مختلف شارحین کی مثالیں پیش کرنے کے بعد اپنی بات رکھی ہے۔ تقدیر اور خودی کی تفصیلات پیش کرتے ہوئے سید حیدر عباس رضوی لکھتے ہیں:

''تقدیر حکم خداوندی ہے۔ اس اجمال کی تفصیل یہ ہے کہ خدا نے ہر شے کو اپنے ارادے اور حکم سے مخصوص صفات کے ساتھ پیدا کیا ہے۔ اور جس شئے کے لئے جو حکم صادر کیا ہے وہ

اسی کی پابند ہے۔ آزاد نہیں ہوسکتی۔ جب ہر شئے اپنی تقدیر کے ساتھ پیدا کی گئی ہے تو پھر علامہ اقبال کا یہ اظہار کہ ہر تقدیر سے پہلے خدا بندے سے خود پوچھے بتا تری رضا کیا ہے'' کیا مہمل اور بے معنی ہے۔ دراصل شعر میں تقدیر سے پہلے حرف ''ہر'' موجود ہے۔ اور ''ہر تقدیر'' سے مراد علامہ اقبال کے مخاطب کسی ایک بندے کی تقدیر نہیں ہوسکتی کیوں کہ ہر کا اطلاق جمع پر ہوتا ہے۔ چنانچہ ہر تقدیر سے مراد ہر شئے جو تخلیق کی گئی اس کی تقدیر ہے۔ ہر شئے کی تقدیر لکھنے سے پہلے خدا کا بندے سے پوچھنا علامہ اقبال کی فکر کی ندرت ہے۔ شعر میں بندے سے مراد کون ہوسکتا ہے۔ وہ جس کی مرضی اشیاء کی تقدیر لکھنے سے پہلے خدا نے معلوم کی ہو۔ یہ حقیقت ہے کہ اشیاء کی تقدیر لکھنے سے پہلے ہم ''ہم ہوئے تم ہوئے کہ میر ہوئے'' کسی کی مرضی معلوم نہیں کی بلکہ اشیا کی تقدیر تو ہماری تقدیر سے بہت پہلے لکھی جا چکی تھی۔ اور نبی آدم کس حساب میں شمار ہوتے ہیں جب کہ اشیا حضرت آدم علیہ السلام سے پہلے ہی خلق ہو چکی تھیں۔۔۔ دنیا کی تخلیق ہی وہ موقع تھا جب اس کی ہر شئے کو خلق کرنے سے قبل خدا نے اپنے مقرب اور محبوب ترین بندے کی مرضی معلوم کی۔ اس پس منظر میں اقبال کے اس شعر میں بندے سے مراد نہ آدم علیہ السلام ہیں نے ابن دم بلکہ شاعر کا مقصود حضور اکرم ﷺ کی ذات گرامی ہے۔ مذکورہ بالا وضاحتوں کے بعد شعر کا مفہوم یہ لیا جاسکتا ہے کہ انسان کو

چاہئے کہ خود شناسی اور خدا شناسی میں وہ اس منزل تک پہونچنے کی کوشش کرے جہاں حضور سرور کائنات فائز تھے کہ ہر شے کی تقدیر لکھنے سے پہلے خدا نے آپ کی مرضی معلوم کی تھی کہ کائنات کی تقدیر آپ کیسی چاہتے ہیں۔ یعنی خود شناسی اور خدا شناسی کے معاملے میں انسان کو حضور اکرم ﷺ کی تقلید کرنی چاہئے تاکہ اسے بھی بارگاہ خداوندی میں تقرب حاصل ہو۔۔ علامہ اقبال کا کلام آج بھی صاحبان فکر و نظر کو دعوت دے رہا ہے کہ اس پر غور کریں اور ان دقیق معانی تک رسائی حاصل کرنے کی کوشش کریں جو علامہ اقبال اپنے قارئین تک پہونچانا چاہتے تھے''۔۳۷

مجلس اقبال جلد نہم میں شامل دسویں مضمون کا عنوان ''اقبال شناسی میں بھوپال کا حصہ'' ہے۔ جسے صائمہ رفعت نے لکھا۔ بھوپال کو اقبال سے خاص مناسبت رہی ہے جیسا کہ پروفیسر آفاق احمد نے بھی لکھا کہ اقبال نے بھوپال میں قیام بھی کیا تھا۔ چنانچہ اقبال کے ضمن میں اہل بھوپال کی خدمات کا احاطہ کرتے ہوئے صائمہ رفعت نے اس مضمون میں ساری تصیلات پیش کی ہیں۔ در حقیقت صائمہ رفعت نے اس موضوع پر پروفیسر آفاق احمد کے زیر نگرانی پی ایچ ڈی کا مقالہ تحریر کیا ہے۔ اور اس مضمون میں مختلف ابواب کے تحت اقبال کی بھوپال سے وابستگی کو بیان کیا گیا ہے۔ بھوپال سے اقبال کے تعلق اور اقبال شناسی میں اہل بھوپال کا حصہ کے ضمن میں مضمون نگار لکھتی ہیں:

''بھوپال کو علامہ اقبال سے جو نسبت خاص رہی ہے اس نے اس شہر غزل کو صحیح معنوں میں دارالاقبال کہلائے جانے کا مستحق بنا دیا ہے۔ اقبال اور بھوپال کے تعلق پر کئی کتب اور مضامین لکھے جا چکے ہیں۔ جس میں بہ طور خاص ''اقبال اور

بھوپال'' کا ذکر ناگزیر ہے۔ لیکن اس کتاب کی اشاعت کو ۲۴ برس کا عرصہ گذر چکا ہے۔ اس کے بعد بھی بھوپال میں اقبال شناسی کے سلسلے میں مسلسل کام ہوتا رہا۔ بھوپال میں علامہ اقبال ادبی مرکز کا قیام متعدد سمیناروں کا انعقاد جو مدھیہ پردیش اردو اکادیمی اور کل ہند علامہ اقبال ادبی مرکز کے زیر اہتمام منعقد کیئے گئے سمیناروں میں پڑھے جانے والے مقالات کے مجموعوں کو کتابی شکل میں اشاعت اور مقتدر اور اقبال فہم حضرات کے اس موضوع پر بصیرت افروز مضامین کی یکجائی نے علامہ اقبال کے بھوپال سے براہ راست تعلق اور اس خوبصورت اور عظیم ترین رشتے کی تابندگی اور درخشندگی کو ماند نہیں ہونے دیا۔۔۔ بھوپال میں اقبالیات کے جو چراغ روشن ہوئے ہیں ان کی لو کبھی مدھم نہ ہوگی۔ خواہ اقبال مرکز کے سمینار ہوں یا پی ایچ ڈی کے ڈاکٹر فرزانہ رضوی اور ڈاکٹر پری بانو کے تحریر کردہ مقالات یا اقبال لائبریری اور مینار شاہین۔ علمی ادبی اور عوامی سطح پر جتنا کام ہوا ہے اس نے اقبال شناسی کا اجالا دور دور پھیلانے میں مقدور بھر حصہ لیا ہے۔ مستقبل کا مورخ جب بھی اس سلسلے میں قلم اٹھائے گا تو بھوپال اور اقبال کے رشتے کی استواری ضرور اس کا موضوع قرار پائے گی۔ کیوں کہ دارالاقبال کو اقبال نے جس طرح اپنی نظموں پر شیش محل اور ریاض منزل کا حوالہ درج کر کے اسے اندلس اور قرطبہ کے ہم پلہ بنادیا ہے وہ کسی دوسرے شہر کو نصیب نہ ہوسکا۔ اور

اہل بھوپال نے جس طرح اقبال سے اپنی عقیدت وارادت کا
مختلف طریقوں سے ثبوت دیا ہے اور ان کی یاد اور یادگاروں کو
تابندہ رکھا ہے وہ بلاشبہ اقبالیات کا روشن باب ہے"۔ [۴۷]

مجلس اقبال کے تحت پروفیسر آفاق احمد نے جس طرح اقبالیات کے مضامین کو یکجا کر کے اہم کام کیا اسی طرح بھوپال اور اقبال شناسی پر اپنی شاگردہ سے پی ایچ ڈی کا مقالہ لکھوا کر انہوں نے اقبال کی بھوپال سے وابستہ یادوں کو محفوظ کر دیا۔ اس مضمون کے ساتھ ہی مجلس اقبال جلد نہم کا اختتام عمل میں آتا ہے۔ اس جلد میں بھی فکر اقبال اور اقبال سے متعلق دیگر اہم گوشوں پر معلوماتی اور تحقیقی مضامین سے آگہی ہوتی ہے اور اقبال شناسی کے باب میں اہم معلومات حاصل ہوتی ہیں۔

مجلس اقبال جلد دہم

مجلس اقبال جلد دہم کی اشاعت ۲۰۰۳ء میں بھوپال سے عمل میں آئی۔ اس جلد میں شامل مضامین کی تفصیل اس طرح ہے۔

1) اقبال کی شاعری میں تمثال کا مطالعہ — ڈاکٹر سید محمد عقیل
2) اقبال ایک نئی تعبیر — ڈاکٹر شمیم حنفی
3) اقبال کی غالب شناسی — ڈاکٹر عبدالحق
4) عورت کی آزادی اور تعلیم نسواں کے تئیں اقبال کا رویہ۔ — ڈاکٹر مظفر حنفی
5) یہ وہ صدا ہے جسے قتل نہیں کر سکتے — ڈاکٹر علی احمد فاطمی
6) فلسفی شاعر اقبال کا جہان تخلیق — پروفیسر اکشے کمار جین
7) اقبال اور تصوف — ڈاکٹر عبدالباقی
8) اقبال شخصیت اور حب انسان و آزادی — ڈاکٹر نریندر رویرمنی
9) کلام اقبال میں صناعی — پروفیسر رحمت یوسف زئی

10) علامہ اقبال ادبی مرکز کی مطبوعات نوشابہ نسیم/ممتاز خاں

مجلس اقبال کی دسویں جلد کا حرف آغاز لکھتے ہوئے پروفیسر آفاق احمد نے بھوپال ادبی مرکز کے زیر اہتمام ہوئے اقبال شناسی کے کام کا جائزہ لیا۔اس ضمن میں اظہار طمانیت کرتے ہوئے وہ لکھتے ہیں:

> ''آج سے ۲۰ سال قبل اقبال مرکز کا قیام جس مقصد کے لئے عمل میں آیا تھا۔اس کی تکمیل میں کوئی دقیقہ نہیں چھوڑا گیا۔ خاص طورے جس طرح نئی نسل کو اقبال کے پیغام و کلام سے روشناس کرانے کی سعی کی گئی اور اس کے لئے اقبال کے اشعار پر مبنی مصوری کے مقابلے سے لے کر بین جامعاتی اقبال تحریری مقابلے اور اقبال کوئز تک جو پروگرام کئے گئے اور جس طرح وہ بے مثال کامیابی سے ہمکنار ہوئے وہ ہماری محنت کا بہترین صلہ تھے۔اس کے علاوہ اقبال اور ان کے معاصرین کے کلام سے منور موسیقی کی محفلوں کے ذریعے ہم نے اقبال اور ان کے معاصرین کے اشعار کو عام لوگوں کے دلوں کی دھڑکن بنانے کی بھر پور کوشش کی اور ہم اس میں کامیاب رہے۔۔ ان معروضات کے ساتھ مجلس اقبال کی دسویں جلد آپ کے ذوق مطالعہ کی نذر رہے۔۔۔ہمیں یقین ہے کہ مجلس اقبال کی دسویں جلد بھی اقبال کے ارادت مندوں کی نظر میں وقعت کی مستحق ٹھہرے گی۔'' ۵۷

مجلس اقبال جلد دہم میں شامل پہلے مضمون کا عنوان'' اقبال کی شاعری میں تمثال کا مطالعہ'' ہے۔جس کے مصنف ڈاکٹر سید محمد عقیل ہیں۔مضمون نگار نے تمثال سے مراد امیج یا تصویری

لی ہے۔اقبال کی شاعری میں تمثال نگاری کے بارے میں وہ لکھتے ہیں:

''اقبال کی ایسی حسی تمثالیں ان کی نظموں اور مجموعی طور پر ان کی تمام شاعری میں ہر طرف بکھری ہوئی ہیں۔ ایک آرزو۔حقیقت حسن۔کنار راوی۔ماہ نو۔نمود صبح۔گورستان شاہی۔محبت ۔ایک شام غرض کہ ایسی تمام نظموں میں انہیں محسوس کیا جاسکتا ہے۔جو ذہنی واقعے سے دل کے نہاں خانوں تک اترتی چلی جاتی ہیں۔ جیسے جیسے اقبال کی شاعری آگے بڑھی سادی اور اکہری تمثالیں پیچھے چھوٹتی چلی گئیں۔فکر کی یہ آمیزش ذہنی واقعات کا پس منظر بن کر انہیں ایک نئے روپ میں جلوہ گر کرتی گئیں۔۔۔ اقبال کی تمثالوں میں بصری،صوتی، تاریخی،حسی، جمالیاتی اور حرکی غرض کہ تمام طرح کی امیجز دیکھی اور محسوس کی جاسکتی ہیں۔مسجد قرطبہ میں شاعر بصری اور حسی امیج کے ساتھ نظم کو بلندی سے نیچے اتارتا ہے۔ اگرچہ نظم کا تاثر اس عمل میں اور بلند ہو جاتا ہے۔۶ے

مجلس اقبال جلد دہم میں شامل دوسرے مضمون کا عنوان''اقبال۔ایک نئی تعبیر'' ہے۔ جس کے مصنف پروفیسر شمیم حنفی ہیں۔اس مضمون میں فکر اقبال کا گہرائی سے مطالعہ کرنے اور کلام اقبال میں پوشیدہ نئے معنی ومفاہیم کو تلاش کرنے کی ضرورت پر زور دیا گیا اور مضمون نگار نے اپنے طور پر مختلف مثالوں کی ذریعے کلام اقبال کے فکری گوشوں کو اجاگر کیا۔دور جدید میں فکر اقبال کی معنویت کے ضمن میں شمیم حنفی لکھتے ہیں:

''اقبال نے انسانی تاریخ میں میلاد آدم کو ایک انقلابی واقعے سے تعبیر کیا تھا۔ ہمارے عہد تک آتے آتے اس کہانی

نے جو رخ اختیار کیا ہے اور اس کو عقبی پردہ مہیا کرنے والی حقیقتوں کی تعبیر اقبال نے جس غیر معمولی تخلیقی اور فکری بصیرت کے ساتھ کی ہے اسے دیکھتے ہوئے خود اقبال کی شاعری بھی ہم سے ایک نئے تجزیے اور تعبیر کا تقاضہ کرتی ہے۔ اقبال کی شاعری میں مشرق اور مغرب کے حوالے ایک کثیر الجہات استعاراتی سطح رکھتے ہیں۔ اس سطح پر اقبال ہمارے اجتماعی ماضی کے ساتھ ساتھ ہمارے اجتماعی حال اور مستقبل کے بھی سب سے بڑے مفسر اور محرم راز ہیں۔ تاریخ کی نبض شناسی اور اپنے تہذیبی شعور کے لحاظ سے اقبال دیوزادوں کی وسعت خیال رکھتے تھے۔ ایک مختصر سی زندگی کے حصار میں بھی اقبال نے آنے والے کئی زمانوں کی آہٹ سن لی تھی۔ اور اس حقیقت کا ادراک کر لیا تھا جو طلوع فردا کی منتظر تھی۔ ان کا یہ کہنا صرف شاعرانہ تعلیٰ تو نہیں تھا کہ:

حادثہ وہ جو ابھی پردہ افلاک میں ہے
عکس اس کا مرے آئینہ ادراک میں ہے 77

مجلس اقبال جلد دہم میں شامل تیسرے مضمون کا عنوان ''اقبال کی غالب شناسی'' ہے۔ اس مضمون کے مصنف ڈاکٹر عبدالحق ہیں۔ اس مضمون میں اقبال کی جانب سے غالب کے افکار اور انداز بیان کو اختیار کرنے کے ضمن میں تقابلی مطالعے پیش کیا گیا ہے۔ اور شاعری کے حوالے سے مختلف موضوعات اور اسالیب بیان کے بارے میں غالب اور اقبال کا تقابلی مطالعہ پیش کیا گیا ہے۔ غالب اور اقبال کی جانب سے الفاظ کے انتخاب کے ضمن میں ڈاکٹر عبدالحق لکھتے ہیں:

''لفظ اور معنی کے اس رشتے کو نظر میں رکھیں تو غالب و

اقبال کے اسالیب کا تنوع اور دیرپا تاثر ذہن نشین ہو سکے گا۔ دونوں کو ایک نئی زبان، نیا آہنگ اور نیا شعری سانچہ ڈھالنا پڑا۔ جس میں لفظوں کے معانی میں وسعت کے ساتھ پگھلنے کی کیفیت عام ہے۔ دونوں فنکار فکر کے ابلاغ میں کامیاب ہیں۔ اس کا سبب بھی آپ کے سامنے ہے۔ یہ محض حادثہ نہیں ہے۔ بلکہ ایک بدیہی حقیقت ہے کہ دونوں ذولسان شاعر ہیں اور زبانوں پر یکساں قدرت رکھتے ہیں۔ دونوں نے میزان تخلیق بھی قائم کیا ہے۔ اردو میں اسی ادیب کی عظمت ملے گی جو فارسی و عربی دونوں کا مزاج داں ہوگا۔ یہ وہ پیمانہ ہے جس پر فن کی بقا کا انحصار ہوگا۔ غالباً یہی اسباب ہیں جو اقبال کو غالب سے قریب تر کرتے ہیں۔ غالب طرز بیدل کے دلدادہ ہیں۔ اردو میں میر تک ان کی رسائی ناسخ کے توسط سے ہے۔ یہ بھی بلا وجہ نہیں کہ بیدل کے بعد کون ہے جو غالب کے مزاج کو راس آتا ہے۔ دلچسپ بات یہ ہے کہ بیدل اقبال کو بھی پسند ہیں۔ حد یہ ہے کہ بیدل کا ابہام بھی اقبال کو عزیز ہے۔۔۔ کیا یہ ادبی تخلیق کا اعجاز نہیں کہ تفکر اور طرز اظہار کی اتنی قربت کے باوجود اقبال نے اپنا الگ مقام پیدا کیا اور غالب سے آگے گامزن ہوئے۔۸ے

اس مضمون میں دیگر مثالوں کے ذریعے بھی مضمون نگار نے واضح کیا کہ شاعری کے مختلف گوشوں میں اقبال نے کیسے فکر غالب سے استفادہ کیا ہے۔

مجلس اقبال جلد دہم میں شامل چوتھے مضمون کا عنوان ''عورت کی آزادی اور تعلیم نسواں

کے تئیں اقبال کا رویہ'' ہے۔ جسے پروفیسر مظفر حنفی نے لکھا ہے۔تعلیم نسواں کے بارے میں اقبال کے نظریات کافی مقبول ہیں۔اور اقبال نے اپنے کلام میں جا بجا ان کا اظہار کیا ہے۔مضمون نگار ان اشعار کے حوالے سے تعلیم نسواں کے بارے میں اقبال کے خیالات کو پیش کرتے ہیں۔اس ضمن میں وہ لکھتے ہیں:

''علامہ اقبال کے تعلیم نسواں سے متعلق اشعار کے افکار میں صحیح سیاق وسباق کوملحوظ رکھا جائے تو کہیں کوئی تضاد نظر نہیں آیا۔ دراصل موصوف اس باب میں نظم و ضبط اور توازن و احتیاط برتنے کی تلقین کر رہے تھے۔۔۔اقبال کے نزدیک عورت ایک ایسی مقدس اور پاکیزہ ہستی کے مترادف ہے جسے بوالہوسوں کی نظر بد سے بچائے رکھنے کی ضرورت ہے۔اسی لئے وہ بھی اسے اکبرالہ آبادی اور اس عہد کے دیگر دانشوروں کی طرح اسے شمع محفل کی بجائے چراغ خانہ کی حیثیت سے زیادہ قابل قدر سمجھتے تھے۔مغربی تہذیب کی رو میں بہہ کر مشرقی عورت کا جلوت پسند ہو جانا اقبال کو ناپسند تھا۔۔عورتوں کی تعلیم وترقی کے دوش بدوش ان کی اخلاقی تربیت کو بھی اقبال اتنا ہی ضروری سمجھتے تھے۔۔۔اقبال کے نزدیک بے پردگی عورتوں میں اخلاقی زوال کا سبب بنتی ہے اور وہ ترقی ترقی نہیں جس سے عورت کی تقدیس خطرے میں پڑ جائے۔۔علامہ اقبال کے ان تصورات کو ان کے عہد اس زمانے کے سیاسی و سماجی حالات کے تناظر میں دیکھنا چاہئے۔''[9]

مجلس اقبال جلد دہم میں شامل پانچویں مضمون کا عنوان'' یہ وہ صدا ہے جسے قتل نہیں

کر سکتے۔ اقبال اور سردار کے فکری و تخلیقی رشتے'' ہے۔ جسے ڈاکٹر علی احمد فاطمی نے لکھا ہے۔ اس مضمون میں اقبال فہمی کے ضمن میں علی سردار جعفری کے خیالات اور افکار کا جائزہ پیش کیا گیا ہے۔ اقبال شناسی میں آل احمد سرور، جگن ناتھ آزاد کے ساتھ علی سردار جعفری کا نام بھی جوڑتے ہوئے مضمون نگار نے لکھا کہ سردار جعفری نے بھی اقبالیات کی توسیع کے لئے گراں قدر خدمات انجام دی ہیں۔ علی سردار جعفری کی شاعری پر اقبال کی فکر کے اثرات کا جائزہ لیتے ہوئے علی احمد فاطمی لکھتے ہیں:

> ''پرواز سردار کا پہلا شعری مجموعہ ہے۔ جو محض تیس اکتیس سال کی عمر میں شائع ہوا۔ اور اقبال ایسے شاعر ہیں جنہوں نے پوری نسل کو متاثر کیا۔ فطری طور پر عالم شباب میں سردار بھی متاثر ہوئے۔۔ سردار حالات غرض کہ زندگی کے کسی موڑ پر اقبال سے الگ نہیں ہوئے۔ جلد ہی ان کی اقبال فہمی اور اس کی انجذابی کیفیتیں اقبال شناسی میں تبدیل ہونے لگتی ہیں۔ اقبال شناسی کے معتبر ثبوت تو انہوں نے بعد میں تنقید کی سطح پر دیئے جس کا احتساب و انتقاد ایک الگ موضوع ہے۔ یہاں یہ عرض کرنا چاہتا ہوں کہ سردار کے شعری محرکات' امتزاج و انجذاب غرض کہ ہر منزل پر اقبال سردار کے ساتھ رہے۔ بلکہ گزرتے وقت کے ساتھ پختہ تر اور قریب تر ہوتے گئے۔ یہ پختگی اور قربت ان کے بعد کے مجموعوں میں بہ آسانی تلاش کی جاسکتی ہے۔''[۸۰]

اس مضمون میں علی سردار جعفری کی شاعری کی مختلف مثالوں کے ذریعے مضمون نگار نے واضح کیا کہ ان پر اقبال کی فکر کا اثر پایا گیا ہے۔ مجلس اقبال جلد دہم میں شامل چھٹے مضمون کا عنوان''

فلسفی شاعر علامہ اقبال کا جہان تخلیق'' ہے۔ جسے ہندی میں پروفیسر اکشے کمار جین نے لکھا اور اس کا اردو ترجمہ رفیع احمد صاحب نے کیا۔ اس مضمون میں اقبال کی فکر کے مختلف گوشوں کو اجاگر کیا گیا ہے۔ اقبال کی تخلیق کے سوتے تلاش کرتے ہوئے مضمون نگار لکھتے ہیں۔

''عظیم شاعر ڈاکٹر اقبال دنیائے ادب کے لئے ایک قابل فخر ہستی ہیں۔ انہیں شاعر مشرق کہا جاتا ہے۔ اس سے یہ مراد ہے کہ علامہ کے کلام میں مشرقی ممالک کی فکر، فلسفے، طرز عمل اور طرز معاشرت کا عکس نظر آتا ہے۔ اس لئے دنیا کے مفکرین اور فضلاء نے انہیں شاعر مشرق کا جو لقب دیا ہے وہ پوری طرح بامعنی ہے۔ علامہ کی شاعری زمان و مکان ہندوستان اور ہندوستانی عوام کے لئے قابل فخر آئینہ ہے۔ جس میں وہ خود اپنے آپ کو دیکھ کر احساس فخر سے سرشار ہوسکتے ہیں۔ علامہ کے کلام میں ہندوستانی فلسفے کی تمام اہم شاخوں کا پرتو نظر آتا ہے۔۔۔ ان کے کلام میں بھرتری ہری کے علاوہ بھی ہندوستانی مفکرین کے فلسفے کی جھلکیاں جگہ جگہ ملتی ہیں۔ علامہ نے امام ہند رام، سوامی رام تیرتھ، گرونانک اور چشتی جیسے مہا پرشوں پر نظمیں لکھی ہیں۔۔۔۔ علامہ اقبال انسان کے کردار میں وہ صلابت دیکھنا چاہتے تھے کہ اسے دنیا کی بڑی سے بڑی طاقت بھی سرنگوں نہ کرسکے۔۔ اقبال کی شاعری ہندوستانیوں کو اتحاد، امن، حب الوطنی اور عزت نفس کے ساتھ جینے کا پیغام دیتی ہے۔ اقبال کا کلام قوم کا حوصلہ بڑھانے کا ایک بہترین ذریعہ ہے۔ موجودہ زمانے کے سیاسی

اثر بد سے بچ کر علامہ کے کلام کا مطالعہ کیا جانا چاہئے۔ یہ ہندوستانیوں کے لئے ایک بیش بہا دولت ہے۔ اقبال کا کلام سمندر کی طرح عمیق اور وسیع و عریض ہے اس سمندر میں تیرنے اور غوطہ زن ہونے سے ہی گوہر مقصود حاصل ہوسکتا ہے۔''[۸۱]

مجلس اقبال جلد دہم میں شامل ساتویں مضمون کا عنوان ''اقبال اور تصوف'' ہے۔ جسے پروفیسر عبدالباقی نے لکھا ہے۔ اس مضمون میں تصوف کے حوالے سے اقبال کے افکار کو واضح کیا گیا ہے۔ مضمون نگار اقبال کے تصوف کے بارے میں افکار کو واضح کرتے ہوئے لکھتے ہیں:

''تصوف کی اساس عشق، فقر اور حریت پسندی ہے۔ صوفی حق پرست اور خدا مست اور انسان دوست ہوتا ہے۔ وہ محبت اپنی فطرت بنالیتا ہے۔ اور اپنا رشتہ خدا اور اس کی مخلوق دونوں سے استوار کرتا ہے۔ وہ ہوا و ہوس کا بندہ نہیں ہوتا بلکہ فقر غیور اختیار کرتا ہے۔ اطاعت الٰہی کے بدلے میں وہ فردوس کی تمنا سے بھی بے نیاز ہوتا ہے۔۔۔ اقبال اس تصوف کے مخالف ہیں جو آخری صدیوں میں ابلہ فریبی، تن پروری اور بے عملی کا دوسرا نام بن گیا۔ تقوی فروش پیروں نے اپنے بزرگوں کی درگاہوں اور خانقاہوں کو زراندوزی کا وسیلہ بنالیا۔۔۔ اقبال بے ریا تصوف کے خلاف نہیں تھے۔ بلکہ اس کے حامی تھے۔ انہوں نے تصوف میں مولانا جلال الدین رومی کو اپنا پیشوا مانا۔ رومی کے افکار میں عشق کو اولیت حاصل ہے اور اقبال بھی عشق کو حرکت و عمل کا سرچشمہ مانتے ہیں۔۔۔ اقبال نے اس

تصوف کی حمایت کی جو عشق کی تلقین کرتا ہے۔اور صوفی کو فعال اور متحرک بناتا ہے۔'' ۸۲؎

مضمون نگار نے اقبال کے فارسی اور اردو منتخب اشعار کے حوالے سے تصوف کے ضمن میں اقبال کے خیالات کو پیش کیا اور واضح کیا کہ اقبال حقیقی تصوف کے طرف دار تھے۔

مجلس اقبال جلد دہم میں شامل آٹھویں مضمون کا عنوان ''علامہ اقبال شخصیت اور حب انسان و آزادی'' ہے۔ جسے ڈاکٹر نریندر ویرمنی نے لکھا ہے۔اس مضمون میں انسان اور انسانیت کی آزادی کے حوالے سے اقبال کے افکار کو پیش کیا گیا ہے۔مضمون نگار نے اقبال کی فکر کی تعمیر کے مختلف مراحل بیان کرنے کے بعد انہیں انسانیت کی آزادی کے سب سے بڑا علمبردار قرار دیا۔اس ضمن میں وہ لکھتے ہیں:

> ''اقبال کی انسانی'وطنی اور حب آزادی کی شاعری جس میں وہ کثرت میں وحدت کی تلاش کرتے ہیں۔انہیں محبت انسان اور جستجوئے بے کراں کی راہ پر لے گئی۔ وہ اہل ہند کو ترانہ ہندی میں خطاب کرتے ہوئے کہتے ہیں:
>
> مذہب نہیں سکھاتا آپس میں بیر رکھنا
> ہندی ہیں ہم وطن ہیں ہندوستان ہمارا

مگر جب اقبال کو یہ احساس ہوتا ہے کہ نفرت' جہالت' مذہبی تنگ نظری' وطن پرستی کے جذبات کو مجروح کررہی ہے اور یہ حالت آزادی ملک کے لئے خطرناک صورت اختیار کرسکتی ہ تو نظم تصویر درد میں بڑی دلسوزی سے پکار اٹھتے ہیں:

نہ سمجھو گے تو مٹ جاؤ گے ہندوستاں والو   تمہاری داستاں تک بھی نہ ہوگی داستانوں میں

> مذہب کا احترام' محبت و اتحاد کے درس کے بعد اقبال غلامی سے جا بجا اپنی بیزاری کا اظہار کرتے ہیں۔انہیں یقین

> ہے کہ غلامی قوموں میں باہمی نفرت پیدا کرتی ہے اور پھر انسان جسے خدا نے آزاد پیدا کیا ہے زنجیروں میں بندھا رہتا ہے۔۔۔اقبال کے فلسفہ زندگی میں غلامی انسان کی شخصیت کو ختم کر کے اس کے ظاہر اور باطن کو اس طرح تاریک کر دیتی ہے کہ وہ خودی اور اپنی آزادی برقرار نہیں رکھ سکتے۔۔۔اقبال کے انسان کی زندگی کا مقصد خدا کے احکام کی پابندی ہے اور اسے راہ حق میں ہر قسم کی قربانی وشہادت سے کبھی گریز نہیں کرنا چاہئے۔'' ۸۳ے

مضمون نگار نے جذباتی انداز میں اقبال کی انسان دوستی کی مثالیں پیش کی ہیں۔اور اس بات کی ضرورت پر زور دیا کہ موجودہ دور کے عالمی حالات میں قیام امن اور آزادی انسانیت کے لئے پیام اقبال سے استفادہ کیا جائے۔

مجلس اقبال جلد دہم میں شامل نویں مضمون کا عنوان'' کلام اقبال میں صناعی'' ہے۔ جسے پروفیسر رحمت یوسف زئی نے لکھا ہے۔مضمون نگار شعبہ اردو یونیورسٹی آف حیدرآباد سے وابستہ تھے اور اردو شاعری میں صناعی اور اشاریت پر انہوں نے کام کیا ہے۔اس مضمون میں انہوں نے کلام اقبال میں صنائع بدائع کے استعمال کی وضاحت کی ہے۔پروفیسر رحمت یوسف زئی اس ضمن میں لکھتے ہیں:

> ''چونکہ اقبال شعر کے فن سے واقف تھے۔اور تلمیحات 'استعارات' علائم اور صنائع بدائع کے استعمال پر بھی انہیں قدرت حاصل تھی۔اسی لئے ان کی شاعری میں دل کو چھو لینے والی کیفیت ملتی ہے۔اہم بات یہ ہے کہ ان کی شاعری میں آورد نہیں ہے آمد ہے۔اسی لئے اقبال کے یہاں جو صنائع

ملتے ہیں وہ شعوری کوشش کا نتیجہ نہیں۔۔۔ اقبال کی شاعری میں صناعی کا جائزہ لیتے ہوئے دو پہلو قابل غور ہیں۔ ایک متداول صنعتوں کا استعمال غیر محسوس طریقے پر کیا گیا ہے اور دوسرے نظم یا غزل کی معنویت اور اندرونی ساخت کو ملحوظ رکھتے ہوئے مناسب صنعتوں کا انتخاب ہوا ہے۔ یہ پہلو ایسا ہے جو ایک بڑے شاعر کو دوسرے شاعر سے ممیّز کرتا ہے۔ اور یہی پہلو اقبال کے یہاں غالب ہے۔ یہ شعر نہ جانے کتنی مرتبہ پڑھا گیا اور سنا گیا لیکن اس شعر میں بھی صناعی نظر آئے گی۔

خودی کو کر بلند اتنا کہ ہر تقدیر سے پہلے خدا بندے سے خود پوچھے بتا تری رضا کیا ہے

اب اس شعر میں تین لفظوں پر غور کیجئے خودی' خدا 'خود۔ ان سے جو مثلث بنتا ہے وہ اقبال کی فکر کا حاصل ہے۔ اور اس سے قطع نظر خود اور خودی میں تجنیس زائد و ناقص ہے۔ صرف ایک حرف کی کمی وبیشی سے صنعت بھی پیدا ہوگئی ہے۔ اور بات بھی بلند ہوگئی ہے۔ علاوہ ازیں خدا اور بندے میں صنعت تضاد ہے۔ خدا اور خودی میں شبہ اشتقاق ہے۔ یعنی یہ شبہ ہوتا ہے کہ ان کا مادہ ایک ہے۔ جب کہ ایسا نہیں ہے۔ اب اس شعر میں استعمال ہونے والے حروف دیکھئے رے۔ خ اور ق۔ کا استعمال ایک خاص ترنم پیدا کرتا ہے۔ شعر کا آخری حصہ سوالیہ ہے ''بتا تری رضا کیا ہے'' اس سوال میں تحکم نہیں محبت کی کیفیت ہے۔ لیکن اقبال کی عظمت اس میں ہے کہ انہوں نے شاعری کو صرف لفظوں کا گورکھ دھندہ نہیں بنایا بلکہ

اس میں سوز وفکر سے نوع انسانی کے لئے پیغام حیات پیش کیا
ہے۔اقبال جانتے تھے کہ اعلی شاعری کا کیا مقام ہے ع۔ یہ
چیز وہ ہے کہ پتھر کو بھی گداز کرے'' ۸۴

مضمون کے آخر میں پروفیسر رحمت یوسف زئی نے یہ اہم بات کہہ دی کہ اقبال کا کلام لفظوں کا گورکھ دھندہ نہیں ہے۔ مضمون نگار نے صرف اپنے موضوع کی وضاحت کے لئے کلام اقبال میں صناعی پیش کی ورنہ اقبال کی ساری شاعری پیامیہ شاعری ہے۔

مجلس اقبال جلد دہم میں شامل دسویں مضمون کا عنوان'' علامہ اقبال ادبی مرکز کی مطبوعات'' ہے۔ جسے نوشابہ نسیم اور ستار خاں نے لکھا ہے۔اس مضمون میں ادبی مرکز بھوپال کے تحت اقبالیات پر شائع ہونے والی کتابوں کی تفصیلات پیش کی گئی ہیں۔جس میں مجلس اقبال کی دس جلدوں کے تعارف کے علاوہ اقبالیات پر شائع شدہ دیگر کتابیں جیسے علامہ اقبال مصور۔ ہمارا اقبال داستان سفر جلد اول و دوم مرتبہ پروفیسر آفاق احمد شامل ہیں۔آخر میں ان مطبوعات کی اشاعت پر اہل اردو کے ستائشی پیامات کو بھی شامل کتاب کیا گیا ہے۔

مجلس اقبال اور آفاق احمد: مجلس اقبال کی تمام جلدوں کا جائزہ لینے سے اندازہ ہوتا ہے کہ پروفیسر آفاق احمد نے ان کتابوں کو مرتب کرتے ہوئے اقبالیات کے باب میں قابل قدر اضافہ کیا ہے۔اقبال کی شاعری اور ان کی فکر وفن پر اردو کے ممتاز محققین' نقادوں اور دانشوروں کی آرا ان مضامین میں شامل ہے۔اقبال کی فکر کو سمجھنے کے لئے یہ مضامین کارآمد ثابت ہوتے ہیں۔اور سب سے اہم بات یہ ہے کہ جو مضامین کسی سمینار میں پڑھے گئے وہ کچھ لوگوں تک پہونچتے ہیں لیکن اگر انہیں شائع کیا جائے تو آنے والی نسلیں تک ان سے مستفید ہوسکتی ہیں۔ان کتابوں کی وجہ سے بہ حیثیت ماہر اقبالیات پروفیسر آفاق احمد ادب کی دنیا میں اہم مقام کے حامل بن جاتے ہیں۔

داستان سفر حصہ اول

پروفیسر آفاق احمد نے داستان سفر کے عنوان سے تین جلدوں میں کل ہند علامہ اقبال

ادبی مرکز بھوپال کی سرگرمیوں کو یکجا کیا ہے۔ داستان سفر کی پہلی جلد مئی 2000ء میں شائع ہوئی. دوسری جلد مارچ 2002ء میں اور تیسری جلد جنوری 2004ء میں شائع ہوئی. پہلی جلد کا حرف آغاز تحریر کرتے ہوئے پروفیسر آفاق احمد لکھتے ہیں۔

''مرکز جواب پندرہ برس یا سولہ کا سن پار کر کے جواں سالی کے حدود میں داخل ہو چکا ہے جب اس کے اقبالیات کے فروغ کے لئے سرانجام دینے والے کاموں پر نظر ڈالی جاتی ہے تو طمانیت بلکہ کسی قدر فخر کا بھی احساس ہوتا ہے کہ اس عرصے میں اپنے اغراض و مقاصد کی تکمیل کے لئے ہر پیمانے پر اس نے وہ کچھ کیا ہے کہ اقبال شناسوں کی نظروں میں ایک وقیع مقام کا مالک بن گیا ہے. اس میں کچھ کام مستقل نوعیت کے ہیں جیسے سمیناروں کا انعقاد اوران کے مقالات پر مشتمل کتابوں کی اشاعت اقبال لائبریری۔ کچھ نوعیت کے کام یہ ہیں جیسے اقبال کے کلام سے منور شاموں کو ساز سنگیت کے ساتھ آراستہ کرنا یا اقبال کے کلام پر مرکوز چار بیت اور پھر حال ہی میں اقبال مرکز کے ذریعے طالب علموں میں اقبال سے شناسائی پیدا کرنے کے لیے اس کے دور اس کی سوانح اس کے کلام معاصرین اور سارے جہاں سے اچھا ہندوستان ہمارا پر مرکوز اقبال کوئز کا انعقاد اقبال اور ہندوستان کے موضوع پر بین الجامعاتی تحریری مقابلہ اور مختلف درسگاہوں میں اقبال شناسوں کے ذریعے سمیناروں اور تقریروں وغیرہ کے پروگرام رکھنا... جب یہ کتاب آپ کی نظروں سے گزرے گی تو آپ

خود اندازہ لگا سکیں گے کہ اقبالیات کے فروغ کے لئے مرکز
سے جو امیدیں وابستہ کی گئی تھیں انہیں اس نے مقدور بھر پورا
کرنے کی کوشش کی ہے۔'' ۸۵

مرزا فہیم بیگ نے پیش لفظ کے عنوان سے داستان سفر کی اہمیت واضح کی ۔

داستان سفر جلد اول کا پہلا مضمون '' علامہ اقبال ادبی مرکز کی داستان سفر'' ہے اس مضمون میں انہوں نے ادبی مرکز کے تحت ہونے والے پروگراموں کی تفصیلات پیش کی ہیں. اقبال مرکز کی سرگرمیوں کی دوسرے شہروں تک وسعت کے سلسلے میں پروفیسر آفاق احمد لکھتے ہیں۔

''اقبال مرکز نے اپنے دائرہ کار کو بھوپال سے بڑھا کر
دوسرے شہروں تک بھی پہنچایا ہے دہلی میں خواجہ احمد فاروقی
کے جلسہ تہنیت میں اس کی شرکت اور سپاس نامہ کی پیشکشی،
جبل پور میں چار بیت کا انعقاد اندور میں بیابہ مجلس اقبال کی
تیسری جلد کی رونمائی کا جلسہ اور گوالیار میں کلام اقبال سے
روشن ایک محفل موسیقی اس سلسلے کے چند اہم پروگرام تھے''۔

۸۶

داستان سفر جلد اول میں شامل دوسرے مضمون کا عنوان کرنی والا میدان ہے جسے اقبال کے نام سے موسوم کیا گیا ہے مضمون میں اس میدان کی تاریخی اہمیت اجاگر کی گئی ہے اس میدان کو اقبال کے نام سے موسوم کرنے کے ضمن میں پروفیسر آفاق احمد لکھتے ہیں۔

''بھوپال سے علامہ اقبال کے تعلق کو لازوال بنانے کے لیے قدیم کھرنی والا میدان کو علامہ کے نام نامی سے منسوب کر کے علامہ کی یادگار کے طور پر اقبال میدان بنا دیا گیا. جہاں اس کے مشرقی سرے پر ایک مینار شاہین عظمت رفتہ کی یاد دلا رہا ہے۔''

داستان سفر جلد اول میں ممنون حسن خان نے اقبال کی بھوپال میں آمد اور قیام سے متعلق ایک مضمون

دارالاقبال بھوپال میں اقبال کا ورود مسعود کے نام سے لکھا. انہوں نے لکھا کہ خود اقبال نے بھوپال کو دارالاقبال کہا تھا. اقبال کے بھوپال میں قیام کے تعلق سے ممنون حسن خان لکھتے ہیں.

''اپنی مہتاب سے تابندہ تر زندگی کے آخری ایام میں جب اقبال 1935 اور 1936 کے درمیان تین بار بھوپال بغرض علاج تشریف لائے اور ریاض منزل اور شیش محل میں قیام فرمایا. ان ہی کے الفاظ میں وہ آلام اور مصائب میں گرفتار تھے ایک طرف خطرناک علالت اور دوسری طرف ہر طرح کے تفکرات. راس مسعود کو ان باتوں کا شدید احساس تھا... اقبال بغرض علاج تین بار بھوپال تشریف لائے. پہلی بار انہوں نے ریاض منزل میں سید راس مسعود کے ساتھ قیام فرمایا تھا اور دوسری اور تیسری بار ان کا قیام شیش محل میں رہا تھا. اپنی علالت اور اپنے علمی اور شعری کاوشوں کے باوجود جس میں وہ علاج کے اوقات کو چھوڑ کر مشغول رہتے تھے حضرت علامہ بھوپال میں ہر اس شخص سے ملتے تھے جو ان کی خدمت میں حاضری دیتا تھا...... اقبال کے دوران قیام بھوپال ان کی فیضانی مجلسوں میں بڑی عالمانہ باتیں ہوتی رہتی تھیں. تقریباً پچیس سال سے میں اس کوشش میں تھا کہ بھوپال میں اقبال کی یادگار قائم کرائی جائے آخر کار رب العزت کی بارگاہ سے یہ دعا قبول ہوئی بھوپال میں اقبال کے شایان شان یادگاریں قائم کی گئیں''۔ ۸۷

داستان سفر جلد اول میں اقبال کے تعلق سے منعقد ہونے والے مختلف سمیناروں، ادبی

مقابلوں اور دیگر اجلاسوں کی روداد بھی شامل کی گئی ہے۔ چنانچہ ادبی مرکز کے تحت منعقدہ سمینار کی روداد بھی شامل کی گئی۔ سمینار کا موضوع ''تہذیب عصر حاضر میں قدروں کا بحران اور اقبال'' تھا۔ سمینار میں پروفیسر قمر رئیس نے اپنا مقالہ ''اقبال کی سیاسی فکر کا انقلابی پہلو'' کے عنوان سے پیش کیا۔ اس مقالہ کی تفصیلات پیش کرتے ہوئے پروفیسر آفاق احمد لکھتے ہیں:

> ''ڈاکٹر قمر رئیس نے اپنے مقالہ کے آغاز میں جس کا عنوان ''اقبال کی سیاسی فکر کا انقلابی پہلو'' تھا کہا۔'' اقبال دنیائے اسلام کے ایک مفکر بھی تھے اور ایک ایسے روشن خیال دانشور بھی جنہوں نے منطقہ اسلام سے باہر رہنے والے کروڑوں انسانوں کے مسائل پر بھی دردمندی اور گہرائی سے غور و فکر کیا ہے وہ جتنے سچے مسلمان تھے اتنے ہی اچھے انسان بھی۔ اقبال کی سیاسی فکر کا ایک انقلابی پہلو یہ بھی ہے کہ مغرب کے سرمایہ دارانہ نظام کے کم و بیش نقصانات کا عرفان انہیں حاصل تھا۔ اس میدان میں ایشیاء کا کوئی بڑے سے بڑا فنکار ان کا حریف اور مقابل نہیں ہوسکتا۔'' ۸۸

داستان سفر جلد اول میں پروفیسر آفاق احمد نے اردو کے نامور محقق پروفیسر گیان چند جین کی بھوپال آمد اور علامہ اقبال ادبی مرکز میں ان کے استقبال کی روداد شامل کی ہے۔ پروفیسر گیان چند جین کے تاثرات بیان کرتے ہوئے پروفیسر آفاق احمد لکھتے ہیں۔

> ''کوئی مذہب ایک دوسرے کے خلاف نفرت کی تعلیم نہیں دیتا۔ سارے مذاہب رواداری میل ملاپ اور آپس میں محبت قائم رکھنے پر زور دیتے ہیں۔ علامہ اقبال نے جب ترانہ ہندی میں ''مذہب نہیں سکھاتا آپس میں بیر رکھنا'' کا پیغام دیا تھا تو

گویا انہوں نے جملہ مذاہب کی روح کو ایک مصرعے میں سمودیا تھا''۔ ان الفاظ کے ساتھ اردو کے ممتاز محقق اور ماہر لسانیات ڈاکٹر گیان چند جین نے یہاں اقبال ادبی مرکز کے ایک جلسہ میں اقبال کو خراج عقیدت پیش کیا۔ ڈاکٹر جین نے جو مستقل طور پر امریکہ میں آباد ہو چکے ہیں۔ واشگاف انداز میں بھوپال کی عظمت کا اعتراف کرتے ہوئے کہا کہ وہ یہاں ایک گمنام طالب علم کی حیثیت سے آئے تھے۔ لیکن اس شہر نے ۱۵ سالہ قیام کے دوران اردو دنیا میں میری پہچان بنائی۔ اس لئے مجھے بھوپال سب سے زیادہ پسند ہے۔ یاد رہے کہ ڈاکٹر جین مقامی حمیدیہ کالج میں شعبہ اردو کے صدر رہے تھے۔ آپ نے حیدرآباد اور بھوپال کا موازنہ کرتے ہوئے کہا کہ انہیں حیدرآباد بھی پسند ہے کیونکہ یہ دونوں شہر اردو تہذیب کی اعلی قدروں کے حامل شہر ہیں۔ ۸۹

داستان سفر جلد اول میں خبر نامہ کے طور پر بھوپال میں اقبال ادبی مرکز کے تحت ہونے والے پروگراموں کی تفصیلات شامل ہیں۔ جیسے حکومت مدھیہ پردیش کی جانب سے ترانہ ہندی کی صدی تقاریب منانے کا فیصلہ۔ اقبال شناسی میں بھوپال کا حصہ سمینار کی روداد۔ اقبال کوئز کا اہتمام اور داغ کی غزلوں سے منور ایک شام جیسے اجلاسوں کی تفصیلات دی گئی ہیں۔ آخر میں متاع دیدہ تر کے عنوان سے اردو کی مشہور شخصیات کے انتقال پر اظہار تعزیت کا ذکر کیا گیا ہے۔ اقبال ادبی مرکز کے پہلے صدر ممنون حسن خان کے انتقال کی خبر اور انہیں خراج عقیدت ان الفاظ میں پیش کیا گیا۔

''عاشق اقبال جناب ممنون حسن خاں بو اقبال ادبی مرکز

> کے پہلے صدر تھے۔۲۲ فروری ۱۹۹۵ء کو ہمارے درمیان سے رخصت ہوگئے۔ ممنون حسن خان جن کا اوڑھنا بچھونا اقبال تھے اور جو اقبال کی محبت کی ساری دولت سے سرفراز ہونے کے باوصف بڑے انکسار سے خود کو علامہ کا ادنی کفش بردار اور سفتہ گوش کہا کرتے تھے۔ جو کلام اقبال کے حافظ تھے۔ جنہوں نے اقبال کے شب و روز کو بہت قریب سے دیکھا تھا اور جو دولت نظر اور متاع دل سے مالا مال تھے۔ مرحوم اقبالیات کے فروغ کے لئے زندگی کے آخری لمحہ تک کوشاں رہے۔ اقبال میدان ۔اقبال اعزاز۔ علامہ اقبال ادبی مرکز۔ اقبال ڈاک ٹکٹ کا اجرا۔اقبال سمینار۔ اقبالیات سے متعلق کتابوں کی اشاعت غرض ایک سر ہزار سواد کے مطابق اقبالیات کے فروغ کے سارے منصوبے ان کے ذہن کی پیداوار تھے۔ وہ خوش بخت تھے کہ ان کے دیکھے ہوئے سب ہی خواب ان کی زندگی میں تعبیر سے ہمکنار ہوئے۔ بھوپال میں جب بھی اقبال اور اقبالیات کا ذکر چھڑے گا اس میں ممنون صاحب کا تابناک چہر ضرور نظر آئے گا۔۹۰

داستان سفر جلد اول کے سرورق کے اندرونی صفحات میں اقبال ادبی مرکز کے تحت منعقد ہونے والے مختلف پروگراموں کی رنگین تصاویر پیش کی گئی ہیں۔اور صفحہ آخر پر اقبال میدان میں لگائے گئے شاہین مینار کی تصویر شامل کی گئی۔۶۴ صفحات پر مشتمل داستان سفر جلد اول اقبال ادبی مرکز بھوپال کی سرگرمیوں کا اہم خبر نامہ ہے۔

داستان سفر جلد دوم

کل ہند علامہ اقبال ادبی مرکز بھوپال کے خبر نامہ پر مشتمل دوسری کتاب داستان سفر جلد دوم کی اشاعت مارچ ۲۰۰۲ء میں عمل میں آئی۔ ابتدا میں حکومت مدھیہ پردیش کے ثقافتی وزیر اجے سنگھ کا پیغام شامل ہے جس میں ادبی مرکز بھوپال کے کاموں کی ستائش کی گئی ہے۔ پروفیسر آفاق احمد نے جلد دوم کے حرف آغاز کی ابتدا میں لکھا کہ علی سردار جعفری اور آل احمد سرور ہمیں داغ مفارقت دے گئے۔ ان دونوں کی رحلت سے اقبال شناسی کے ایک دور کا خاتمہ ہو گیا۔ داستان سفر کے سلسلے کی دوسری کتاب معنون ہے ان دونوں عظیم فنکاروں کے نام جن کے دم بہ قدم سے اقبالیات کے راستوں میں اجالا تھا۔ کلام اقبال پر مبنی مصوری مقابلوں کی روداد اس جلد میں شامل کی گئی۔ پروفیسر آفاق احمد نے لکھا کہ اقبال کے منتخب اشعار دے کر طلبا کے لئے مصوری کے مقابلے رکھے گئے۔ مقابلے کے لئے دیئے گئے چند اشعار اس طرح ہیں۔

اے ہمالہ! اے فصیل کشور ہندوستاں چومتا ہے تیری پیشانی کو جھک کر آسماں

جب دکھاتی ہے سحر عارض رنگیں اپنا کھول دیتی ہے کلی سینہ زریں اپنا

مذہب نہیں سکھاتا آپس میں بیر رکھنا

ٹہنی پہ کسی شجر کی تنہا بلبل تھا کوئی اداس بیٹھا

آگ بجھی ہوئی ادھر ٹوٹی طناب ادھر کیا خبر اس مقام سے گذرے ہیں کارواں کتنے

۲۵ مارچ ۲۰۰۱ء کو منعقدہ ایک سمینار کی روداد اس شمارے میں شامل کی گئی ہے۔ اقبال کے بارے میں جگن ناتھ آزاد کے خیالات کو پروفیسر آفاق احمد نے اس الفاظ میں پیش کیا۔

''علامہ اقبال ادبی مرکز کے زیر اہتمام منعقدہ سمینار میں صدارتی تقریر کرتے ہوئے ممتاز ماہر اقبالیات پروفیسر جگن ناتھ آزاد نے کہا کہ ''اقبال ماضی کے شاعر بھی ہیں۔ حال اور مستقبل کے بھی۔ وہ اس سورج کی طرح ہیں جو اگرچہ مشرق

سے طلوع ہوتا ہے مگر اپنی روشنی سے مشرق مغرب شمال اور جنوب۔ افلاک زمین ہر ایک کو منور کرتا ہے۔ اقبال کو صرف کسی ایک فرقہ یا دھرم تک محدود کرنا بہت بڑی بد دیانتی ہے۔ وہ مسلمانوں ہندوؤں سکھوں عیسائیوں بدھوں سب کے شاعر ہیں۔ ہندوستان کی بیداری کے شاعر ہیں اور اسی کے ساتھ پورے عالم انسانیت کے شاعر ہیں۔'' ۹۱

علامہ اقبال ادبی مرکز بھوپال کے تحت دوسرے سال منعقد ہونے والے ادبی کوئز کی تفصیلات داستان سفر جلد دوم میں شامل کی گئی ہیں۔ اس کوئز کے مہمان خصوصی جناب شریواستو سابق گورنر تھے۔ پروفیسر آفاق احمد نے جناب شریواستو کے خیالات کو اس طرح پیش کیا:

'' اس کوئز کے ذریعے اقبال کے بارے میں میری معلومات میں بے حد اضافہ ہوا ہے۔ انہوں نے خود کو خوش قسمت قرار دیا کہ انہیں اس پروگرام میں شرکت کا موقع ملا۔ مجھے آج ایک ایسی ہستی کے کارناموں سے واقف ہونے کا موقع ملا جس کے شعر وفکر سے ایک عالم متاثر ہوا۔ اس قسم کے پروگرام یہ ظاہر کرتے ہیں کہ ہندوستان میں اردو کا مستقبل تابناک ہے۔ کیوں کہ اس کے پریمی اس کا تحفظ کرنا جانتے ہیں۔ اقبال کی بھوپال میں آمد اور قیام کی وجہہ سے بھوپال دنیا کے لئے ایک زیارت گاہ بن گیا ہے۔ ۹۲

داستان سفر جلد دوم میں پروفیسر آفاق احمد کی بریڈفورٹ برطانیہ میں آمد اور وہاں بریڈفورڈ لائبریریز کے جلسے میں ''اقبال کی شاعری میں بھوپال کا حصہ'' کے تعلق سے خطاب کی تفصیلات دی گئی ہیں۔ پروفیسر آفاق احمد بھوپال میں قیام کے دوران اقبال کی جانب سے کہی گئی

نظموں کے حوالے سے کہتے ہیں:

پروفیسر آفاق احمد نے اپنے خطاب میں کہا کہ علامہ اقبال نے قیام بھوپال کے دوران نظمیں سلطانی، تصوف، وحی، مقصود، حکومت، نگاہ امید، صبح مومن، امرائے عرب سے، ابلیس کا پیغام اپنے سیاسی فرزندوں کے نام، جمعیت اقوام اور مسولینی جیسی نظموں نے اقبال اور بھوپال کے رشتے کو تاریخ ادب کا لازوال باب بنا دیا ہے۔ آپ نے خاص طور پر مومن اور نگاہ کو تفصیل سے ذکر کیا جن میں اس خوش سواد شہر کے دل کی دھڑکن سنائی دیتی ہے۔ ۹۳

داستان سفر جلد دوم میں اقبال کی شاعری میں منظر نگاری کے عنوان پر منعقدہ مباحثہ کی تفصیلات دی گئی ہیں۔ اس موضوع پر اردو کے ممتاز ادیب اور شاعر جناب سرسوتی سرن کیف کے خیالات پیش کئے گئے ہیں۔ وہ کہتے ہیں:

"اقبال کے کلام میں قدرتی مناظر کی عکاسی ورڈز ورتھ، قاآنی، بائرن، غالب، فرانسیسی شاعر ولیزل اور کالی داس کی میگھ دوت سے کم نہیں۔ اقبال کی منظر نگاری منفرد ہے۔ وہ مناظر قدرت کے اجزا کو انسانی شخصیت عطا کر کے ان کے اعمال سے اپنے فلسفیانہ نقطہ نظر کی تصدیق کرتے ہیں۔ انہوں نے قدرت زبان اور فن شاعری کی مکمل مہارت کی بنا پر منظر نگاری کی اعلیٰ مثالیں پیش کی ہیں۔" ۹۴

داستان سفر جلد دوم کے اختتام پر آل احمد سرور اور علی سردار جعفری کے انتقال پر تعزیتی بیانات شامل کئے گئے۔ اور پہلی جلد کے تاثرات پر مبنی ادیبوں اور ماہرین فن کے تاثرات

خطوط کی شکل میں شائع کیے گئے۔ مشہور صحافی گربچن سنگھ اور نامور محقق پروفیسر محمد انورالدین شعبہ اردو یونیورسٹی آف حیدر آباد کے تاثرات اس طرح ہیں۔

گربچن سنگھ۔۔۔

داستان سفر کا نسخہ ملا۔ کتابچہ کیا ہے کوزے میں دریا بند ہے۔ مواد اور تصاویر کا انتخاب علامہ اقبال ادبی مرکز کی سولہ سالہ سرگرمیوں کا عطر مشک بار ہے۔ یہ کتابچہ نہیں ایک ارمغان ہے جس کی حوالہ جاتی اہمیت نے سونے پر سہاگہ کا کام کیا ہے۔ اس کاوش نے مرکز کی افادیت کو اجاگر اور بھوپال کی ادبی اہمیت کو منور کر دیا ہے۔

پروفیسر محمد انورالدین۔۔۔

داستان سفر صوری اور معنوی اعتبار سے بہت خوب ہے۔ آپ نے جس عرق افشانی اور دیدہ ریزی سے کم وبیش دودہوں کی مسافت کا احاطہ کیا ہے۔ یہ خود میں ایک بہت بڑا کارنامہ ہے۔ اس کے مطالعے سے مرکز کی پوری تاریخ سامنے آجاتی ہے۔ اس ''ارمغان آفاقی کے لئے صمیم قلب سے مبارک باد''۔ ۹۵

داستان سفر جلد دوم میں بھی علامہ اقبال ادبی مرکز کے تحت منعقد ہونے والے پروگراموں کی رنگین تصاویر شامل کی گئی ہیں۔ سرورق کے آخری صفحہ پر مرکز کے تحت منعقد ہونے والے اقبال کے اشعار پر تصویری مقابلے کی منتخب تصاویر شائع کی گئی ہیں۔

داستان سفر جلد سوم

داستان سفر جلد سوم کی اشاعت جنوری ۲۰۰۴ء میں عمل میں آئی۔ سرورق پر اقبال کے اشعار پر مبنی تصویری مقابلے کی تصویر دی گئی ہے۔ جس میں سینکڑوں بچے ندی کے کنارے بیٹھے مصوری میں مشغول دکھائے گئے ہیں۔ اندرونی صفحہ پر اقبال کے خط میں لکھا ترانہ ہندی کا عکس دیا گیا ہے۔ اقبال نے اسے اشاعت کے لئے ۱۹۰۴ء میں زمانہ اخبار کو دیا تھا۔ صفحہ آخر پر بچوں کی بنائی گئی تصاویر شائع کی گئی ہیں۔ اس جلد میں حرف آغاز لکھتے ہوئے پروفیسر آفاق احمد نے اقبال کے

ترانہ ہندی کی صدی تقاریب منانے ان کی کوششوں کا ذکر کیا۔ اس ضمن میں وہ لکھتے ہیں:

''جیسے جیسے ۲۰۰۴ء قریب آتا گیا میری آواز کی لے اونچی ہوتی گئی۔ جب میں نے دوسری بار اقبال مرکز کے سکریٹری کا چارج لیا تو اقبالیات کے فروغ کے لئے دوسرے کاموں کے ساتھ اپنے اس مشن کی تکمیل کے لئے بھی مصروف جہد رہا۔ مجھے خوشی ہوئی کہ صدی آنے سے قبل ہی مرکز نے ماحول سازی میں خاطر خواہ کامیابی حاصل کی۔ پہلے مروجہ دھن سے ہٹ کر ۱۲ ایک دوسرے سے مختلف دھنوں میں کورس کی شکل میں پیش کرنے کا تاریخ ساز تجربہ کیا۔ جسے انگریزی روزنامہ ہندوستان ٹائمز نے دنیا میں اپنی نوعیت کی پہلی تاریخ ساز پیش کش قرار دیا تو اردو روزنامہ ندیم نے تحیر خیز اور انوکھے تجربے کا نام دیتے ہوئے اسے بھوپال کے لئے باعث فخر قرار دیا۔۔۔ داستان سفر سلسلے کی تیسری کتاب پیش کرتے ہوئے ایک عجیب طمانیت سے سرشار ہوں۔ کہ ترانہ ہندی کی صدی جسے اکثر لوگ میرا brainchlild کہا کرتے تھے۔ اس کی صدی تقریبات کا آغاز ہو چکا تھا۔ ان صدی تقریبات کے ذریعے ہم اپنے ماضی کے شاندار تہذیبی ورثے کی از سر نو بازیافت کریں گے۔ اپنے حال کا جائزہ لیں گے اور اپنے مستقبل کے خوابوں کی تعبیروں کو حقیقت سے ہمکنار کرنے کا جتن کریں گے''۔ ۹۶

داستان سفر جلد سوم میں خبرنامہ کے طور پر علامہ اقبال ادبی مرکز کے تحت ہونے والے

پروگراموں کی تفصیلات دی گئی ہیں۔ جن میں ۱۲ مختلف دھنوں میں ترانہ ہندی کے کیسٹ کی رونمائی۔ اقبال اعزاز۔ علامہ اقبال کے ۱۲۵ ویں یوم ولادت کی تقریبات۔ کلام اقبال پر مبنی تصویری مقابلہ۔ محفل اقبال شناسی۔ برمنگھم اور وینکوور میں اقبال تقریبات کا انعقاد۔ اور مرکز کے تحت منعقد ہونے والے دیگر پروگراموں کی تفصیلات شامل ہیں۔ آخر میں ماہر اقبالیات ابو محمد سحر کے انتقال پر انہیں پیش کردہ خراج عقیدت بھی شامل ہے۔

داستان سفر جلد سوم میں علامہ اقبال ادبی مرکز کے تحت منعقدہ ''ملاقات'' پروگرام کی روداد شامل کی گئی ہے۔ اس پروگرام میں نامور نقاد پروفیسر شمیم حنفی سے اقبال کے بارے میں گفتگو کی گئی۔ پروفیسر آفاق احمد پروفیسر شمیم حنفی کے خیالات پیش کرتے ہوئے لکھتے ہیں:

''پروفیسر شمیم حنفی نے صنف نازک کے تعلق سے ڈاکٹر اقبال کے خیالات پر روشنی ڈالتے ہوئے کہا کہ ان کے خیالات سے ایسا محسوس ہوتا ہے کہ وہ آزادی نسواں کے مخالف تھے لیکن حقیقتاً ایسا نہیں بلکہ وہ آزادی نسواں کے مغربی طریقہ کار سے متفق نہیں تھے۔ وہ تعلیم نسواں کے ساتھ عورت کے عورت پن کو برقرار رکھنے کے حامی تھے۔ وہ چاہتے تھے کہ تعلیم کے ساتھ ان کے کردار کی بھی تشکیل و تربیت ہو۔۔ اقبال نے قوم کے محدود نظریے سے بلند ہوکر انسانی فکر اور آفاقی سطح پر انسان پر مرکوز مسائل سے بحث کی ہے۔ پروفیسر حنفی کے مطابق اقبال کے یہاں زمانے کا عمومی تصور نہیں ہے۔ بلکہ وہ زمانے کو مسلسل موجود اکائی کے طور پر دیکھتے ہیں۔۔ اقبال نے مغرب کو ایک تہذیبی اکائی کی صورت میں شناخت کیا۔ وہ مغربی فلسفے سے نبرد آزما نہیں ہوئے۔ بلکہ انہوں نے سائنس و

ٹیکنالوجی کواس کے انسان مخالف رویے کے سبب تنقید کا نشانہ
بنایا۔۔مغرب کی بالادستی کے خلاف مشرق میں سب سے پہلے
اقبال نے آواز بلند کی۔اس لئے مغرب ان کا حامی نہیں۔مگر
ان کی آواز پورے مشرق کے جذبات کی نمائندگی کرتی ہے۔''

۹۷

داستان سفر کی تیسری جلد میں بھی مختلف پروگراموں کی رنگین تصاویر اور آخر میں علامہ اقبال ادبی مرکز کے تحت شائع کتابوں کا تعارف پیش کیا گیا ہے۔ادبی مرکز کے تحت خبرنامہ پر مشتمل داستان سفر کی تین جلدیں شائع ہوئیں۔جس میں بھوپال میں اقبالیات کے ضمن میں منعقد ہونے والے پروگراموں کی تفصیلات دی گئی ہیں۔ یہ ایک اچھی کوشش ہے کہ اخبارات میں شائع ہونے والی خبروں کے بجائے اپنے مرکز کی خبروں کو کتابی شکل دی جائے۔اخبار میں خبر شائع ہونے کے بعد اگلے دن پرانی ہوکر چھپ جاتی ہے۔لیکن کتابی شکل میں شائع ہونے سے محفوظ رہ جاتی ہے۔اور یہ کارنامہ پروفیسر آفاق احمد نے کیا۔جس کے لئے وہ مبارک باد کے مستحق ہیں۔اور اقبالیات کے فروغ میں ان کی یہ کوشش ایک مستحسن قدم تصور کی جائے گی۔

مجلس اقبال کی تمام جلدیں اور داستان سفر کی تین جلدیں بھوپال میں اقبال کے حوالے سے ہونے والے کام کی تفصیلات پیش کرتی ہیں۔اقبال کا قیام تو بھوپال میں مختلف اوقات میں چار ماہ کے قریب رہا۔لیکن اہل بھوپال خاص طور سے ممنون حسن خاں اور پروفیسر آفاق احمد نے اقبال کی یاد میں سمینار، ادبی مقابلے، تصویری مقابلے کتابوں کی اشاعت اور اقبال کی یادگاریں قائم کرتے ہوئے شاعر مشرق سے اپنی اٹوٹ محبت کا اظہار کیا۔یہی وجہ ہے کہ آج پروفیسر آفاق احمد ادب کی دنیا اپنی تحریروں سے زیادہ ماہر اقبالیات کے طور پر جانے جاتے ہیں۔

حواشی

۱۔ پروفیسر آفاق احمد۔ مجلس اقبال۔ جلد ہشتم۔ مرتبہ۔ پروفیسر آفاق احمد۔ حرف آغاز۔ بھوپال 2001ء

۲۔ ممنون حسن خان۔ گذارش احوال واقعی۔ بیابہ مجلس اقبال۔ جلد سوم مرتبہ پروفیسر آفاق احمد ص۱۳۔۱۴۔ مارچ 1992

۳۔ پروفیسر آفاق احمد۔ حرف آغاز۔ بیابہ مجلس اقبال۔ جلد سوم مرتبہ پروفیسر آفاق احمد ص۲۰

۴۔ پروفیسر آفاق احمد۔ حرف آغاز۔ بیابہ مجلس اقبال۔ جلد سوم مرتبہ پروفیسر آفاق احمد ص۲۲

۵۔ جگن ناتھ آزاد۔ مضمون۔ اقبال اور پریم چند۔ مشمولہ بیابہ مجلس اقبال۔ جلد سوم مرتبہ پروفیسر آفاق احمد ص۳۶۔۳۸

۶۔ دلاور فگار۔ بحوالہ مضمون کلام اقبال کی پیروڈی۔ مشمولہ بیابہ مجلس اقبال۔ جلد سوم مرتبہ پروفیسر آفاق احمد ص۵۲۔۵۳

۷۔ سیدہ جعفر پروفیسر۔ مضمون کلام اقبال کی پیروڈی۔ مشمولہ بیابہ مجلس اقبال۔ جلد سوم مرتبہ پروفیسر آفاق احمد ص ۶۳۔۶۴

۸۔ خلیق انجم ڈاکٹر۔ مضمون۔ غالب اور اقبال کی مکتوب نگاری۔ مشمولہ بیابہ مجلس اقبال۔ جلد سوم۔ ص۷۴۔۸۰

۹۔ نثار احمد فاروقی پروفیسر۔ مضمون۔ علامہ اقبال اور وحدت قومی۔ مشمولہ بیابہ مجلس اقبال۔ جلد سوم۔ ص۔۸۴۔۹۸

۱۰۔ عبدالمغنی ڈاکٹر۔ مضمون۔ اقبال کا نظام فن۔ مشمولہ بیابہ مجلس اقبال۔ جلد

سوم۔ص۔۱۰۳۔۱۴۴

۱۱۔ عبدالحق ڈاکٹر۔مضمون۔کلام اقبال میں لفظ ومعنی کے ارتباط کی صورتیں ۔مشمولہ بیابہ مجلس اقبال۔جلد سوم۔ص۔۱۱۸۔۱۲۶

۱۲۔ امیر اللہ خان شاہین ڈاکٹر۔مضمون۔اقبال کی صناعی۔مشمولہ بیابہ مجلس اقبال۔جلد سوم۔ص۱۳۴۔۱۳۸

۱۳۔ شیخ سلیم احمد۔مضمون۔سفال ہند سے میناو جام پیدا کر۔مشمولہ بیابہ مجلس اقبال۔جلد سوم۔ص۱۴۵

۱۴۔ ممنون حسن خان۔مضمون۔اقبال کی فیضانی یادوں کے سائے۔مشمولہ بیابہ مجلس اقبال۔جلد سوم۔ص۔۱۵۶

۱۵۔ عبدالقوی دسنوی۔مضمون۔اقبال اور ابوالکلام آزاد۔مشمولہ بیابہ مجلس اقبال۔جلد سوم۔ص۔۱۶۷

۱۶۔ سید حامد حسین۔مضمون۔مکالمات اقبال۔مشمولہ بیابہ مجلس اقبال۔جلد سوم۔ص۱۸۳۔۱۹۱

۱۷۔ فضل تابش پروفیسر۔مضمون۔وطن اقبال کی نظر میں'' مشمولہ بیابہ مجلس اقبال۔جلد سوم۔ص۱۹۵۔۱۹۸

۱۸۔ عزیز اندوری ڈاکٹر۔مضمون۔تہذیب عصر حاضر۔قدروں کا بحران اور اقبال۔مشمولہ بیابہ مجلس اقبال۔جلد سوم۔ص ۲۰۵

۱۹۔ فرزانہ رضوی ڈاکٹر۔مضمون۔اقبال کے اردو کلام کی تفہیم میں شرحوں کی اہمیت۔مشمولہ بیابہ مجلس اقبال۔جلد سوم۔ص۲۲۲

۲۰۔ پری بانو ڈاکٹر۔مضمون اقبال کے اردو کلام میں ارضی مقامات کی اہمیت و معنویتمشمولہ بیابہ مجلس اقبال جلد سوم۔ص۲۳۳

۲۱ پروفیسر آفاق احمد۔پیش لفظ۔مجلس اقبال' حصہ چہارم۔بھوپال۔1994ء

۲۲ پروفیسر آفاق احمد۔حرف آغاز۔مجلس اقبال' حصہ چہارم ص

۲۳ پروفیسر آفاق احمد۔حرف آغاز۔مجلس اقبال' حصہ چہارم۔ص 13

۲۴ پروفیسر جگن ناتھ آزاد۔مضمون۔اقبال کے کلام میں خطابت اور شاعری۔
مشمولہ۔مجلس اقبال حصہ چہارم ص۔۲۳۔۲۴

۲۵ ڈاکٹر عبدالمغنی۔مضمون۔اقبال کی فطرت نگاری۔مشمولہ۔مجلس اقبال حصہ
چہارم ص۔۶۸

۲۶ ڈاکٹر خلیق انجم۔مضمون۔اقبال اور تقسیم ہندوستان۔مشمولہ۔مجلس اقبال
حصہ چہارم ص۔۸۱

۲۷ زاہدہ زیدی۔مضمون۔عصری بحران اور اقبال کی شاعری۔مشمولہ۔مجلس
اقبال حصہ چہارم ص۔۱۰۶۔۱۰۷

۲۸ شہباز حسین۔مضمون۔اقبال کی معنویت۔مشمولہ۔مجلس اقبال حصہ چہارم
ص۔۱۲۷

۲۹ ظہیر احمد صدیقی۔مضمون۔عورت اقبال کی نظر میں۔مشمولہ۔مجلس اقبال
حصہ چہارم ص۱۴۴۔۱۴۵

۳۰ ابن فرید۔مضمون۔کلام اقبال میں عمرانی حرکت۔مشمولہ۔مجلس اقبال حصہ
چہارم ص۱۵۱

۳۱ عبدالباقی۔ڈاکٹر۔مضمون۔مثنوی اسرار خودی۔ایک مطالعہ۔مشمولہ۔مجلس
اقبال حصہ چہارم ص۔۱۵۷۔۱۶۰

۳۲ ڈاکٹر مختار شمیم۔مضمون۔مطالعہ اقبال کی ایک جہت۔مشمولہ۔مجلس اقبال
حصہ چہارم ص۔۱۷۷

۴۳۔ ڈاکٹر محمد شفیع۔ مضمون۔ علامہ اقبال اور آغا حشر کاشمیری۔۔ مشمولہ۔ مجلس اقبال حصہ چہارم ص ۱۸۸

۴۴۔ ڈاکٹر محمد نعمان۔ مضمون۔ علامہ اقبال اور بھرتری ہری۔ مشمولہ۔ مجلس اقبال حصہ چہارم ص ۲۰۴۔ ۲۰۵

۴۵۔ پروفیسر آفاق احمد۔ حرف آغاز۔ مجلس اقبال جلد ششم۔ بھوپال ۱۹۹۸ء

۴۶۔ جگن ناتھ آزاد۔ مضمون۔ ڈاکٹر ذاکر حسین اور علامہ اقبال۔ مشمولہ مجلس اقبال جلد ششم۔ ص ۱۹

۴۷۔ نثار احمد فاروقی۔ مضمون۔ اقبالیات یورپ میں۔ مشمولہ مجلس اقبال جلد ششم۔ ص۔ ۲۵

۴۸۔ شمیم حنفی۔ مضمون۔ اقبال کو سمجھنے کے لئے۔ مشمولہ مجلس اقبال جلد ششم۔ ص ۳۸۔ ۴۲

۴۹۔ قاضی عبید الرحمٰن ہاشمی۔ مضمون۔ اقبال کی اقداری جہات۔ مشمولہ مجلس اقبال جلد ششم۔ ص ۵۴

۵۰۔ صغریٰ مہدی۔ مضمون۔ اقبال اور اکبر۔ مشمولہ مجلس اقبال جلد ششم۔ ص۔ ۶۲۔ ۶۸

۵۱۔ خالد محمود۔ مضمون۔ جبریل وابلیس۔ مشمولہ مجلس اقبال جلد ششم۔ ص۔ ۷۷۔ ۸۵

۵۲۔ ونے دوبے۔ مضمون۔ ہم عصر زندگی میں اقدار کی شکست و ریخت اور اقبال۔ مشمولہ مجلس اقبال جلد ششم۔ ص۔ ۹۵

۵۳۔ پروفیسر آفاق احمد۔ حرف آغاز مجلس اقبال جلد ہفتم۔ ص۔ ۹۔ ۱۵

۵۴۔ جگن ناتھ آزاد۔ مضمون۔ اقبال۔ صرف مسلمانوں کے شاعر۔ مشمولہ۔ مجلس

اقبال جلد ہفتم ۔ص ۔۱۸۔۲۳
۴۵۔ خلیق انجم ۔مضمون ۔اقبال اور جگن ناتھ آزاد۔ مشمولہ ۔مجلس اقبال جلد ہفتم ۔ ص ۴۴۔۴۹

۴۶۔ تنویر احمد علوی ۔مضمون ۔اقبال اور ذہن ہندی۔ مشمولہ ۔مجلس اقبال جلد ہفتم ۔ص ۔۵۵۔۵۷

۴۷۔ صغریٰ مہدی ۔مضمون ۔علامہ اقبال اور جامعہ ملیہ اسلامیہ۔ مشمولہ ۔مجلس اقبال جلد ہفتم ۔ص ۔۵۸۔۵۹

۴۸۔ عبدالحق ۔مضمون ۔فکر اقبال پر ہندوستانی فلسفے کے اثرات ۔مشمولہ ۔مجلس اقبال جلد ہفتم ۔ص ۔۶۵۔۶۷

۴۹۔ قاضی عبیدالرحمٰن ہاشمی ۔مضمون ۔شعر اقبال پر ہندوستانی فلسفے کے اثرات ۔مشمولہ ۔مجلس اقبال جلد ہفتم ۔ص ۔۷۰تا۷۷

۵۰۔ عبدالقوی دسنوی ۔مضمون ۔سر سید احمد خاں اور ان کا ایک عقیدتمند ۔اقبال ۔مشمولہ ۔مجلس اقبال جلد ہفتم ص ۔۸۷۔۹۱

۵۱۔ سید حامد حسین ۔مضمون ۔اقبال کا محدود اور لامحدود کے ساتھ معاملہ ۔مشمولہ ۔مجلس اقبال جلد ہفتم ص ۔۹۵۔۱۰۱

۵۲۔ حسن مسعود ۔مضمون ۔اقبال ۔اندلس کا غم اور مسجد قرطبہ ۔مشمولہ ۔مجلس اقبال جلد ہفتم ص ۔۱۰۷۔۱۱۰

۵۳۔ نعمان محمد خاں ۔مضمون ۔اقبال کا نظریہ فن اور ہماری شاعری ۔مشمولہ ۔مجلس اقبال جلد ہفتم ص ۱۱۶ تا ۱۲۰

۵۴۔ پروفیسر آفاق احمد ۔حرف آغاز ۔مجلس اقبال جلد ہشتم ۔ص ۔۱۲

۵۵۔ خلیق انجم ۔مضمون ۔غالب اور اقبال ۔مشمولہ ۔مجلس اقبال جلد ہشتم ۔ص ۔۲۱

۵۶۔ عتیق اللہ۔ مضمون۔ مطالعہ اقبال کے تقاضے اور کلیم الدین احمد۔ مشمولہ۔ مجلس اقبال جلد ہشتم۔ ص۔ ۲۸۔ ۳۰

۵۷۔ اصغر عباس۔ مضمون۔ اقبال اور علی گڑھ۔ مشمولہ۔ مجلس اقبال جلد ہشتم۔ ص۔ ۴۱

۵۸۔ علی احمد فاطمی۔ مضمون۔ علامہ اقبال کا خطبہ الہ آباد۔ مشمولہ۔ مجلس اقبال جلد ہشتم۔ ص۔ ۵۴۔ ۶۷

۵۹۔ ڈاکٹر حنیف نقوی۔ مضمون۔ شاعر کا اقبال نمبر ایک جائزہ۔ مشمولہ۔ مجلس اقبال جلد ہشتم۔ ص۔ ۷۶

۶۰۔ صغری مہدی۔ مضمون۔ اقبال شاعر فطرت۔ مشمولہ۔ مجلس اقبال جلد ہشتم ص۔ ۹۱۔ ۹۳

۶۱۔ مختار شمیم۔ مضمون۔ اقبال کی فکری جہات۔ مشمولہ۔ مجلس اقبال جلد ہشتم۔ ص ۹۴۔ ۹۵

۶۲۔ نریندر رویر منی۔ مضمون۔ سیاسی اخلاق اور اشعار اقبال''۔ مشمولہ۔ مجلس اقبال جلد ہشتم۔ ص۔ ۱۰۵۔ ۱۱۰

۶۳۔ سلیم انصاری۔ مضمون۔ اقبال کی شاعری میں ہندوستانی تہذیب کے عناصر۔ مشمولہ۔ مجلس اقبال جلد ہشتم ص ۱۲۴۔ ۱۲۶

۶۴۔ پروفیسر آفاق احمد۔ حرف آغاز۔ مجلس اقبال جلد نہم۔ بھوپال ۲۰۰۲۔ ص۔ ۱۲

۶۵۔ جگن ناتھ آزاد۔ مضمون۔ اقبال کی غزل کا ابتدائی دور۔ مشمولہ۔ مجلس اقبال جلد نہم۔ ص۔ ۱۸۔ ۲۵

۶۶۔ تارا چرن رستوگی۔ مضمون۔ تہذیب عصر حاضر میں قدروں کا بحران اور اقبال۔ مشمولہ۔ مجلس اقبال جلد نہم۔ ص ۲۷۔ ۳۲

۶۷ نثار احمد فاروقی۔مضمون۔علامہ اقبال اور عالمی ادب۔مشمولہ۔مجلس اقبال جلد نہم۔ص ۳۷۔۳۸

۶۸ رفعت سروش۔مضمون۔کلام اقبال کا طنزیہ پہلو (غزل کے حوالے سے) مشمولہ۔مجلس اقبال جلد نہم۔ص۔۴۷۔۵۶

۶۹ سر سوتی سرن کیف۔مضمون۔اقبال کی منظر نگاری۔مشمولہ۔مجلس اقبال جلد نہم۔ص ۵۹۔۶۰

۷۰ توقیر احمد خاں۔مضمون۔علامہ اقبال کی ابتدائی شاعری میں مذہبی رواداری۔مشمولہ۔مجلس اقبال جلد نہم۔ص ۷۸۔۸۲

۷۱ شفیق اشرفی۔مضمون۔اقبال اور فیض (چند مطابقتیں)۔مشمولہ۔مجلس اقبال جلد نہم۔ص ۸۸۔۹۰

۷۲ حبیب ریحان خاں۔مضمون۔اقبال کی علمی جستجو (چند پہلو)۔مجلس اقبال جلد نہم۔ص۔۱۱۱۔۱۱۲

۷۳ سید حیدر عباس رضوی۔مضمون۔کلام اقبال کی نئی تفہیم ایک معروف شعر کی روشنی میں۔مشمولہ مجلس اقبال جلد نہم۔ص ۱۲۱

۷۴ صائمہ رفعت۔مضمون۔اقبال شناسی میں بھوپال کا حصہ۔مشمولہ مجلس اقبال جلد نہم۔ص۔۱۲۲۔۱۲۸

۷۵ پروفیسر آفاق احمد۔مجلس اقبال جلد دہم۔بھوپال ۲۰۰۳ء ص ۱۵

۷۶ سید محمد عقیل۔مضمون۔اقبال کی شاعری میں تمثال کا مطالعہ۔مشمولہ۔۔مجلس اقبال جلد دہم۔ص ۲۰۔۲۹

۷۷ شمیم حنفی۔مضمون۔اقبال۔ایک نئی تعبیر۔مشمولہ۔مجلس اقبال جلد دہم۔ص۔۴۷

۷۸ عبدالحق ۔مضمون ۔اقبال کی غالب شناسی ۔مشمولہ ۔مجلس اقبال جلد دہم ۔ص ۔۵۲

۷۹ مظفر حنفی ۔مضمون ۔عورت کی آزادی اور تعلیم نسواں کے تئیں اقبال کا رویہ ۔مشمولہ ۔مجلس اقبال جلد دہم ۔ص ۶۹ ۔۷۲

۸۰ علی احمد فاطمی ۔مضمون ۔اقبال اور سردار کے فکری وتخلیقی رشتے ۔مشمولہ ۔مجلس اقبال جلد دہم ۔ص ۔۸۴

۸۱ اکشے کمار جین ۔مضمون ۔فلسفی شاعر علامہ اقبال کا جہان تخلیق ۔مجلس اقبال جلد دہم ۔ص ۔۸۸ ۔۹۴

۸۲ عبدالباقی ۔مضمون ۔اقبال اور تصوف ۔مشمولہ ۔مجلس اقبال جلد دہم ۔ص ۹۶ ۔۹۸

۸۳ ڈاکٹر نریندر رویر منی ۔مضمون ۔علامہ اقبال شخصیت اور حب انسان وآزادی'' مشمولہ ۔مجلس اقبال جلد دہم ۔ص ۱۰۵

۸۴ رحمت یوسف زئی ۔مضمون ۔کلام اقبال میں صناعی ۔مشمولہ ۔مجلس اقبال جلد دہم ۔ص ۱۱۶ ۔۱۱۸

۸۵ پروفیسر آفاق احمد. حرف آغاز. داستان سفر جلد اول ۔مئی ۲۰۰۰ ۔ص 4

۸۶ پروفیسر آفاق احمد. داستان سفر جلد اول صفحہ ۹

۸۷ ممنون حسن خان. داستان سفر جلد اول ص ۱۸ ۔۲۵

۸۸ پروفیسر آفاق احمد داستان سفر جلد اول ص ۲۰

۸۹ پروفیسر آفاق احمد ۔داستان سفر جلد اول ۔ص ۴۷

۹۰ پروفیسر آفاق احمد ۔داستان سفر جلد اول ۔ص ۶۳

۹۱ جگن ناتھ آزاد بحوالہ ۔ پروفیسر آفاق احمد ۔ داستان سفر جلد دوم ۔ مارچ

۲۰۰۲ء ص۔ ۱۷

۹۲ شریواستو۔ بحوالہ۔ پروفیسر آفاق احمد۔ داستان سفر جلد دوم۔ ص۔ ۲۰

۹۳ پروفیسر آفاق احمد۔ داستان سفر جلد دوم۔ ص ۳۷

۹۴ سرسوتی سرن کیف۔ داستان سفر جلد دوم۔ ص۔ ۳۷

۹۵ بحوالہ داستان سفر۔ جلد دوم ص۔ ۴۵

۹۶ پروفیسر آفاق احمد۔ داستان سفر جلد سوم۔ بھوپال۔ ۲۰۰۴ء۔ ص۔ ۴

۹۷ شمیم حنفی۔ بحوالہ داستان سفر جلد سوم۔ ص ۳۲۔ ۳۳

☆ باب ہفتم

پروفیسر آفاق احمد مشاہیر کی نظر میں

پروفیسر آفاق احمد پیدائیش ۳۰ جولائی ۱۹۳۲ء بھوپال مدھیہ پردیش سے تعلق رکھنے والے بین الاقوامی شہرت کے مالک اردو کے نامور محقق، نقاد، افسانہ نگار، ادیب، شاعر، صحافی اور ماہر اقبالیات ہیں۔ اپنی علمی اور ادبی سرگرمیوں سے بھوپال کا نام ساری دنیا میں روشن کیا۔ بھوپال کے حمیدیہ کالج میں ایک عرصہ تک خدمات انجام دیں۔ اور صدر شعبہ اردو رہے۔ اقبالیات ان کا پسندیدہ موضوع رہا۔ چنانچہ مجلس اقبال کے موضوع پر انہوں نے کئی کتابیں مرتب کیں۔ بھوپال اردو اکیڈیمی سے وابستہ رہے۔ امریکہ کناڈا اور دیگر ممالک میں اردو کے ادبی اجلاسوں اور سمیناروں میں شرکت کی۔ ان کی حیات اور علمی و ادبی خدمات پر مشاہیر ادب نے اپنی رائے پیش کی ہے۔ جسے ذیل میں پیش کیا جا رہا ہے۔

سیفی سرونجی

پروفیسر آفاق احمد سے میرے تعلقات لگ بھگ پینتیس سال پرانے ہیں۔ جہاں وہ علم و ادب میں ایک باوقار شخصیت سمجھے جاتے ہیں۔ ایک پروفیسر کی حیثیت سے تمام طالب علموں کے مسائل اور ان کی صلاحیتوں کو اجاگر کرنے علمی و ادبی کاموں میں دلچسپی لیتے ہیں۔ وہیں دوسری طرف وہ اپنے تمام دوستوں میں ہر دلعزیز سمجھے جاتے ہیں۔ ان کے کام آتے ہیں۔ مضامین لکھتے ہیں۔ پروفیسر آفاق احمد ایک اچھے افسانہ نگار۔ محقق، ناقد ہیں۔ شعر بھی کہتے ہیں مگر ان کی حیثیت مقام و مرتبہ صرف ایک محقق، ناقد کی ہے۔ ہمیشہ بڑے عہدوں پر فائز رہے۔ مدھیہ پردیش اردو اکیڈیمی کے سکریٹری بھی رہے۔ اور اقبال مرکز کے چیرمین بھی رہے۔ اور کئی کتابیں ترتیب بھی دیں۔ کئی پروگرام کرائے۔ جہاں جہاں جاتے ہیں۔ اپنی تقریر کا جادو ایسا چلاتے ہیں کہ بس لوگ

دیکھتے رہ جاتے ہیں۔ یہ میری خوش نصیبی ہے کہ وہ مجھ سے نہ صرف ہمدردی رکھتے ہیں بلکہ اپنی کئی تقریروں اور تحریروں میں ذکر کرتے ہیں۔ مجھ پر الگ سے مضمون بھی لکھا۔ خاص طور پر لندن کا سفر نامہ انہیں بہت پسند آیا تھا۔ اور جب میری آپ بیتی ''یہ تو سچا قصہ ہے'' قسط وار ''صدائے اردو'' میں چھپنا شروع ہوئی تو مجھے کئی بار مبارک باد دی۔ اور دیگر آپ بیتیوں سے اسے مختلف بتایا۔ تحریروں میں بھی اور تقریروں میں بھی۔ ان کی محبتوں کا اندازہ اس بات سے لگایا جاسکتا ہے کہ جب جب میں نے انہیں سرونج سمینار یا مشاعرے میں بلایا تو برابر نہ صرف تشریف لائے بلکہ اپنی تقریر میں کھل کر اس بات کا اظہار کیا کہ سرونج کو آج عالمی ادب کے نقشے میں ابھارنے والا صرف سیفی سرونجی ہے۔ میری کتابوں کا اجراء بھی پروفیسر آفاق احمد صاحب نے ہی کیا ہے۔ ابھی چند سال پہلے ایک سمینار میں میری پانچ کتابوں کا اجراء ایک ساتھ ہوا۔ جس میں پروفیسر مظفر حنفی، محمد ایوب واقف، ڈاکٹر عزیز اندوری، ڈاکٹر مہتاب عالم، ڈاکٹر رونق شہری، مختار شمیم، عارف عزیز، شان بھارتی کے علاوہ کئی شاعر ادیب تشریف لائے تھے۔ آفاق صاحب نے تقریر میں اعتراف کیا کہ سیفی سرونجی نے دیکھتے ہی دیکھتے عالمی ادب میں اپنا مقام بنالیا ہے۔ اس کی محنت اور لگن سے نئی نسل کو بہت کچھ ترقی کرنے کا جذبہ ابھرتا ہے۔ اس طرح پروفیسر آفاق صاحب سرونج آتے رہے۔ اور ان کی محبتوں میں اضافہ ہوتا گیا۔ انہوں نے میرا حوصلہ بڑھانے میں بڑا اہم رول ادا کیا۔

ان سے تعلقات استوار کرانے میں پروفیسر مختار شمیم کا بہت اہم رول رہا ہے۔ اس لئے میری رائے اردو کے پروفیسروں کے بارے میں کچھ ایسی ہے کہ میں انہیں کبھی تخلیق کار نہیں سمجھتا۔ بس ادب پر اجارہ داری قائم کر رکھی ہے۔ اور زبان کے فروغ سے انہیں کوئی دلچسپی نہیں ہوتی۔ لیکن پروفیسر خالد محمود، پروفیسر آفاق احمد اور مختار شمیم صاحب نے مجھے اپنی رائے بدلنے پر مجبور کر دیا۔ اپنے کاموں سے اپنی محبتوں سے۔

(سیفی سرونجی۔ بحوالہ۔ انتساب۔ پروفیسر آفاق احمد نمبر۔ شمارہ نمبر ۸۶ ۲۰۱۲ء۔ ص۔۴۔۵)

ڈاکٹر ہارون ایوب

پروفیسر آفاق احمد اردو کے ان افسانہ نگاروں میں ہیں جو بہت کم لکھتے ہیں مگر جب لکھتے ہیں تو بہت سوچ سمجھ کر دیکھ بھال کر۔ کیونکہ وہ رسمی افسانہ نگار نہیں ہیں۔ وہ اپنے افسانوں کا مواد زندگی سے حاصل کرتے ہیں۔ اور پھر پرکھ کر اسے عوام کے سامنے لاتے ہیں۔ یہی وجہ ہے کہ ان کا ہر افسانہ روزمرہ کی زندگی کے ہلکے پھلکے واقعات پر مبنی ہوتا ہے۔ مگر وہ اختتام پر قاری کو غور وفکر کی دعوت دے جاتا ہے۔ حال ہی میں آپ کے افسانوں کا ایک انتخاب ''پرشور خاموشی'' مدھیہ پردیش اردو اکاڈمی بھوپال نے شائع کیا ہے۔ اس میں ۸۔ افسانے شامل ہیں۔ جو مختلف اوقات میں لکھے گئے ہیں۔ پروفیسر صاحب خود اپنے افسانوں کے بارے میں فرماتے ہیں۔ ''دراصل یہ کتاب انتخاب ہے پچھلے کئی دہوں سے لکھی ہوئی میری کہانیوں کا' بہت سی کہانیاں مجھے ایسی ناکارہ اولاد کی طرح لگیں جنہیں عاق کرنے میں ہی عافیت ہے۔ چند پر بڑا پیار آیا۔ اور انہیں میں نے اس کتاب میں شامل کرلیا۔''

یہ الفاظ اس بات کا ثبوت ہیں کہ انتخاب بھی بہت سوچ سمجھ کر کیا گیا ہے۔ ان افسانوں میں نئے افسانے کی تکرار ختم کرنے اور اور افسانے میں افسانہ پن پیدا کرنے کی پروفیسر آفاق احمد نے بہت چابکدستی سے کوشش کی ہے تاکہ اردو افسانے پر چھایا ہوا جمود کم ہوسکے۔ ''پرشور خاموشی'' میں شامل تمام افسانے اس بات کا کھلا ثبوت ہیں کہ اردو افسانے میں نئے سے نئے موضوعات کو اپنانے کی غیر معمولی صلاحیت ان میں موجود ہے۔ یہی وجہ ہے کہ پروفیسر صاحب کے افسانے ذات کی تلاش تک محدود نہیں ہیں بلکہ وہ کائنات اور گردونواح کا پتہ بھی دیتے ہیں۔ ان کے ہر افسانے میں خارجی حقیقت ابھر کر سامنے آتی ہے۔ باندر چوا۔ اور بیوپاری چلے گئے۔ طنزیہ اور استعاراتی افسانوں کی خوبصورت مثال ہیں۔ اور موضوع اور تکنیک کے اعتبار سے بہت انوکھے ہیں۔ آپ کے افسانوں میں گتھیاں نہیں ہیں اور موضوعات ہلکے پھلکے ہیں۔ بعض موضوعات تو ایسے ہیں جن پر بہت کم قلم اٹھایا گیا ہے۔ جیسے باندر چوا۔ تصویر درد کیا جائے۔ وغیرہ وغیرہ۔ اور ان تمام

افسانوں کے کردار عام انسانی کردار ہیں۔

پروفیسر آفاق احمد کی زبان میں ایک خاص قسم کی شعریت ہے۔ جو ان کی اپنی ہے۔ راجندر سنگھ بیدی نے ایک جگہ لکھا ہے کہ افسانہ اور شعر میں کوئی زیادہ فرق نہیں ہے۔ شعر صرف چھوٹی بحر میں ہوتا ہے۔ اور افسانہ ایک طویل اور مسلسل بحر ہیں۔ پروفیسر آفاق احمد اسی مسلسل طویل بحر کے قائل ہیں۔ اور انہوں نے بعض بہت خوبصورت طویل افسانے اردو ادب کو دئے ہیں۔ جیسے پلکوں کا بوجھ۔ غرض آج کا افسانہ اپنے افسانہ نگار سے جس زبان و بیان کی قدرت کا مطالبہ کرتا ہے۔ وہ قدرت پروفیسر آفاق احمد کے قلم میں موجود ہے۔ جس کی بناء پر انہوں نے اردو ادب کو سوسن کے پھول۔ پلکوں کا بوجھ۔ پرشور خاموشی۔ باندر چوا۔ اور چاندنی کے دیش میں جیسے لاجواب افسانے دئے ہیں۔ جو اردو ادب میں ہمیشہ قدر و منزلت کی نگاہ سے پڑھے جائیں گے۔ پروفیسر آفاق احمد کا افسانوی مجموعہ ''پرشور خاموشی' ایک ایسا مجموعہ ہے۔ جس نے افسانے کی روایت کو آگے بڑھایا ہے۔ اس کے ہر افسانے میں روح عصر پوری طرح جلوہ گر ہے۔ یقیناً یہ افسانوی مجموعہ اردو افسانوی ادب میں ایک اضافہ ہے۔ کیونکہ یہ کئی طرح سے دعوت فکر دیتا ہے۔ اور بے باک رویے کے ساتھ قاری کے سامنے آیا ہے۔

(ڈاکٹر ہارون ایوب۔ بحوالہ۔ انتساب ۔ پروفیسر آفاق احمد نمبر۔ شمارہ نمبر ۸۶ ۔۲۰۱۲ء۔ ص ۔۲۶۔۲۷)

سلطانہ مہر

میرا یقین ہے کہ انسان کے اندر کی خوبصورتی نیکی اور سچائی ایک ملکوتی روشنی کی طرح چہرے کا ہالہ کئے رہتی ہے۔ ۱۹/ ستمبر ۱۹۹۹ء کے دن کنیڈا میں میر تقی میر سمینار میں ایسا ہی ایک روشن چہرہ مجھے نظر آیا۔ پھر ملاقات کے دوران محترم اطہر رضوی نے ان کا تعارف کراتے ہوئے کہا کہ یہ پروفیسر آفاق احمد ہیں۔ بھوپال سے تشریف لائے ہیں۔ میں نے دل ہی دل میں منیر پرویز کا شکریہ ادا کرتے ہوئے کہا کہ منیر پرویز تمہارے لئے نیک تمنائیں کہ تم نے مجھے جشن جون ایلیا اور میر تقی

میر سمینار کے لئے مدعو کیا۔ جو آج میں علم کے ایسے گوہر آب دار سے ملاقات کے مواقع حاصل کر رہی ہوں۔ میں نے ڈاکٹر عزیز اندوری (صدر شعبہ اردو کے آئی پی جی کالج اندور) کا خاکہ جو انہوں نے پروفیسر آفاق احمد کے لئے لکھا تھا پڑھا۔ اس کی ابتداء انہوں نے احمد فراز کے اس شعر سے کی۔

سنا ہے بولے تو باتوں سے پھول جھڑتے ہیں   یہ بات ہے تو چلو بات کر کے دیکھتے ہیں

پھر ڈاکٹر صاحب آگے لکھتے ہیں۔ چلئے کچھ باتیں کرلیں پروفیسر آفاق احمد کے بارے میں۔ گلاب کی رنگت، خوشبو سے معطر کرلیں اپنے دماغ و دل کو، چہرے کے نقوش سے لے کر جسم کی رنگت تک جاذب نظر۔ دل کی وسعت سے لے کر ذہن کی رفعت تک سراپا خلوص فکر وفن سے لے کر عمل وحرکت تک گلاب کی پنکھڑیوں جیسی تازگی۔ ایک پیراگراف میں اتنی بار گلاب اور مہک کا ذکر آئے تو آپ ہی آپ گلاب کی خوشبو گرد و پیش رقص کرنے لگتی ہے۔

پھر اس خوشبو کا مرکز ہم نے کھوج لگا لیا تو انکشاف ہوا کہ پروفیسر آفاق کو گلابوں سے اتنا پیار ہے کہ انہوں نے اپنے ٹیرس پر سو سے زیادہ گلابوں کے پودے لگا رکھے ہیں۔ جنہیں دیکھنے اور مشام جان کو معطر کرنے دور دور سے لوگ آتے ہیں۔ اور تاریخی قصہ یہ ہے کہ مرحوم شاعر معین احسن جذبی نے ان کے گھر کے گلاب دیکھ کر آفاق صاحب کے مکان کو ''گل کدہ'' کا نام دیا تھا۔ چنانچہ اب اسی نام سے یہ گھر پہچانا جاتا ہے۔ اور پروفیسر آفاق کو اس پر فخر ہے، ناز ہے کہ ان کے گھر کا نام جذبی صاحب کا رکھا ہوا ہے۔

آفاق احمد ادیب ہیں، نقاد، افسانہ نگار ہیں، صحافی ہیں اور شاعر بھی۔ ان کے افسانوں کے دو مجموعے شائع ہوئے ہیں ''پرشور خاموشی ۱۹۹۱ء میں اور راج گوپال اچاریہ کی کہانیوں کے مجموعے پر مشتمل مجموعہ ''اک کرن اجالے کی'' ان کی کہانیوں کے ترجمے انگریزی، ہندی، پنجابی اور ہندی میں ہو چکے ہیں۔ علامہ اقبال پر انہوں نے مجلس اقبال کی تین جلدیں ایڈٹ کی ہیں۔ ایک کتاب بعنوان ''اقبال آئینہ خانے میں (علامہ اقبال پر مضامین سال اشاعت ۱۹۷۸ء۔ اس طرح ان کی

مرتب کردہ کتابوں کی فہرست ۱۵ کے قریب ہے۔ انہوں نے بے شمار سمیناروں میں حصہ لیا ہے۔ اور ملکوں ملکوں گھومتے ہیں۔ کہتے ہیں غیر ممالک کا سفر خاص طور پر ان کے ذہنی افق کو وسیع کرتا ہے۔ اب تک ۳۰ ریسرچ اسکالرز ان کے زیر نگرانی پی ایچ ڈی کر چکے ہیں۔ جن میں عزیز اندوری اور راحت اندوری کے نام بھی شامل ہیں۔ خود انہیں بھی اب تک پی ایچ ڈی کرنے کا خیال کیوں نہیں آیا اس سوال کے جواب میں کہنے لگے ''دراصل مجھے اپنا گریباں سینے کا خیال بہت دیر میں آیا'' پھر قہقہہ لگا کر بولے میری کتاب ''غالب شناسی میں بھوپال کا حصہ'' عنقریب شائع ہو کر آنے والی ہے۔ اس کے علاوہ سراج میر خاں بھوپالی، رشید احمد صدیقی، تخلص بھوپالی، پریم چند اور اقبال پر میرے مقالات کو قدر کی نگاہ سے دیکھا گیا۔ آج کل مقالات کا مجموعہ بھی زیر ترتیب ہے مجھے معلوم تھا کہ پروفیسر آفاق احمد شعر بھی کہتے ہیں۔ میں نے نے پوچھا آفاق صاحب کچھ سنایئے گا؟ فرمایا'' یہ ایک مناجات ہے آپ پسند کریں تو پیش کروں گا۔'' ضرور گوش بر آواز ہوں بلکہ شکر گذار بھی۔ مناجات اور پھر آپ کا اظہار بیاں۔''

خدایا ترا شکر تو نے
میرے چہرے کو آنکھوں سے روشن کیا
ان آنکھوں کو نور بصارت سے اجلا کیا
اجلے جلوؤں سے انہیں منور کیا
انہیں اعتبار چشم بینا دیا
مگر اب وہی میری آنکھیں
وہ سب دیکھتی ہیں
جو نہیں دیکھنا چاہتی ہیں

(سلطانہ مہر بحوالہ۔ انتساب ۔ پروفیسر آفاق احمد نمبر۔ شمارہ نمبر ۸۶ ۲۰۱۲ء۔ ص۔۹۔۱۰)

شیلندر کمار شیلی

بھوپال ایک چھوٹی سی ریاست کا چھوٹا سا شہر تھا۔ اب یہی بھوپال ترقی کی منزلیں طے کرتا ہوا ایک بہت بڑے شہر کا روپ لے رہا ہے۔ بھوپال ہمیشہ سے ایک خوش مزاج شہر رہا ہے۔ اس کی خوش مزاجی کو بدلنا تقریباً ناممکن ہے۔ فساد بھڑکانے والے بھی سر پٹک کر رہ گئے۔ لیکن بھوپال کی خوش مزاجی کو اپنی ہنگامہ آرائیوں اور فرقہ پرستی سے آلودہ نہیں کر سکے۔ کبھی شاکر علی خان، تاج بھوپالی، گووند بابو، موہنی دیوی، کے این پردھان، افضل تابش، بھائی رتن کمار جیسے پھولوں کی خوشبو سے مہکتا ہوا بھوپال آج بھی پروفیسر اکشے کمار جین، اختر سعید، اقبال مجید، بال کرشن گپتا، بھوگوت راوت، آفاق احمد، منظور احتشام نامی انسان دوست پھولوں کی خوشبو سے مہک رہا ہے۔ بھوپال کے اس خوبصورت باغیچے میں کھلے ایک بہت خوبصورت پھول کا نام ہے پروفیسر آفاق احمد۔ اس پھول کی خوشبو گل کدہ سے نکل کر نہ صرف بھوپال، نہ صرف ہندوستان بلکہ پوری دنیا میں جہاں جہاں آفاق صاحب جاتے ہیں فضاؤں کو معطر کرتی ہے۔ بھوپال کی مٹی سے بنے اور پروان چڑھے پروفیسر آفاق احمد کی شناخت ایک ایسے پل کی حیثیت رکھتی ہے۔ جو ہندی، اردو، ہندو مسلمان، سکھ، بھوپال، ہندوستان اور ساری دنیا کو جوڑتا ہے۔ آفاق صاحب کی دنیا میں تنگ دلی کی گنجائش نہیں۔ وہ ساری دنیا میں بھوپال کی تہذیب وثقافت کی نمائندگی کو اپنی ذاتی ذمہ داری سمجھ کر خاموشی سے اس فرض کی ادائیگی کرتے ہیں۔ حالانکہ کسی نے انہیں یہ کام کرنے کی ذمہ داری نہیں دی ہے۔ ہر صبح سورج سے پہلے بیدار ہو کر آفاق صاحب اپنے گل کدہ میں چھت پر لہلاتے باغیچے کے بیچ کھڑے ہو کر سارے بھوپال کو اسی جان وتن میں سمو لینے والے پروفیسر آفاق احمد کو راگ بھوپالی نے دیکھنے اور پرکھنے کا تخلیقی فرض ادا کرنے کی کوشش کی ہے۔

(شیلندر کمار شیلی۔ اداریہ خصوصی شمارہ۔ راگ بھوپالی۔ جولائی ۲۰۰۱ء۔ بھوپال)

پروفیسر اکشے کمار جین

بھوپال کی ادبی اور سماجی زندگی میں پروفیسر آفاق احمد کی شخصیت ایک خاص اہمیت کی حامل ہے۔ ان

کی شخصیت کی اہمیت کے کچھ اہم پہلو ایسے ہیں جن کا شمار بھی کیا جا سکتا ہے۔اور جن کا ادراک بھی ممکن ہے۔بھوپال گنگا جمنی تہذیب کا شہر ہے۔گنگا جمنی تہذیب کا ایک خاص مطلب ہوتا ہے۔دو تہذیبوں کا ملاپ صرف ہندوؤں اور مسلمانوں کے ایک شہر میں رہنے ہی سے نہیں ہو جاتا۔بھوپال کے پرانے باشندے جانتے ہیں کہ یہاں کے ہندوؤں اور مسلمانوں نے اپنے خیالات رہن سہن زبان وادب کی بنا پر تعمیر کی بھائی چارے کی عمارت کو اپنی الگ پہچان عطا کی ہے۔دونوں فرقوں کے لوگ ہندوستان میں قومی یکجہتی کے قائل رہے ہیں۔بھوپال فرقہ وارانہ موانست کا قابل قدر نمونہ رہا ہے۔فرقہ وارانہ یگانگت کے ماحول کا حصول ہندوستان کے کئی علاقوں میں ممکن نہیں ہو سکا ہے۔ باہمی تفریق کی وجہ سے ہی ہندوستان اور پاکستان دو ملک بن گئے۔ ہندوستان کے کسی بھی علاقے میں ہندو مسلم فسادات ہوں بھوپال خون کے دریا میں ایک پر امن جزیرہ بنا رہا۔ یہ فضاء خود بہ خود تو نہیں بن گئی۔ یہاں کچھ سیاسی، سماجی اور ادبی شخصیات ہمیشہ موجود اور فعال رہی ہیں۔ جو فرقہ واریت کے زہر کو ختم کرنے کی تدابیر سے واقف تھیں۔ پروفیسر آفاق احمد ان شخصیات میں سے ایک ہیں۔ وہ ہمارے سماج کے دریا کے دو کناروں کو ملانے کے لئے ایک پل کا کردار ادا کرتے چلے آ رہے ہیں۔

پروفیسر آفاق احمد ان اولین پروفیسروں میں سے ہیں۔جن کے قرب وضبط کے اثر سے طلبا میں قوم پرستی کے رجحانات فروغ پاتے ہیں۔ حالانکہ اب پروفیسر آفاق احمد محکمہ تعلیم سے سبکدوش ہو چکے ہیں۔لیکن طلباء سے ان کا تعلق برقرار ہے۔اور ان کے حلقہ میں وہ خاصے اثر ونفوذ رکھتے ہیں۔آفاق صاحب کی ہر دل عزیزی کی ایک بڑی وجہ وہ طلباء برادری ہے۔جو ان سے بجا طور پر متاثر رہی ہے۔

آفاق صاحب اپنے کالج میں شعبہ اردو کے صدر رہے ہیں۔اور ان کی نگرانی اور رہنمائی میں متعدد طلباء وطالبات نے پی ایچ ڈی کی ڈگری حاصل کی ہے۔اردو کی پروفیسری کے ساتھ ساتھ آفاق صاحب ادبی سرگرمیوں میں بھی ہمہ تن مشغول رہتے ہیں۔وہ ایک اچھے تخلیق کار ہیں۔ان کی

تحریریں پر اثر ہوتی ہیں۔ بہت کم لوگ جانتے ہوں گے کہ وہ ایک اچھے شاعر بھی ہیں۔ مشاعروں میں نہیں پڑھتے۔ انگلینڈ اور کناڈا کے مشاعروں میں پڑھتے ہوں تو پڑھتے ہوں۔ یہ بات میں اس لئے کہہ رہا ہوں کہ ان ممالک میں وہ ایک ادیب کی حیثیت سے مدعو کئے جاتے ہیں۔ یہ بات سب جانتے ہیں کہ وہ مدھیہ پردیش اردو اکیڈیمی کے سابق سکریٹری رہ چکے ہیں۔ بھوپال میں برسوں سے قائم علامہ اقبال ادبی مرکز کے بھی وہ سکریٹری ہیں۔ اس بات کا علم بہت کم لوگوں کو ہوگا کہ بھوپال میں اقبال میدان اور علامہ اقبال ادبی مرکز کے قیام کی کوششوں میں ممنون حسن خان صاحب کے علاوہ آفاق صاحب کا کردار بھی بہت اہم تھا۔ ان تمام باتوں کو لکھنے سے میری منشاء یہ ہے کہ میں آپ کو یہ بتا سکوں کہ بھوپال کے ادبی حلقوں میں پروفیسر آفاق احمد ایک ممتاز اور معتبر شخصیت مانے جاتے ہیں۔ آفاق صاحب انتہائی خوش اخلاق انسان اور نہایت اچھے دوست ہیں۔ علم و تعلم اور ادب کے میدان میں آفاق صاحب کی ہستی انتہائی قابل قدر و قابل احترام ہے۔ آج بھی آفاق صاحب سرگرم عمل ہیں۔ دعا ہے کہ صحت ان کا ساتھ دیتی رہے اور ان کی سرگرمیاں برقرار رہیں۔

(اکشے کمار جین۔ بحوالہ۔ انتساب۔ پروفیسر آفاق احمد نمبر۔ شمارہ نمبر ۸۶ ۲۰۱۲ء۔ ص۔ ۳۰۔ ۳۱)

عارف عزیز

چہرہ پر متانت کے ساتھ معصومیت کا امتزاج، ذہین مسکراتی آنکھیں، کشادہ سینہ، متناسب قد، قرینے سے ترشے ہوئے بال، کبھی بشرٹ اور پینٹ تو کبھی کبھی کھادی کی شیروانی اور تنگ مہری کے پائجامے میں ملبوس، خوش رو، خوش باش اور خوش پوشاک پروفیسر آفاق احمد، بھوپال کے ادبی و تعلیمی حلقوں کی ہر دلعزیز شخصیت ہیں۔ کار یا اسکوٹر سوار راہ چلتے جب بھی سلام یا جواب کے لئے ہاتھ اٹھاتے ہیں تو ان کا مخصوص انداز ہوتا ہے۔ جس میں چہرہ کی ہلکی سی مسکراہٹ بھی شامل ہوتی ہے۔ وہ ہم سے متعدد کے استاد ہیں۔ لیکن جب ملاقات ہوتی ہے تو ایسی خندہ پیشانی سے ملتے ہیں کہ مراتب کی تخصیص باقی نہیں رہتی۔ یہی ان کے عالی ظرف اور وسیع مشرب ہونے کی دلیل ہے۔

حمیدیہ کالج نے یوں تو اردو کے متعدد اہل قلم دیئے ہیں۔ لیکن ان میں آفاق اس لئے منفرد ہیں کہ ادب ہی نہیں کھیل کے میدان میں بھی انہوں نے اپنے مادر علمی کا نام روشن کیا ہے۔ وہ حمیدیہ کالج ہاکی ٹیم کے کپتان رہے۔ اپنے دور میں بھوپال کے واحد کھلاڑی تھے جو یونیورسٹی میں سلیکٹ کیئے گئے۔ اور سری لنکا کی ٹیم کے خلاف بھوپال یوتھ کی قیادت کی۔ اور ان کی شخصیت کے اسی پہلو سے متاثر ہو کر پروفیسر زبیر صدیقی نے ایک محفل میں غالباً وائیس چانسلر نے مخاطب ہو کر کہا تھا کہ عام طور پر جو طلباء کھیل میں تیز ہوتے ہیں حصول علم میں ان کی وہ تیزی وطراری باقی نہیں رہتی۔ لیکن آفاق صاحب ہمارے کالج کے ایسے ہونہار طالب علم رہے ہیں جنہوں نے کھیل کے میدان میں ہی کارہائے نمایاں انجام نہیں دیئے۔ تعلیم میں بھی گولڈ میڈل حاصل کر کے خوب نام کمایا ہے۔ وی سی نے جب تحسین آمیز نظروں سے آفاق صاحب کو دیکھا تو انہوں نے فوراً ہی شرما کر نظریں جھکالیں۔ جیسے ان کی تعریف نہیں کمزوری بیان کی گئی ہو۔

یہی فطری شرم اور لحاظ آفاق صاحب کی شخصیت کا ایک لازمی جزو ہے۔ تاہم اس کے ساتھ خود اعتمادی اور قائدانہ صلاحیت کی بھی ان میں کمی نہیں ہے۔ جس کی مثالیں ایم ایل بی کالج کے صدر شعبہ جن وادی لیکھک سنگھ اور انجمن ترقی اردو کے ریاستی سربراہ اور مدھیہ پردیش اردو اکاڈمی کے سکریٹری کی حیثیت سے سامنے آتی ہیں۔

پروفیسر آفاق احمد جو کہ اپنی سرکاری ملازمت سے پہلے مقامی اخباروں کے علاوہ قومی آواز، ملاپ، خلافت اور تیج کے بھوپال میں نامہ نگار رہے ہیں۔ ابتداء ہی سے نثر کے میدان میں اپنا ایک مقام بنا کر ادبی حلقوں میں متعارف ہو گئے تھے۔ بلکہ یہ کہا جائے کہ ان کی ادبی شہرت ومقبولیت اس عمر میں حاصل ہو گئی تھی جب اکثر نوجوان اس کے حصول کے لئے سرگرداں نظر آتے ہیں تو مبالغہ نہ ہوگا۔ آفاق صاحب کی نثر میں صوتی حسن، شعری آہنگ اور مترنم الفاظ کی چاشنی ہی نہیں فکر وفن کی گہرائی بھی گھلی ملی نظر آتی ہے۔ ان کے افسانوں کے دو مجموعے، کئی کتابوں کے ترجمے بھی انہوں نے مرتب کیئے ہیں۔

آفاق صاحب ادیب، نقاد، صحافی اور افسانہ نویس ہونے کے ساتھ ساتھ دردمند دل کے مالک بھی ہیں۔ علم و ادب کی خدمت کو انہوں نے اپنا شوق بنا لیا ہے۔ مطالعہ، تحقیق، تدریس اور باغبانی ان کے محبوب مشاغل ہیں۔ تحقیقی کام کرنے والے طلبا اور اسکالر تو انہیں گھیرے رہتے ہیں۔ امکان بھر ان کی مدد کرنا وہ اپنا فرض سمجھتے ہیں۔ یہی جملہ خوبیاں ان کے بڑے انسان ہونے کی دلیل ہیں کیونکہ جن میں یہ صفات نہ ہوں وہ نہ اچھا استاد ہوسکتا ہے اور نہ اعلیٰ درجہ کا تخلیق کار۔ ان کی معاملہ فہمی اور ہمدردی کے بھی متعدد واقعات ہیں۔ ایک سماجی تنظیم کی طرف سے منعقدہ جلسہ میں شہر کے بیشتر صاحبان علم وفضل موجود تھے۔ لیکن وقت کی کمی سب کے اظہار خیال میں مانع بن رہی تھی۔ جب آفاق صاحب کو مائک پر آنے کی دعوت دی گئی تو انہوں نے اس موقع پر بزرگوں کے سامنے زبان کھولنے کو بے ادبی سے تعبیر کرتے ہوئے اس اثنا میں دوسروں کے خیالات سے استفادہ کی خواہش ظاہر کی اور چلے آئے۔ جلسے کی نظامت انجام دینے والے ایک تاجر تھے۔ جو موقع کی مناسب سے آفاق صاحب کے اس بامعنی عذر کو نہ سمجھ سکے۔ تاہم حاضرین کی بڑی تعداد نے نہ صرف لطف لیا بلکہ دیر تک ان کی طرف سے داد و تحسین کا سلسلہ جاری رہا۔

ایک مرتبہ یوم اقبال پر ایوان صدر منزل میں منعقدہ جلسے میں آفاق صاحب مقالہ پڑھ رہے تھے۔ کہ یکا یک ایک سیلنگ فین سے بے ہنگم سی آواز نکل کر فضا کو مرتعش کرنے لگی۔ اور سامعین کے قہقہوں نے صورتحال کو مزید بے قابو بنا دیا۔ کوئی دوسرا ہوتا تو اس ناگہانی افتاد سے گھبرا جاتا لیکن آفاق صاحب نے پنکھے کا زور تھمتے ہی مائک سنبھالا اور یہ کہہ کر کہ "حضرات! پنکھے کی نثر ختم ہوئی میں اپنی نثر سناتا ہوں۔" مقالہ شروع کر دیا۔ اور اپنی فراست اور حاضر دماغی سے ایک لو دینے والے ماحول کو خوشگوار بنا دیا۔

اسی طرح نامور شاعر اور ممبر پارلیمنٹ آنند نرائن ملا کی بھوپال آمد پر منعقدہ ایک جلسہ میں قومی یکجہتی جیسے خشک موضوع پر۔ بیشتر مقررین ایک دوسرے سے ملتے جلتے خیالات ظاہر کر رہے تھے۔ یہاں تک کہ سامعین نے اکتا کر اٹھنا شروع کر دیا۔ اسی اثنا میں آفاق صاحب کا نام پکارا گیا

تھا۔ الفاظ اور جذبات کا ایک دریا رواں ہو گیا۔ اور اٹھتے لوگ بیٹھ گئے۔ ان کی تقریر کا ایسا ہی منفرد مخصوص انداز ہے۔ جس میں نہ تو جوش خطابت ہوتا ہے نہ گفتگو کی طرح چٹکلوں یا لطیفوں کا سہارا لیا جاتا ہے۔ بلکہ حقیقت یہ ہے کہ ان کی تقریر کنول کے پھول کی طرح آہستہ آہستہ کھلتی ہے۔ اور اس میں زبان دانی اور نثری شاعری کے وہ نمونے ملتے ہیں کہ سامعین کے دل و دماغ پوری طرح ان کی گرفت میں آجاتے ہیں۔ سچائی یہ ہے کہ ان کے ادا کیئے ہوئے ہر جملہ کے پیچھے ایک شاعرانہ تہہ داری اور فکر کی گہرائی ہوتی ہے۔

ایک مرتبہ بھوپال کی اردو صحافت پر میرا ایک تشنہ سا مضمون شائع ہوا تو ملاقات پر شفقت آمیز خفگی سے پیش آئے۔ اور آئیندہ ایسا نامکمل مضمون لکھنے پر تنبیہہ کرتے ہوئے مزید معلومات اور حوالوں پر مشتمل نوٹس مجھے دے دئے۔ اور انہیں آئیندہ کسی موقع پر مضمون میں شامل کرنے کی ہدایت کی۔ ایسے متعدد واقعات اور تجربات ہیں جو ان کی دلآویزی میں اضافہ کرتے ہیں۔ نجی گفتگو ہو یا عام محفل جذبات کی رو میں بہہ کر بات کرنا انہیں پسند نہیں۔ جو کہتے ہیں اس میں خلوص و توازن ہوتا ہے۔ بہتری اور اچھائی کے نئے نئے طریقے اختیار کر لیتے ہیں۔ جس میں برائی کے اظہار کے ساتھ برے کی پردہ داری ملحوظ رہتی ہے۔

(عارف عزیز۔ بحوالہ۔ انتساب۔ پروفیسر آفاق احمد نمبر۔ شمارہ نمبر ۸۶ ۲۰۱۲ء۔ ص۔۲۳۔۲۵)

محمد ایوب واقف

۲۰/جولائی ۲۰۰۳ء کی رات دس بجے تھے۔ فون کی گھنٹی بجی میری بیوی نے فون اٹھایا۔ فون کرنے والے نے سوال کیا' واقف صاحب گھر میں موجود ہیں' میری بیوی نے جواب دیا' ہاں ہیں'۔ پھر فون کرنے والے نے کہا'' ذرا انہیں بلا دیجئے''۔ میری بیوی نے مجھے آواز دی۔ میں لپک کے فون کے پاس آیا۔ فن کا رسیور اٹھا کر کان سے لگایا اور ہیلو کی آواز لگائی۔ جواب ملا میں آفاق ہوں۔ بھوپال سے بول رہا ہوں۔ میں ادب سے آداب بجا لایا۔ علیک سلیک کے بعد پروفیسر آفاق صاحب نے

مجھ سے کہا۔ میاں۔ ایک کام کے سلسلے میں آپ کی ضرورت آن پڑی ہے۔ میں نے عرض کیا حضرت بلا تکلف فرمایئے۔ میں خدمت کے لئے حاضر ہوں۔ پھر آفاق صاحب نے مجھے تفصیل سے آگاہ کرتے ہوئے کہا کہ محکمہ ثقافت حکومت مدھیہ پردیش نے بہت پہلے اقبال مرکز قائم کیا ہے۔ ہر سال اس کی طرف سے کسی نہ کسی بڑے اور سر برآوردہ تخلیق کار کو اعزاز سے نوازا جاتا ہے۔ جب اعلیٰ تخلیقیت کے کسی فنکار کو اقبال اعزاز سے نوازا جاتا ہے تو پہلے اس کے لئے ایک پانچ رکنی جیوری کا انتخاب عمل میں آتا ہے۔ یہ جیوری ملک کے طول وعرض سے کسی ایک فن کار کو جس کی تخلیقی سرگرمیاں لائق اعتنا ہوتی ہیں۔ متفقہ طور پر منتخب کرتی ہے۔ لہٰذا اس سال یعنی ۲۰۰۳ء اور ۲۰۰۴ء کی جیوری میں آپ کو بھی شامل کیا گیا ہے۔ میں نے اقبال مرکز کے چیرمین پروفیسر آفاق احمد کی خواہش کا احترام کرتے ہوئے جیوری میں شامل ہونے کا فیصلہ کرلیا۔ جیوری کی میٹنگ ۲۹ جولائی ۲۰۰۳ء کو ہونا طے پائی تھی۔ لہٰذا میں ۲۸/ جولائی کو بھوپال پہنچ گیا۔ انہوں نے مجھے بتایا کہ حکومت مدھیہ پردیش کے محکمہ ثقافت کے لوگ آپ کو لینے کے لئے اسٹیشن پہنچ چکے ہیں۔ چنانچہ میں جیسے ہی ڈبے سے نیچے اترا لوگوں نے میرا استقبال کیا اور محکمے کی گاڑی سے جائے قیام پر لے گئے۔ ہمارے قیام وطعام کا بندوبست ہوٹل پلاش میں کیا گیا۔ جہاں ہر طرح کی آسانیاں فراہم تھیں۔ میں نے پتہ لگایا کہ دوسرے چار لوگ کون کون ہیں۔ تو مجھے بتایا گیا کہ جو چار لوگ آئے ہیں ان میں جگن ناتھ آزاد، ڈاکٹر ظفر احمد نظامی، ڈاکٹر اصغر عباس اور ڈاکٹر محمد اقبال شامل ہیں۔ تھوڑی دیر میں ہم لوگوں سے ملنے کے لئے پروفیسر آفاق احمد صاحب خود بہ نفس نفیس آگئے۔ انہوں نے ہم سے دریافت کیا کہ یہاں کوئی دشواری تو نہیں ہے۔ آپ کی قیادت ہے تو دشواری کا کیا عمل دخل ہوگا۔ ۲۹/ جولائی ۲۰۰۳ء کو دوپہر بارہ بجے میٹنگ ہوئی۔ ہمارے سامنے جو چند نام رکھے گئے تھے ان میں سے ہم نے ایک نام رفعت سروش صاحب کا منتخب کرلیا۔ اس طرح ان کے نام پر ہم پانچوں افراد جو جیوری میں شامل تھے مہر ثبت ہوگئی۔ ہم اس متفقہ فیصلے پر بے حد خوش تھے کہ ہم ایک غیر معمولی صلاحیت والے فنکار کو ملک کا یہ بڑا اعزاز دلا سکے۔

اس سے پہلے میں پروفیسر آفاق احمد صاحب کو جانتا تو تھا لیکن ان سے اتنی قربت نہیں تھی جتنی اقبال اعزاز (سمان) سے متعلق میٹنگ کے بعد ہوئی۔ پروفیسر آفاق احمد نے بھوپال کے حمیدیہ کالج میں درس وتدریس کا ایک طویل عرصے تک فریضہ انجام دیا۔ اپنی پروفیسری کے زمانے میں انہوں نے کالج کے شعبہ اردو کو ایک انتہائی فعال شعبہ بنادیا تھا۔ اکثر اس کی طرف سے سمینار اور جلسے منعقد ہوا کرتے تھے۔ اور ان جلسوں اور سمیناروں میں بھوپال اور بیرون بھوپال کے ادباء اور شعرا کثیر تعداد میں جمع ہوتے تھے۔ بہ حیثیت استاد بھی وہ کامیاب اور کامران رہے۔ ان کی یہ ہمیشہ کوشش رہا کرتی تھی کہ ان کے پاس علم کا جو بھی اثاثہ موجود ہے۔ انہیں وہ اپنے طلبا کے سینوں میں منتقل کردیں۔ ایک اچھے اور کامیاب استاد کی یہی تو علامت بھی ہوا کرتی ہے۔ انہیں استادی اور شاگردی کے مراتب کا ہمیشہ پاس ولحاظ رہا کرتا تھا۔ اور استاد اور شاگرد کے درمیان کے مقدس رشتوں کو تولنے کا پیمانہ وہ مادی فوائد کو کبھی نہیں بناتے تھے۔ پروفیسر عبدالقوی دسنوی اور پروفیسر ابومحمد سحر وغیرہ کے انتقال کے بعد پروفیسر آفاق احمد صاحب تو ایک طریقے سے اب استاذ الاساتذہ کی حیثیت اختیار کرچکے ہیں۔ کیونکہ آج کل بھوپال کے تعلیمی اداروں کے زیادہ تر اساتذہ کی تعلیم و تربیت انہی کے زیر سایہ ہوئی ہے۔

پروفیسر آفاق احمد منجھے ہوئے اہل قلم بھی ہیں۔ ان کی ان گنت تحریریں میری نظر سے گزری ہیں۔ دہلی کے مرکزی ساہتیہ اکادمی کے جب پروفیسر گوپی چند نارنگ صاحب چیرمین تھے تو انہوں نے فراق گورکھپوری کی شخصیت وشاعری اور نثر نگاری پر ایک دوروزہ بین الاقوامی سمینار منعقد کیا تھا۔ اس سمینار میں مجھے ان کے ساتھ شرکت کرنے اور مقالہ پڑھنے کا اتفاق ہوا۔ اتفاق سے جس ہوٹل میں میں ٹھہرا ہوا تھا اسی میں پروفیسر آفاق احمد بھی ٹھہرے تھے۔ سمینار میں انہیں قریب سے دیکھنے اور ان کی مقالہ خوانی سے لطف اٹھانے کا پورا موقع مجھے حاصل ہوا۔ پھر سرونج میں محسن اردو جناب سیفی سرونجی نے جب اپنی پانچ کتابوں کا اجرائی سمینار منعقد کیا تو اس دوروزہ سمینار میں مجھے آفاق صاحب کے ساتھ شرکت کرنے کا سنہری موقع ملا۔ اس سمینار میں پروفیسر مظفر حنفی، مختار شمیم،

کثر صدیقی صاحب اور شان بھارتی وغیرہ نے شرکت کی تھی۔ یہاں بھی پروفیسر آفاق صاحب کی باغ و بہار شخصیت سے خوب لطف اندوز ہونے کا موقع ملا۔

آفاق صاحب سے آخری ملاقات بھوپال کے ایک سمینار میں ہوئی۔ یہ سمینار کاروان ادب کی طرف سے اس کے مدیران جناب جاوید یزدانی اور کوثر صدیق صاحب کی مساعی جمیلہ اور اہتمام کے ساتھ وقوع پذیر ہوا تھا۔ سمینار اسکولوں اور کالجوں میں اردو کی تعلیم کے تعلق سے تھا۔ اس سمینار میں اتفاق سے مجھے اور آفاق صاحب کو ایک ہی موضوع ملا تھا اور ہم دونوں نے ایک ہی موضوع پر مقالے پڑھے۔ اس سمینار میں دہلی یونیورسٹی کے عتیق اللہ صاحب سابق صدر شعبہ اردو نے بھی شرکت کی تھی۔ میری خوش قسمتی یہ تھی کہ میں اس وقت مدھیہ پردیش اردو اکاڈمی کے چیرمین جناب بشیر بدر اور کانگریسی لیڈر عزیز قریشی اور قومی کونسل برائے فروغ اردو کے چیرمین جناب چندر بھان خیالؔ صاحب وغیرہ سے مل سکا تھا۔ ورنہ ایسے یار لوگوں سے ملنے کا موقع کہاں ملتا ہے۔ یہیں پر ایک خوش فکر اور برگزیدہ شاعر جناب رہبر جونپوری صاحب سے ملاقات کا شرف بھی حاصل ہوا۔ معاف کیجئے میں موضوع سے ہٹ گیا۔ مجھے پروفیسر آفاق صاحب کے ساتھ اپنی ملاقاتوں کو حسب توفیق لخت لخت یاد کر کے جمع کرنا ہے۔ اور پھر اسے قلم و قرطاس کے حوالے بھی کرنا ہے۔ میں در اصل کہنا یہ چاہتا ہوں کہ آفاق صاحب مجھے جب بھی ملے اپنی زندگی کے کسی خاص رخ اور حیثیت کے ساتھ ملے۔ کیونکہ وہ کثیر الجہات شخصیت کے مالک ہیں۔ ایسی شخصیتیں قدرت کے کارخانے میں بار بار نہیں پیدا ہوتی ہیں۔

آفاق صاحب بھوپال کے اقبال مرکز کے چیرمین بھی کافی عرصے تک رہے۔ انہوں نے یہاں بھی اپنی ہمہ گیر شخصیت کے جادو جگائے ہیں۔ یہاں آئے دن وہ اقبال کے فکر و فن پر ماہرین اقبالیات کے توسیعی خطبات کا بندوبست کرتے تھے۔ کبھی کبھی سمیناروں کا اہتمام بھی کیا کرتے تھے۔ اقبال مرکز کے پروگراموں سے متعلق جو کتابچے شائع ہوا کرتے تھے ان سے اس اہم ادارے کی سرگرمیوں کا اندازہ ہوتا تھا۔ جب ہم لوگ اقبال اعزاز کی جیوری کے اراکین کی حیثیت

سے بھوپال گئے تھے۔تو ہمارے اعزاز میں بھی آفاق صاحب نے ایک نشست کا اہتمام کیا تھا۔اور ہم کو گلدستے دے کر ہماری توقیر بڑھائی تھی۔اسی اعزازی نشست میں بھوپال کے نامور اور کہنہ مشق غزل گو شاعر اختر سعید صاحب سے ملاقات کا شرف بھی ہمیں حاصل ہوا۔ہماری اس یادگار ملاقات کے بعد وہ زیادہ عرصے تک زندہ نہیں رہ سکے۔اور اپنے مالک حقیقی سے جا ملے۔خدا انہیں کروٹ کروٹ سکون عطا فرمائے۔

پروفیسر آفاق صاحب سے ایک بار ان کے گھر پر بھی ان سے ملنے کا اتفاق ہوا۔اگرچہ یادداشت خطا نہیں کر رہی ہے تو شائد ان کا بنگلہ عیدگاہ ہلز کے خوبصورت علاقے میں واقع ہے۔انہوں نے ماشاءاللہ رہنے سہنے کے لئے بہت خوبصورت مکان تعمیر کروالیا ہے۔ہوٹل پلاش سے جب میں اور میری اہلیہ ان کے گھر پہونچے تو وہ دروازے پر ہمارے انتظار میں کھڑے تھے۔ان کی معیت میں جب ہم ان کے گھر میں داخل ہوئے تو ان کی اہلیہ بھی ہماری منتظر تھیں۔ان کا گھر نئی اور پرانی کتابوں کا ایک عجائب خانہ ہے۔کتابوں کے ذخیرے میں ایم فل اور پی ایچ ڈی کے مقالے زیادہ ہیں۔ان میں کچھ تو شائع شدہ حالت میں ہیں۔اور کچھ کو ابھی طباعت کا جامع نہیں پہنایا جاسکا ہے۔ہمیں یہ جان کر بڑی مسرت ہوئی کہ آفاق صاحب افسانہ نگار بھی ہیں اور انہوں نے بہت سے افسانے لکھے ہیں۔

آفاق صاحب کوئی لحیم شحیم آدمی نہیں ہیں۔وہ متوسط قد رکھنے والے مناسب جسامت کے انسان ہیں۔سر پر کھچڑی بال جو اب شائد پورے کے پورے سفید ہو چکے ہوں گے۔وہ متفرق رنگ کے کپڑوں اور جوتوں کے پہلے بھی شوقین تھے۔اور اب بھی ہیں۔میرا خیال ہے انہوں نے اپنی پوری زندگی بہت شاندار طریقے سے گذاری ہے۔ان کی شخصیت کا ایک رخ یہ بھی دیکھنے میں آیا ہے کہ ان کے تعلق سے اگر انجانے میں بھی کسی سے کوئی غلطی سرزد ہو جاتی ہے تو فوراً آپے سے باہر ہو جاتے ہیں۔اور جب تک اپنا غصہ وہ نکال نہیں لیں گے تب تک چین سے نہیں بیٹھیں گے۔لیکن چونکہ دل کے صاف ہیں اس لئے بہت جلد رنج و ملال کو جھٹک کر گلے مل لیتے ہیں۔میرا خیال ہے یہ

خصلت بھی ایک شریف اور مرنجان مرنج انسان کی علامت ہے۔ اور میں وثوق اور اعتماد کے ساتھ کہہ سکتا ہوں کہ ہمارے آفاق صاحب شریف الطبع ملنسار اور مرنجان مرنج انسانوں کے زمرے میں ہی آتے ہیں۔ میں ان کے لئے دعا کرتا ہوں کہ وہ ابھی بہت دنوں تک زندہ رہیں گے۔ تاکہ بھوپال کے شعر وادب کی دنیا میں ہلچل قائم ودائم رہے۔ ویسے ان سے ملئے تو وہ اپنی خاموش زبان سے یہی کہتے ہیں کہ

یاد میری سنبھال کر رکھنا میرا کیا میں رہا نہ رہا

(محمد ایوب واقف۔ بحوالہ۔ انتساب۔ پروفیسر آفاق احمد نمبر۔ شمارہ نمبر ۸۶ سنہ ۲۰۱۲ء۔ ص۔ ۱۵۔ ۱۸)

محمد متین ندوی

بھوپال شہر جو کہ اردو کا مرکز پہلے بھی تھا اور آج بھی بھوپال کو مرکزیت حاصل ہے۔ ہر دور میں بھوپال اردو ادب اور علم کی محبوب اور عظیم شخصیات کا مرکز رہا ہے۔ کیف بھوپالی، شعری بھوپالی، کوثر چاند پوری، مولانا عباس رفعت، نواب صدیق حسن خان، ملا رموزی، عبدالقوی دسنوی، اختر سعید خان جیسے اردو زبان وادب اور علم وفضل کے پروانے اسی سرزمین میں رہائیش پذیر تھے۔ آج بھی اقبال مجید، آفاق احمد، نعیم کوثر، کوثر صدیقی، بشیر بدر، رشید انجم، ظفر صہبائی، ظفر نسیمی جیسے ادباء وشعرا بھوپال کا نام ادبی دنیا میں روشن کئے ہوئے ہیں۔ اس وقت میں آفاق صاحب کی کہانی ''شہر زندہ ہے'' کے متعلق کچھ عرض کرنا چاہتا ہوں۔

پروفیسر آفاق صاحب بھوپال کی موجودہ شخصیات میں روشن ستارے کی مانند ہیں ان کی ادبی خدمات روز روشن کی طرح ہر ادب سے باخبر شخص پر عیاں ہیں۔ کامیاب معلم، محقق اور نقاد کی حیثیت سے تو وہ ساری ادبی دنیا میں مشہور ہیں ہی۔ ساتھ ہی وہ ایک اچھے شاعر اور افسانہ نگار بھی ہیں۔ میں نے ان کی شاعری پڑھنے کے علاوہ سنی بھی ہے۔ آفاق صاحب کو بھوپال کے ادبی حلقوں میں مرکزیت اور قیادت حاصل ہے۔ سیفی سرونجی صاحب نے چند سال قبل ایک سمینار کرایا تھا جس میں آفاق صاحب نے بڑی دلنشین تقریر کی تھی۔ اور ساتھ ہی شعری نشست میں اپنی غزل سے بھی

لوگوں کو محظوظ کیا تھا۔ اس شاندار سمینار میں شرکت کرنے والوں میں ممبئی کے بے باک صحافی اور مشہور افسانہ نگار ساجد رشید، مقدر حمید، اسلم پرویز، وقار قادری کے علاوہ مشہور شاعر پروین کمار اشک بھوپال سے اقبال مجید، پروفیسر آفاق احمد، نعیم کوثر، اقبال مسعود وغیرہ شریک تھے۔ مقامی شعرا اور ادباء وغیرہ نے بھی شرکت کی تھی۔ میں نے بھی ''انتساب کا ۲۵ سالہ سفر'' کے عنوان سے مقالہ پڑھا تھا۔ چونکہ آفاق صاحب کا سیفی سرونجی صاحب سے گہرا تعلق ہے یہی وجہ ہے کہ جب بھی سیفی سرونجی نے انہیں سرونج آنے کی دعوت دی انہوں نے ہمیشہ ہی سیفی سرونجی کی دعوت پر لبیک کہا۔ آفاق صاحب جب تقریر کرنے کھڑے ہوتے ہیں تو ایسا لگتا ہے کہ معلومات کا خزانہ ان کے پاس موجود ہے۔ جس میں سے بقدر ضرورت اور موقع محل کے لحاظ سے سامعین کے سامنے پیش کرتے ہیں۔ انداز ایسا دلکش اور پراثر کہ بس یہ دل چاہتا ہے کہ سنتے ہی رہیں ایک بار نہیں کئی بار ان سے ملاقات اور ان سے استفادے کا شرف حاصل ہوا ہے۔ اردو زبان وادب سے ان کی محبت کسی سے ڈھکی چھپی نہیں۔ وہ صرف ہندوستان ہی نہیں بلکہ مغربی ممالک میں بھی سمیناروں اور مشاعروں میں شرکت کرتے رہتے ہیں۔ جہاں پر انہیں نہ صرف پسند کیا جاتا ہے بلکہ ان کی خدمات کا اعتراف بھی کیا جاتا ہے۔ وہ اقبال کے عاشقوں میں شمار کئے جاتے ہیں۔ یہی وجہ ہے کہ انہوں نے اقبال کے تعلق سے کئی کتابیں ترتیب دی ہیں۔ اور خود بھی اقبال پر مقالے لکھے ہیں۔ طلباء کی تربیت کے سلسلے میں بھی وہ کافی شہرت رکھتے ہیں۔ ان کے کئی شاگرد آج ادبی دنیا میں اپنا مقام رکھتے ہیں۔ وہ طلباء ہی نہیں تمام نئے لکھنے والوں کی ہمت افزائی کرتے ہیں۔ انتساب کے ۲۵ سالہ جشن میں وہ تشریف لائے تھے۔ جس میں میں نے بھی انتساب کے پچیس سالہ سفر کا جائزہ مقالے کی شکل میں پیش کیا تھا۔ میرا مقالہ سن کر آفاق صاحب نے تعریف کی تھی اور مجھے ادب کے ادنیٰ طالب علم کی کوشش کو سراہا تھا۔ وہ معتبر لکھنے والوں کی خدمات کا اعتراف بھی کرتے ہوئے نظر آتے ہیں۔ تحقیق وتنقید کا کام انہوں نے اتنا اچھا معیاری کیا ہے کہ آج وہ ادبی دنیا میں محقق اور نقاد کی حیثیت ہی سے عام طور پر جانے جاتے ہیں۔ حالانکہ وہ ایک اچھے شاعر ہونے کے ساتھ ساتھ منفرد افسانہ نگار بھی ہیں۔

(محمد متین ندوی۔ بحوالہ۔ انتساب ۔ پروفیسر آفاق احمد نمبر۔ شمارہ نمبر ۸۶ تا ۲۰۱۲ء۔
ص ۔۳۲۔۳۵)

ڈاکٹر عتیق اللہ

''مجھے حیرت کے ساتھ بڑی مسرت بھی ہوئی ہے اور اطمینان بھی کہ ادبی سطح پر جبکہ بھوپال مسلسل غفلت کا شکار ہے لیکن آپ اقبال مرکز کے تعلق سے ہمیشہ سرگرم کار رہتے ہیں۔ عمر کے اس حصے میں آپ جس قدر فعال اور جوش آفریں ہیں۔ اس سے سبق لیا جا سکتا ہے۔ آپ نے اقبال مرکز کو ایک ایسی راہ دکھا دی ہے جو آنے والی نسلوں کو نئی منزل کے تصور سے آشنا کر سکتی ہیں۔ بشرطیکہ ان میں آپ جیسا حوصلہ اور ایقان ہو۔ جو آپ نے اقبال سے ہی اخذ کیا ہے''۔ (داستان سفر جلد سوم)

شمس الرحمٰن فاروقی

''اقبال کوئز اور اقبال کے اشعار کو تصویروں کی شکل میں پیش کرنے کا مقابلہ یہ باتیں مجھے بہت پسند آئیں۔ ان کا انعقاد آپ کی طبعیت میں تازگی اور مزاج میں ایجاد پسندی پر دلالت کرتا ہے''۔
(داستان سفر جلد سوم)

ڈاکٹر خلیق انجم

''آفاق صاحب کی اردو پر گہری نظر ہے۔ وہ علامہ کے بڑے مداح ہی نہیں ہیں۔ ایک متوازن شخصیت کے مالک ہیں۔ صاحب علم اور صاحب بصیرت بھی ہیں۔ عام طور پر اقبال کے توانا تخلیقی تجربے ہمہ گیر حسی اور جذباتی واردات اور ان کے فکری اور تخلیقی رویوں کو ایمانداری کے ساتھ سمجھنے کی کوشش کی گئی ہے۔ ہر قسم کے ذہنی تعصب اور ذہنی تحفظات سے آزاد ہیں''۔ (ہماری زبان۔ نئی دہلی)

گربچن سنگھ صحافی

''داستان سفر گویا کوزے میں دریا بند کر دیا ہے۔ علامہ اقبال مرکز کی سوا سالہ سرگرمیوں کا عطر مشک بار ہے۔ ایک ارمغان ہے جس کی حوالہ جاتی اہمیت نے سونے پر سہاگہ کا کام کیا ہے۔

اس نے بھوپال کی ادبی اہمیت کو منور کرایا ہے‘‘۔(چندن۔نئی دہلی)

پروفیسر محمد انورالدین

’’داستان سفر میں جس عرق فشانی اور دیدہ ریزی سے کم وبیش دودہوں کی مسافت کا احاطہ کیا گیا ہے وہ خود ایک بہت بڑا کارنامہ ہے۔اس ارمغان آفاقی کے لئے صمیم قلب سے مبارکباد۔‘‘(داستان سفر اول)

ڈاکٹر رفیع الدین ہاشمی لاہور

’’پروفیسر آفاق احمد ایک سرگرم اقبال دوست اور اقبال شناس ہیں۔مجلس ممنون میں ان کی یادوں کو تازہ کرنے کے ساتھ اقبالیات کا اجالا عام کرنے میں ممنون صاحب کی اقبالیاتی کاوشوں کا ذکر بھی ہے۔مجلس ممنون اقبالیات کے سلسلے کی ایک کڑی ہے۔‘‘(ہماری زبان۔دہلی)

احمد علی برقی اعظمی کا منظوم خراج

پروفیسر آفاق احمد کا نہیں کوئی جواب
شخصیت ہے جن کی اقصائے جہاں میں انتخاب
ہیں سپہر علم ودانش پر وہ مثل ماہتاب
ان کے ہیں عصری ادب میں کارنامے بے حساب
ان کے رشحات قلم ہیں مرجع دانشوراں
جن سے ارباب نظر ہوتے رہیں گے فیضیاب
کررہے ہیں ضوفشاں شمع ادب بھوپال میں
ان کے فکر وفن کی کم ہوگی نہ ہرگز آب وتاب
ان کے گلہائے مضامیں سے معطر ہے فضا
ہیں وہ گلزار ادب میں سرخرو مثل گلاب

اپنے قول و فعل سے اردو کے ہیں خدمت گذار
ہے دعا شرمندہ تعبیر ہوں سب ان کے خواب
عمر بھر رخش قلم کرتا رہے جولانیاں
مرجع اہل نظر ہو ان کی برقی ہر کتاب
(احمد علی برقی اعظمی ۔ انٹرنیٹ)

اختتامیہ

تحقیقی مقالہ ''آفاق احمد کی علمی وادبی خدمات'' کے گذشتہ ابواب میں بھوپال کی سرکردہ علمی وادبی شخصیت پروفیسر آفاق احمد کے کارناموں کا تحقیقی وتنقیدی جائزہ پیش کیا گیا ہے۔اس جائزے سے اندازہ ہوتا ہے کہ سرزمین بھوپال پر آفاق صاحب کی شکل میں ایک گوہر نایاب تھا جو ۸۴ سال کی عمر پانے اور ذائد از چھ دہائیوں تک اردو ادب کی خدمت کرنے کے بعد ۳۰۔ مارچ ۲۰۱۶ء کو ہم سے جدا ہوگیا۔اس طرح کے لوگ شمع انجمن ہوتے ہیں جو بھری محفل سے اٹھوا لئے جاتے ہیں۔ایسے ہی لوگوں کے بارے میں شاعر کہتا ہے کہ ؎

جانے والے کبھی نہیں آتے　　　جانے والوں کی یاد آتی ہے

آفاق صاحب نے بھلے ہی اردو سے ایم اے کیا ہو لیکن وہ ایک بلند پایہ محقق تھے۔اردو ادب کے مختلف ادوار پر ان کی گہری نظر تھی۔ جب انہیں پتہ چلا کہ ان کے آباء واجداد میں کسی کے پاس غالب کے چند خطوط ہیں تو انہوں نے ایک سچے محقق کی طرح ان خطوط کو ڈھونڈ نکالا اور ان کے تعارف کے ساتھ مضمون لکھا۔انہوں نے تحقیقی وتنقیدی مضامین لکھے۔اپنے عہد پر گہری نظر ڈالتے ہوئے تہذیبی افسانے لکھے۔شاعری کی اور ان کا سب سے بڑا کارنامہ اقبالیات کا فروغ ہے۔مجلس اقبال کے نام سے انہوں نے اور ان کے دوست ممنون حسن خان نے جتنی بھی کتابیں شائع کیں۔ وہ اقبال کی فکر وفن کو سمجھنے میں بے حد معاون ثابت ہوتی ہیں۔اور ان کتابوں میں شامل دانشوران اردو ادب کے مضامین کے مطالعے سے فکر اقبال کے نئے گوشے سامنے آتے ہیں۔اقبال نے اردو کے شعرا اور ادیبوں کی کتابوں پر تعارفی مضامین لکھے۔کئی کتابوں کو مرتب کر کے شائع کرایا۔مدھیہ پردیش میں اردو زبان وادب اپنے علاقے کی تاریخ ادب کو پیش کرتی ایک اہم کتاب ہے۔اس طرح کی کتابیں دیگر ریاستوں اور علاقوں میں تاریخ ادب مرتب کرنے کی جانب لوگوں کو راہ دکھاتی ہیں۔ داستان سفر اور مدھیہ پردیش اردو اکیڈمی کے خبرناموں کی

اشاعت اور اقبال ادبی مرکز کے تحت اپنی نوعیت کے منفرد پروگراموں کا انعقاد جیسے اقبال کے اشعار پر مبنی تصویری مقابلے اور اقبال کوئز کا انعقاد اقبال سے ان کی بے پناہ محبت کو یاد دلاتا ہے۔

پروفیسر آفاق احمد کی ایک منفرد خصوصیت جو شائد ہی کسی اردو کے ادیب محقق و نقاد میں ہوگی وہ یہ کہ وہ بہ یک وقت اردو کے محقق، ادیب و دانشور ہونے کے ایک اچھے کھلاڑی اور کوچ رہے۔ ہاکی ان کا پسندیدہ کھیل تھا اور اس کھیل سے ان کے لگاؤ کا اندازہ اس بات سے لگایا جاسکتا ہے کہ انہوں نے جو افسانے لکھے ان کے مرکزی کردار بھی اکثر ہاکی کھیلتے دکھائے گئے۔ کھیل اور ادب کا اس قدر حسین امتزاج شائد ہی کسی اردو ادیب میں ملتا ہوگا۔

پروفیسر آفاق احمد نے اپنے طلباء اور ریسرچ اسکالرز کی بہت مدد اور رہنمائی کی۔ یہی وجہ ہے کہ وہ خود زندگی میں ڈاکٹریٹ نہ ہونے کے باوجود تیس سے زائد طلبا کو پی ایچ ڈی کرا چکے تھے۔ انہوں نے اپنی صحافتی خدمات کے ذریعے مجلس اقبال اور اردو اکیڈیمی کے ترجمان رسائل کو شائع کرانے میں تعاون کیا۔

آفاق صاحب کو فطرت سے پیار تھا۔ یہی وجہ ہے کہ انہوں نے اپنے گھر میں گلابوں کے بے شمار پودے لگا رکھے تھے اور اپنے گھر کا نام ''گل کدہ'' رکھا تھا۔ وہ اور ان کی اہلیہ ادب دوست ادب نواز کے ساتھ مہمان نواز بھی رہیں۔ راقم کے دورہ بھوپال کے موقع پر انہوں نے اپنے گھر میں مجھے ٹھہرنے اور استفادے کا موقع دیا۔ انہوں نے پیرانہ سالی کے باجود مہمانوں کا اکرام کرتے ہوئے بھوپال کے اہم مقامات تاج المساجد، اقبال مینار، اقبال لائبریری، قلعہ بھوپال، بڑا تالاب، چھوٹا تالاب اور دیگر مقامات کی سیر کرائی اور بھوپال سے متعلق اہم باتیں سنائیں۔ کسے معلوم تھا کہ جنوری میں جس شخصیت سے ملاقات ہوئی تھی دو ماہ بعد وہ ہم سب کو سوگوار چھوڑ کر چل بسیں گے۔ پروفیسر آفاق تو ہم میں نہیں رہے لیکن ان کی یادیں، ان کی باتیں اور ان کے کارنامے ہمیشہ اردو ادب کی دنیا میں یاد رکھے جائیں گے۔ اور جب بھی ہندوستان میں اقبالیات کے فروغ دینے والوں کا نام لیا جائے گا ان میں پروفیسر آفاق احمد کو ضرور یاد رکھا جائے

گا۔اوران کے ہی اشعار میں۔

اے خدا میری بصارت کے مالک
اے خدا میری سماعت کے مالک
خداوند قدوس میری زباں کے
مجھ کو وہ طاقت گفتار دے
وہ گوش برآواز دے
وہ چشم بینا عطا کر
جو مصلحت کے سارے پہرے اٹھا کر
زمانے کے رخ کو بدل دے

☆☆☆☆☆☆
☆☆☆
☆

کتابیات

سلسلہ	مصنف	تصنیف	مقام اشاعت	سنہ اشاعت
۱)	آفاق احمد پروفیسر	ہاتھ اور پودے مرتبہ حلقہ ارباب ادب کا خبر نامہ	بھوپال	۱۹۵۲ء
۲)	آفاق احمد پروفیسر	خون جگر مرتبہ ڈرامہ	بھوپال	۱۹۵۵ء
۳)	آفاق احمد پروفیسر	پریوں کی ملکہ (بچوں کی کہانیاں)	بھوپال	۱۹۶۰ء
۴)	آفاق احمد پروفیسر	مثنوی سحرالبیان مرتبہ مع پیش لفظ	بھوپال	۱۹۶۱ء
۵)	آفاق احمد پروفیسر	عورت ذات (ملا رموزی کے غیر مطبوعہ مضامین مرتبہ)	بھوپال	۱۹۶۲ء
۶)	آفاق احمد پروفیسر	کاروان غزل مرتبہ شعری دیوان باسط بھوپالی	بھوپال	۱۹۶۲ء
۷)	آفاق احمد پروفیسر	ایک کرن خاموشی (کہانیوں کا ترجمہ)	بھوپال	۱۹۶۵ء
۸)	آفاق احمد پروفیسر	بیابہ مجلس اقبال جلد اول مرتبہ (اقبالیات پر مضامین)	بھوپال	۱۹۷۴
۹)	آفاق احمد پروفیسر	اقبال آئینہ خانے میں۔ مرتبہ (اقبال پر مضامین کا مجموعہ)	بھوپال	۱۹۷۸ء
۱۰)	آفاق احمد پروفیسر	نگارشات مرتبہ حکیم سید قمر الحسن کے مضامین	بھوپال	۱۹۸۶ء
۱۱)	آفاق احمد پروفیسر	پرشور خاموشی (افسانوی مجموعہ)	بھوپال	۱۹۹۱ء
۱۲)	آفاق احمد پروفیسر	مجلس اقبال جلد سوم مرتبہ	بھوپال	۱۹۹۲ء
۱۳)	آفاق احمد پروفیسر	مجلس اقبال جلد چہارم مرتبہ	بھوپال	۱۹۹۴ء
۱۴)	آفاق احمد پروفیسر	پریم چند شناسی مرتبہ پریم چند سمینار کے مضامین	بھوپال	۱۹۹۴ء
۱۵)	آفاق احمد پروفیسر	مدھیہ پردیش میں اردو زبان و ادب مرتبہ	بھوپال	۱۹۹۶ء

۱۶)	آفاق احمد پروفیسر	کلام رزمی مرتبہ سید رزمی کا مجموعہ کلام	بھوپال	۱۹۹۶ء
۱۷)	آفاق احمد پروفیسر	مجلس ممنون مرتبہ ممنون حسن خان کی یادگاری کتاب	بھوپال	۱۹۹۸ء
۱۸)	آفاق احمد پروفیسر	مجلس اقبال جلد ششم مرتبہ	بھوپال	۱۹۹۸ء
۱۹)	آفاق احمد پروفیسر	مجلس اقبال جلد ہفتم مرتبہ	بھوپال	۱۹۹۹ء
۲۰)	آفاق احمد پروفیسر	پروفیسر مجلس اقبال جلد ہشتم مرتبہ	بھوپال	۲۰۰۱ء
۲۱)	آفاق احمد پروفیسر	پروفیسر مجلس اقبال جلد نہم مرتبہ	بھوپال	۲۰۰۲ء
۲۲)	آفاق احمد پروفیسر	مجلس اقبال جلد دہم مرتبہ	بھوپال	۲۰۰۳ء
۲۳)	آفاق احمد پروفیسر	خبر نامہ مدھیہ پردیش اردو اکیڈمی	بھوپال	اپریل ۱۹۹۴
۲۴)	آفاق احمد پروفیسر	خبر نامہ مدھیہ پردیش اردو اکیڈمی	بھوپال	دسمبر ۱۹۹۴
۲۵)	آفاق احمد پروفیسر	خبر نامہ مدھیہ پردیش اردو اکیڈمی	بھوپال	اپریل ۱۹۹۶
۲۶)	آفاق احمد پروفیسر	داستان سفر جلد اول خبر نامہ اقبالیات پروگرام	بھوپال	۲۰۰۰
۲۷)	آفاق احمد پروفیسر	داستان سفر جلد دوم خبر نامہ اقبالیات پروگرام	بھوپال	۲۰۰۲
۲۸)	آفاق احمد پروفیسر	داستان سفر جلد اول خبر نامہ اقبالیات پروگرام	بھوپال	۲۰۰۴
۲۹)	آفاق احمد پروفیسر	امانت قلب ونظر تحقیقی وتنقیدی مضامین کا مجموعہ	بھوپال	۲۰۰۴
۳۰)	احتشام حسین سید	تنقیدی نظریات	لکھنوء	۱۹۷۴ء
۳۱)	اطہر پرویز	ادب کا مطالعہ	علی گڑھ	۱۹۶۴ء
۳۲)	الطاف حسین حالی	مقدمہ شعر وشاعری	لکھنو	۱۹۸۸ء
۳۳)	بشیر بدر	بیسویں صدی میں اردو غزل	لکھنوء	۱۹۸۱ء
۳۴)	پروین کیف	سفر اک عمر کا (شعری مجموعہ)	بھوپال	۲۰۱۳ء
۳۵)	سید سجاد حیدر ڈاکٹر	عالم گیر رشد وہدایت (مضامین کا مجموعہ)	بھوپال	۲۰۰۵ء
۳۶)	شارب ردولوی	جدید اردو تنقید اُصول ونظریات	لکھنوء	۱۹۸۱ء

۳۷)	عبادت بریلوی	اردو تنقید کا ارتقاء	علی گڑھ	۱۹۹۵ء
۳۸)	گوپی چند نارنگ	ادبی تنقید اور اسلوبیات	دہلی	۱۹۸۹ء
۳۹)	گیان چند جین	تحقیق کا فن	لکھنوء	۱۹۹۰ء
۴۰)	مائل نقوی	بیاض سحر (شعری مجموعہ)	بھوپال	۱۹۹۶ء
۴۱)	محمد احسن فاروقی (ڈاکٹر)	اردو میں تنقید	دہلی	۱۹۷۸ء
۴۲)	مجنوں گورکھپوری	غزل سرا	دہلی	۱۹۸۱ء
۴۳)	مشتاق سنگھ	چاندنی چوک کی ایک شام (شعری مجموعہ)	بھوپال	۲۰۱۰ء
۴۴)	نورالحسن نقوی	فن تنقید اور اردو تنقید نگاری	علی گڑھ	۱۹۸۱ء

رسائل

۴۵) سہ ماہی انتساب سرونج — پروفیسر آفاق احمد نمبر — شمارہ نمبر ۸۶ـ ۲۰۱۲ء

شخصی انٹرویو

۴۶)	پروفیسر آفاق احمد	گل کدہ بھوپال	جنوری ۲۰۱۶ء
۴۷)	اہلیہ پروفیسر آفاق احمد	گل کدہ بھوپال	جنوری ۲۰۱۶ء

☆☆☆☆☆☆

☆☆☆

☆